Gwyddoniaeth Ddwbl TGAU

Bioleg

Y Llyfr Adolygu

CANOLFAN ASTUDIAETHAU ADDYSG · ABERYSTWYTH ·

Addasiad Cymraeg gan Colin Isaac
Golygwyd gan Richard Parsons

Y fersiwn Saesneg:
Testun, dylunio, gosodiad ac arlunwaith © Richard Parsons 1997, 1998, 1999.
Cedwir y cyfan o'r hawliau.
Arlunwaith gan: Sandy Gardner illustrations@sandygardner.co.uk
a Bowser, Colorado, UDA
Cyhoeddwyd gan Coordination Group Publications

Y fersiwn Gymraeg:
ⓗ Awdurdod Cymwysterau, Cwricwlwm ac Asesu Cymru 2000

Ail Argraffiad Medi 2001

Cyhoeddwyd y fersiwn Gymraeg gan:
Y Ganolfan Astudiaethau Addysg, Prifysgol Cymru Aberystwyth.

ISBN 1 85644 541 0

Addasiad Cymraeg gan Colin Isaac
Golygwyd a pharatowyd ar gyfer y wasg gan Janice Williams a Glyn Saunders Jones

Dyluniwyd gan Alan Thomas

Aelodau'r Pwyllgor Monitro: Gwen Aaron, Helen Baker, Ian Morris Jones

Diolch i Mary Thomas (Ysgol y Strade) a Hywel Davies (Ysgol Bro Gwyr) am eu cymorth.

Argraffwyd gan Argraffwyr Cambria, Aberystwyth, Ceredigion (38942)

Cynnwys

Prosesau Bywyd a Chelloedd

Y Saith Proses Bywyd sy'n dangos eich bod yn fyw

Defnyddir y term "*PROSESAU BYWYD*" am saith peth y bydd *pob planhigyn ac anifail yn eu gwneud.* Dylech ddysgu'r saith peth yn ddigon da i fedru eu hysgrifennu o'ch *cof*. Defnyddiwch y term "*MATS SYR*" i'ch atgoffa o lythyren gyntaf pob gair.

M - Maethiad	Cael *bwyd* i mewn lle mae ei angen.
A - Atgenhedliad	Cynhyrchu *epil* (*offspring*).
T - Twf	*Cyrraedd maint oedolyn.*
S - Symudiad	Medru *symud* rhannau o'r corff.
S - Sensitifedd	*Ymateb i'r byd allanol.*
Y - Ysgarthiad	*Cael gwared* â chynhyrchion gwastraff.
R - Resbiradaeth	Troi *bwyd yn egni.*

(Mewn gwirionedd, mae'r rhestr hon yn disgrifio bywyd cyfan dafad – a chyfran helaeth o'ch bywyd chi hefyd.)

Mae Gwahaniaethau rhwng Celloedd Planhigion a Chelloedd Anifeiliaid

Rhaid i chi fedru llunio'r ddwy gell hyn GYDA'R HOLL FANYLION ar gyfer y ddwy.

Cell Anifail

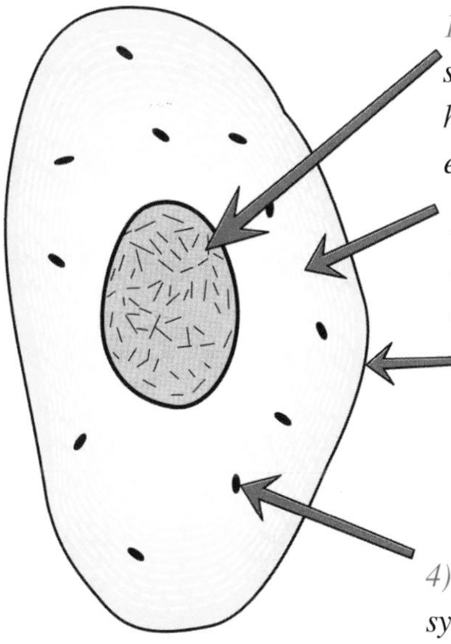

4 PETH SY'N GYFFREDIN IDDYNT:

1) CNEWYLLYN sy'n rheoli'r hyn y mae'r gell yn ei wneud.

2) CYTOPLASM lle mae'r adweithiau cemegol yn digwydd.

3) CELLBILEN sy'n dal y gell ynghyd ac yn rheoli'r hyn sy'n mynd i mewn ac allan.

4) MITOCONDRIA sy'n troi glwcos ac ocsigen yn egni.

Cell Planhigyn

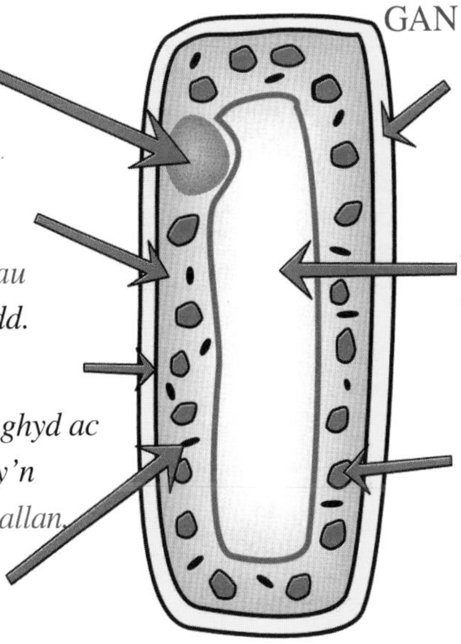

3 PHETH YCHWANEGOL SYDD GAN GELL PLANHIGYN:

1) CELLFUR ANHYBLYG wedi'i wneud o gellwlos, sy'n cynnal y gell.

2) GWAGOLYN sy'n cynnwys cellnodd, hydoddiant gwan o siwgr a halwynau.

3) CLOROPLASTAU GWYRDD sy'n cynnwys cloroffyl ar gyfer ffotosynthesis.

Ydych chi wedi dysgu hyn? - gadewch i ni weld ...

Pan gredwch eich bod wedi dysgu hyn, *cuddiwch y dudalen* ac *atebwch y rhain*:

1) Beth yw'r 7 proses bywyd a beth yw'r ffordd hwylus o'u cofio?
2) Tynnwch lun o gell anifail a chell planhigyn a rhowch yr holl labeli arnynt.
3) Pa 4 peth sy'n gyffredin i gelloedd planhigion a chelloedd anifeiliaid?
4) Beth yw'r 3 gwahaniaeth rhyngddynt?

Celloedd Planhigion Arbenigol

Mae'r rhan fwyaf o'r celloedd yn gelloedd *ARBENIGOL,* h.y. mae iddynt swyddogaeth arbennig. Yn yr Arholiad mae'n debyg y bydd gofyn i chi egluro pam y mae'r gell a ddangosir i chi yn dda yn ei gwaith. Felly, dysgwch y rhain.

1) Mae Celloedd Palis Dail wedi'u Llunio ar gyfer Ffotosynthesis

1) Maen nhw'n llawn *cloroplastau* ar gyfer *ffotosynthesis.*
2) Mae'r *siâp tal* yn golygu bod llawer o'r *arwynebedd arwyneb* yn agored i lawr yr ochr er mwyn *amsugno* CO_2 o'r aer yn y ddeilen.
3) Mae'r siâp tal hefyd yn golygu bod gobaith y bydd *golau'n* taro *cloroplast* cyn cyrraedd gwaelod y gell.

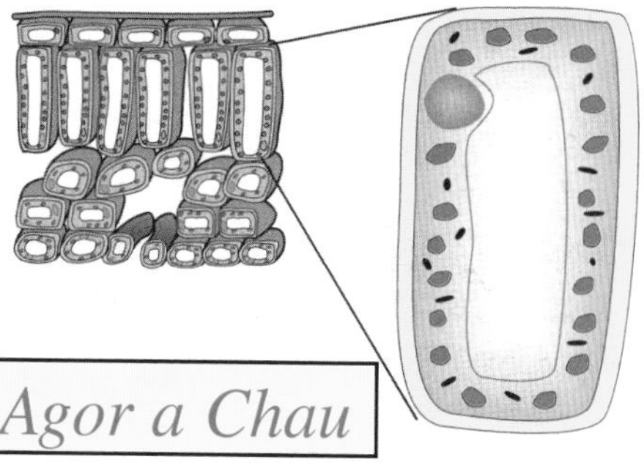

2) Mae Celloedd Gwarchod wedi'u Llunio i Agor a Chau

1) Celloedd arbennig *siâp aren* sy'n *agor a chau'r* stomata (un mandwll yw stoma) wrth i'r celloedd fynd yn *chwydd-dynn* neu'n *llipa.*
2) Mae'r muriau allanol *tenau* a'r muriau mewnol *trwchus* yn helpu i'w swyddogaeth o agor a chau weithio'n iawn.
3) Maen nhw hefyd yn *sensitif i olau* ac yn *cau yn y nos* er mwyn cynnal y lefelau dŵr heb effeithio ar ffotosynthesis.

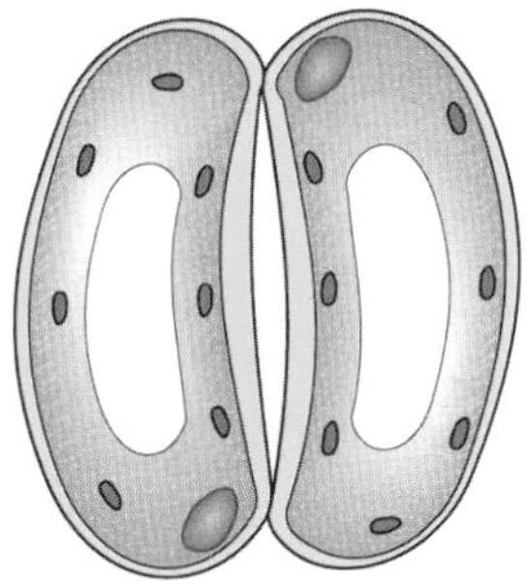

3) Tair Enghraifft Bwysig Arall:

Mae tair enghraifft bwysig arall o gelloedd planhigion arbenigol: *Celloedd Gwreiddflew* (tud. 4), *Celloedd Ffloem* (tud. 9) a *Thiwbiau Sylem* (tud. 9). Darllenwch amdanynt i weld sut maen nhw'n arbenigol.

Celloedd, Meinweoedd, Organau a Systemau Organau

Maen nhw'n hoffi gofyn hyn mewn Arholiadau, felly dysgwch y dilyniant:

Mae grŵp o GELLOEDD TEBYG yn ffurfio MEINWE.
Mae grŵp o FEINWEOEDD GWAHANOL yn ffurfio ORGAN.
Mae GRŴP O ORGANAU sy'n gweithio gyda'i gilydd yn ffurfio SYSTEM ORGANAU neu hyd yn oed ORGANEB GYFAN.

(Wrth gwrs, mae hyn yn wir am anifeiliaid yn ogystal â phlanhigion.)

ENGHRAIFFT:

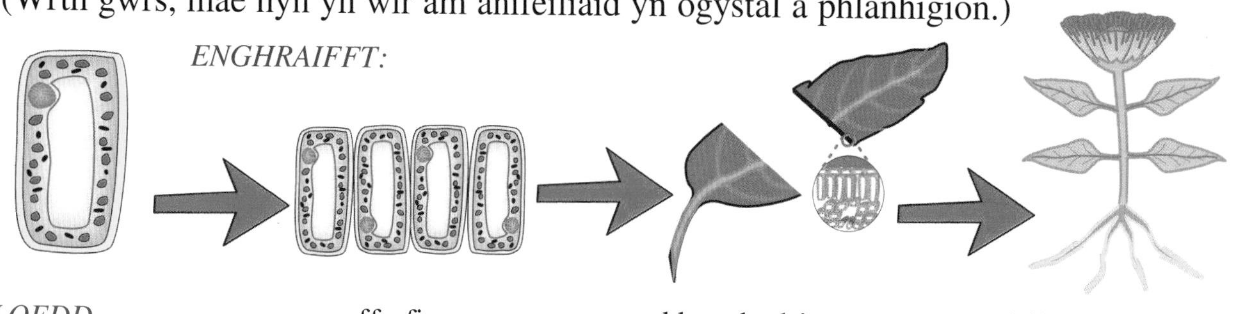

CELLOEDD palis... ...yn ffurfio *MEINWE palis* ...sydd ynghyd â meinweoedd eraill yn ffurfio deilen (*ORGAN*)... ...ac mae dail ac organau eraill yn ffurfio planhigyn cyfan (*ORGANEB*).

Iawn, faint fyddwch chi'n ei gofio, tybed...

Pan fyddwch wedi *DYSGU* popeth sydd ar y dudalen hon, *cuddiwch hi* ac atebwch y canlynol:

1) Brasluniwch y chwe chell arbenigol sydd ar y dudalen a dangoswch eu nodweddion arbennig.
2) Rhowch y dilyniant llawn o gelloedd i systemau organau a brasluniwch yr enghraifft a roddwyd uchod.

Trylediad

Peidiwch â gofidio ynglŷn â'r gair ffansi

Mae "tryledlad" yn ddigon syml. Dyma'r term am *ronynnau'n symud yn raddol* o *fannau lle mae llawer ohonynt* i fannau lle mae llai ohonynt. Hynny yw, *Y TUEDDIAD NATURIOL I SYLWEDD YMLEDU.* Yn anffodus rhaid i chi *DDYSGU'R* ffordd ffansi o ddweud yr un peth, sef:

> ***Ystyr TRYLEDIAD yw GRONYNNAU'N SYMUD o fan lle mae CRYNODIAD UCHEL i fan lle mae CRYNODIAD ISEL***

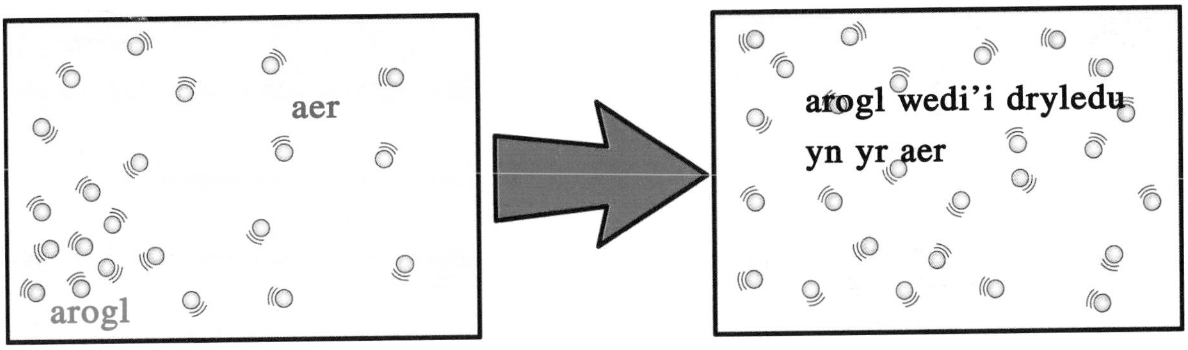
aer
arogl
arogl wedi'i dryledu yn yr aer

Mae Tryledlad Nwyon mewn Dail yn hanfodol ar gyfer Ffotosynthesis

Y math *mwyaf syml* o dryledlad yw lle mae *gwahanol nwyon yn tryledu drwy ei gilydd,* megis pryd y bydd arogl rhyfedd yn ymledu drwy'r aer mewn ystafell. Mae tryledlad nwyon yn digwydd hefyd mewn *dail* ac mae'n go debyg y cewch hyn yn eich Arholiad. *Felly, dysgwch hyn yn awr*:

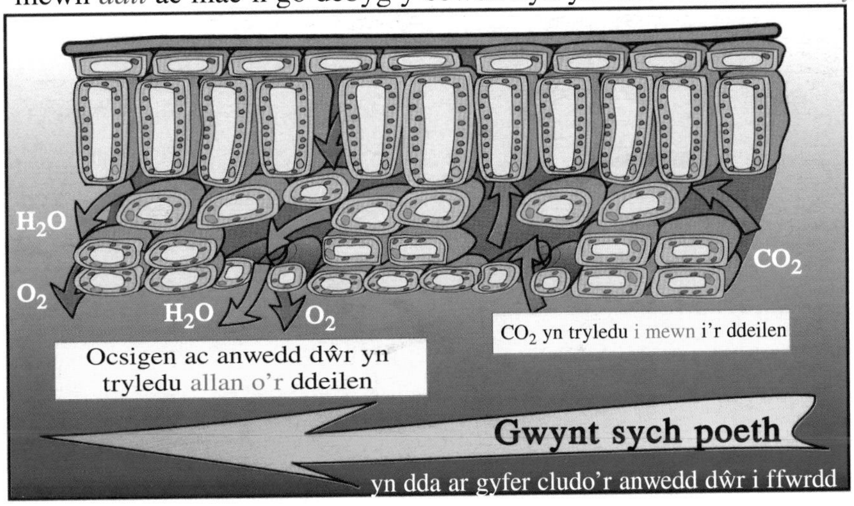
H_2O
O_2
H_2O
O_2
CO_2
CO_2 yn tryledu i mewn i'r ddeilen
Ocsigen ac anwedd dŵr yn tryledu allan o'r ddeilen
Gwynt sych poeth
yn dda ar gyfer cludo'r anwedd dŵr i ffwrdd

Ar gyfer *FFOTOSYNTHESIS*, rhaid i nwy *carbon deuocsid* fynd y *tu mewn i'r dail. Mae'n gwneud hyn drwy DRYLEDU* drwy'r tyllau bach iawn dan y ddeilen a elwir yn *stomata.*

Ar yr un pryd mae *anwedd dŵr* ac *ocsigen* yn tryledu allan drwy'r un tyllau bach.

Mae'r anwedd dŵr yn dianc drwy *dryledlad* am fod *llawer ohono y tu mewn i'r ddeilen* a *llai ohono yn yr aer y tu allan. Mae'r tryledlad hwn yn achosi TRYDARTHIAD ac mae'n mynd yn gyflymach* pan gedwir yr aer o amgylch y ddeilen yn *SYCH* – h.y. mae trydarthiad yn digwydd gyflymaf pan fydd hi'n *WYNTOG, YN SYCH AC YN BOETH*. Cofiwch hynny!

Faint wyddoch chi am dryledlad?

Dysgwch y dudalen hon nes y gallwch ateb y cwestiynau hyn *heb edrych ar y llyfr*:
1) Ysgrifennwch y diffiniad ffansi ar gyfer tryledlad a rhowch ei ystyr yn eich geiriau eich hun.
2) Lluniwch drawstoriad deilen gyda saethau'n dangos i ba gyfeiriad y mae'r tri nwy'n tryledu.
3) Pa dywydd sy'n achosi i anwedd dŵr dryledu allan o'r ddeilen gyflymaf?

Trylediad Drwy Gellbilenni

Mae cellbilenni'n glyfar ...

Maen nhw'n glyfar am eu bod yn dal popeth *y tu mewn* i'r gell *OND* yn gadael pethau *i mewn ac allan* hefyd. Dim ond *moleciwlau bach* iawn all dryledu drwy gellbilenni – pethau fel *glwcos* neu *asidau amino*.

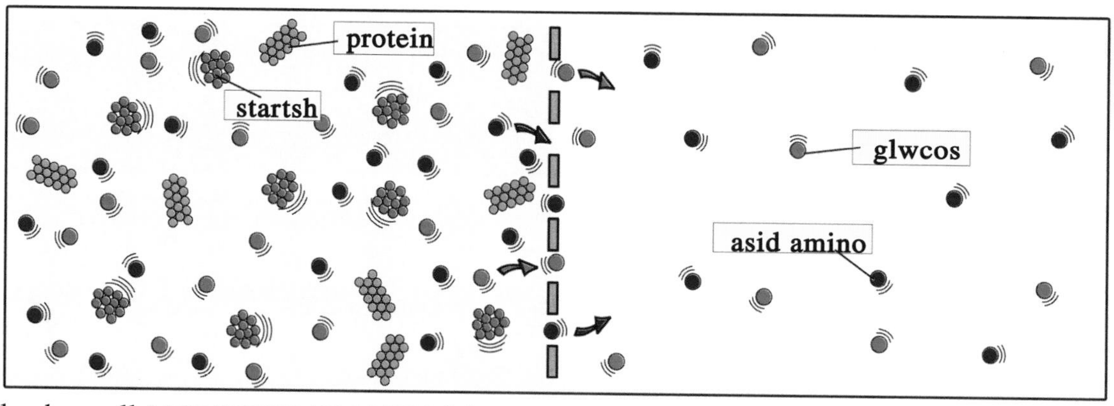

protein
startsh
glwcos
asid amino

1) Sylwch na all *MOLECIWLAU MAWR* fel *PROTEINAU* neu *STARTSH* dryledu drwy gellbilenni – fe allen nhw ofyn hynny i chi yn yr Arholiad.
2) Yn debyg i dryledaid mewn aer, mae gronynnau'n llifo drwy'r gellbilen o fan lle mae *CRYNODIAD UCHEL* (llawer ohonynt) i fan lle mae *CRYNODIAD ISEL* (dim cymaint ohonynt).

Mae *Gwreiddflew'n* cymryd *Mwynau* i mewn drwy *Fewnlifiad Actif*

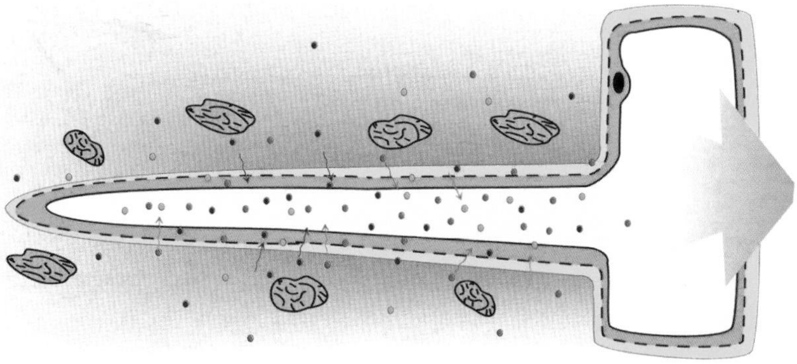

Cell Wreiddflew

1) Mae'r celloedd ar wreiddiau planhigion yn tyfu'n "*flew*" hir sy'n ymestyn allan i'r pridd.
2) Mae hyn yn rhoi *arwynebedd arwyneb mawr* i'r planhigyn er mwyn amsugno *dŵr a mwynau* o'r pridd.
3) Mae crynodiad y mwynau yn *uwch* yn y gell *wreiddflew* nag yn y *pridd* o'i hamgylch.
4) Felly dydy tryledaid normal *ddim* yn egluro sut y bydd y gell wreiddflew'n *cymryd* mwynau i mewn.
5) Pe baen nhw'n dilyn rheolau *tryledaid*, fe ddylen nhw fynd i'r *cyfeiriad arall*.
6) Yr ateb yw mai'r broses ryfedd "*mewnlifiad actif*" sy'n gyfrifol.
7) Mae *mewnlifiad actif* yn caniatáu i'r planhigyn amsugno mwynau *yn erbyn graddiant y crynodiad*. Mae hyn yn hanfodol ar gyfer ei dwf. Ond mae *angen egni* o'r planhigyn i sicrhau bod y mewnlifiad actif yn gweithio.
8) Mae *mewnlifiad actif* hefyd yn digwydd mewn *bodau dynol*, wrth gymryd *glwcos* o'r *coludd* a *thiwbynnau'r arennau* (tud. 49).

Tudalen hawdd iawn ei dysgu...

Gwnewch yn siŵr y medrwch ateb y rhain gyda'r dudalen wedi'i chuddio:

1) Pa fath o foleciwlau *fydd* yn tryledu drwy gellbilenni a pha fath *na fydd* yn gwneud hynny?
2) Rhowch ddwy enghraifft o bob un.
3) Lluniwch ddiagram llawn o wreiddflewyn a nodwch yr hyn y mae'n ei wneud.

Osmosis

Achos Arbennig **o Dryledu** *yw Osmosis*

Ystyr OSMOSIS yw moleciwlau dŵr yn symud ar draws pilen sy'n rhannol athraidd o fan lle mae CRYNODIAD UCHEL O DDŴR i fan lle mae CRYNODIAD ISEL O DDŴR.

1) Pilen sydd â *mân dyllau* ynddi yw *pilen rannol athraidd*. Gan fod y tyllau mor fân, *dim ond moleciwlau dŵr* all fynd drwyddynt. Ni all moleciwlau mwy fel *glwcos* wneud hynny.
2) Mae *tiwb Visking* yn bilen rannol athraidd y dylech ddysgu ei enw. Fe'i gelwir hefyd yn *diwb dialysis* am iddo gael ei ddefnyddio mewn *peiriannau dialysis arennau.*
3) Mae'r moleciwlau dŵr yn symud y *ddwy ffordd* drwy'r bilen fel *traffig dwyffordd.*
4) Ond am fod mwy *ar y naill ochr* nag sydd ar y llall, mae *llif clir* cyson i'r rhan sydd â *llai* o foleciwlau dŵr, h.y. i'r *hydoddiant cryfaf* (o glwcos).
5) Mae hyn yn achosi i'r rhan sy'n *llawn glwcos lenwi â dŵr*. Mae'r dŵr yn gweithredu fel pe bai'n ceisio'i *gwanedu* er mwyn *cydbwyso'r* crynodiad ar y naill ochr i'r bilen a'r llall.

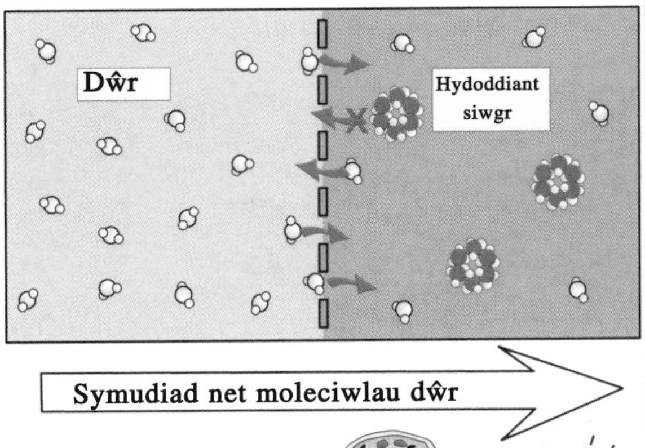

Dŵr
Hydoddiant siwgr
Symudiad net moleciwlau dŵr

6) Mae *OSMOSIS* yn gwneud i gelloedd *planhigion chwyddo* os oes *hydoddiant gwan* o'u hamgylch. Fe ânt yn *CHWYDD-DYNN.* Mae hyn yn ddefnyddiol iawn er mwyn *cynnal* meinwe planhigion gwyrdd ac er mwyn *agor celloedd gwarchod stomataidd.*
7) *Nid oes cellfur* gan gelloedd *anifeiliaid*. Gall y celloedd hyn *ffrwydro* o'u rhoi mewn *dŵr* pur am eu bod yn *cymryd* cymaint o ddŵr i *mewn drwy osmosis.*

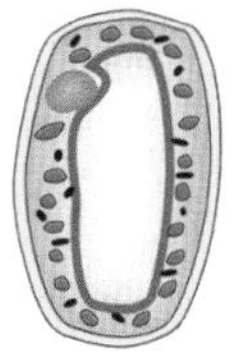

Cell planhigyn chwydd-dynn

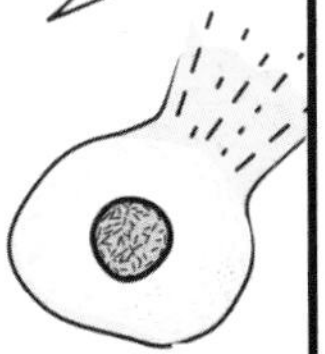

Cell anifail yn ffrwydro

Dau Arbrawf Osmosis – *Ffefrynnau mewn Arholiadau*

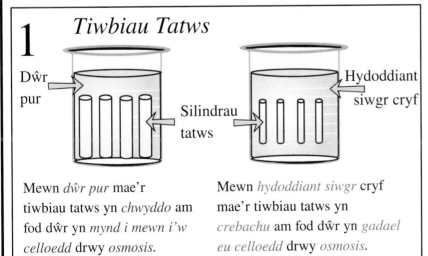

1 *Tiwbiau Tatws*

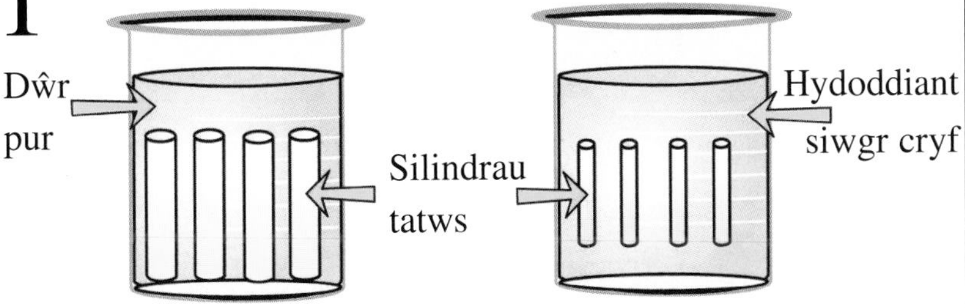

Dŵr pur
Silindrau tatws
Hydoddiant siwgr cryf

Mewn *dŵr pur* mae'r tiwbiau tatws yn *chwyddo* am fod dŵr yn *mynd i mewn i'w celloedd* drwy *osmosis.*

Mewn *hydoddiant siwgr* cryf mae'r tiwbiau tatws yn *crebachu* am fod dŵr yn *gadael eu celloedd* drwy *osmosis.*

2 *Tiwb Visking*

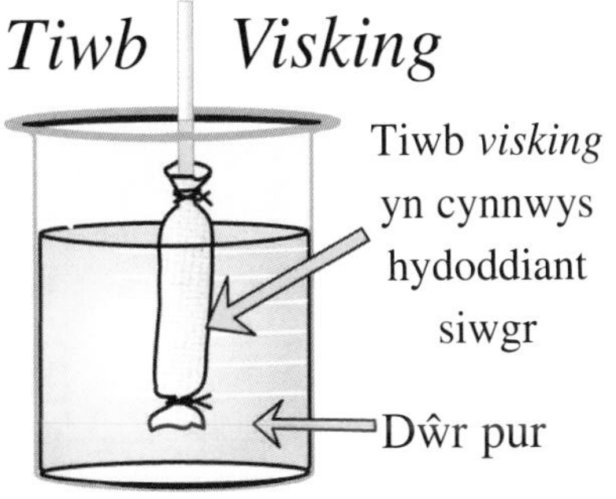

Tiwb visking yn cynnwys hydoddiant siwgr
Dŵr pur

Mae'r dŵr yn *mynd i fyny'r tiwb* am fod dŵr yn *mynd i mewn* drwy'r tiwb *visking* drwy *osmosis.*
Mae'r moleciwlau *glwcos* yn *rhy fawr* i dryledu *allan* i'r dŵr.

Dysgwch y ffeithiau am Osmosis...

Gall osmosis eich drysu oni ddysgwch yn iawn amdano. Mewn tryledïad normal mae moleciwlau glwcos yn symud, ond gyda mân dyllau allan nhw ddim. Wedyn dim ond dŵr sy'n symud drwy'r bilen ac fe'i gelwir yn *osmosis*. Hawdd iawn. *Dysgwch a mwynhewch.*

Adeiledd Sylfaenol Planhigyn

Rhaid i chi wybod am y gwahanol rannau o'r planhigyn a'r hyn a wnânt:

Mae Swyddogaeth Wahanol i'r Pum Rhan Wahanol o'r Planhigyn

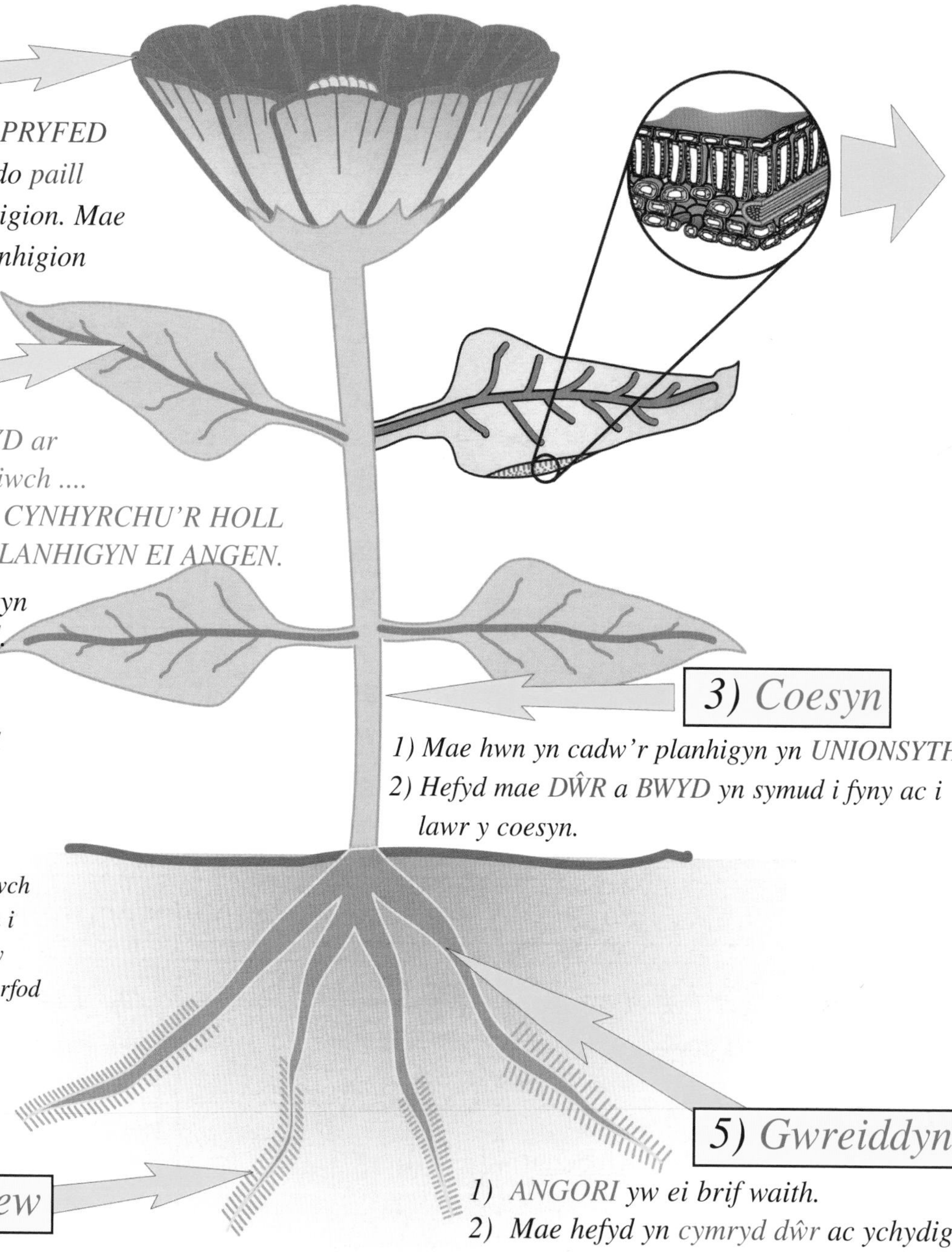

1) Blodyn

MAE HWN YN DENU PRYFED megis gwenyn sy'n cludo paill rhwng gwahanol blanhigion. Mae hyn yn caniatáu i'r planhigion beillio ac atgenhedlu.

2) Deilen

Mae'n cynhyrchu BWYD ar gyfer y planhigyn. Cofiwch .... MAE'R DDEILEN YN CYNHYRCHU'R HOLL FWYD Y MAE AR Y PLANHIGYN EI ANGEN.

Dydy planhigion ddim yn cymryd bwyd o'r pridd. Mae planhigion yn gwneud eu bwyd eu hunain i gyd yn eu dail gan ddefnyddio FFOTOSYNTHESIS.

(Rhyfedd iawn! Dychmygwch wneud eich bwyd eich hun i gyd o dan eich croen drwy orwedd yn yr haul – heb orfod bwyta dim!)

3) Coesyn

1) Mae hwn yn cadw'r planhigyn yn UNIONSYTH.
2) Hefyd mae DŴR a BWYD yn symud i fyny ac i lawr y coesyn.

4) Gwreiddflew

Mae'r rhain yn rhoi ARWYNEBEDD ARWYNEB MAWR er mwyn amsugno dŵr ac ïonau o'r pridd.

5) Gwreiddyn

1) ANGORI yw ei brif waith.
2) Mae hefyd yn cymryd dŵr ac ychydig o ïonau mwynol i mewn o'r pridd. Ond dŵr yn bennaf.

COFIWCH dydy planhigion ddim yn cymryd "bwyd" o'r pridd.

Y syniad mawr yw DYSGU hyn I GYD ...

Rhaid *DYSGU* popeth ar y dudalen hon gan ei fod yn debygol iawn o godi yn eich Arholiadau. Mae'n waith digon syml, ond gallech gael trafferth os na fyddwch wedi ei ddysgu'n iawn. Er enghraifft: "Beth yw prif swyddogaeth y gwreiddyn?" Mae gormod yn ateb "Cymryd bwyd i mewn o'r pridd" – Wps! DYSGWCH y ffeithiau hyn. Maen nhw i gyd yn bwysig. Dylech ymarfer nes y gallwch lunio'r diagram ac ysgrifennu'r *HOLL* fanylion *heb edrych yn ôl*.

Adeiledd Deilen

Mae Dail wedi'u Llunio ar gyfer Un Peth Yn Unig...

— Gwneud Bwyd drwy Ffotosynthesis

Mae holl adeiledd dail wedi'i amcanu at hynny. Cofiwch ddysgu'r diagram hwn a'i holl labeli:

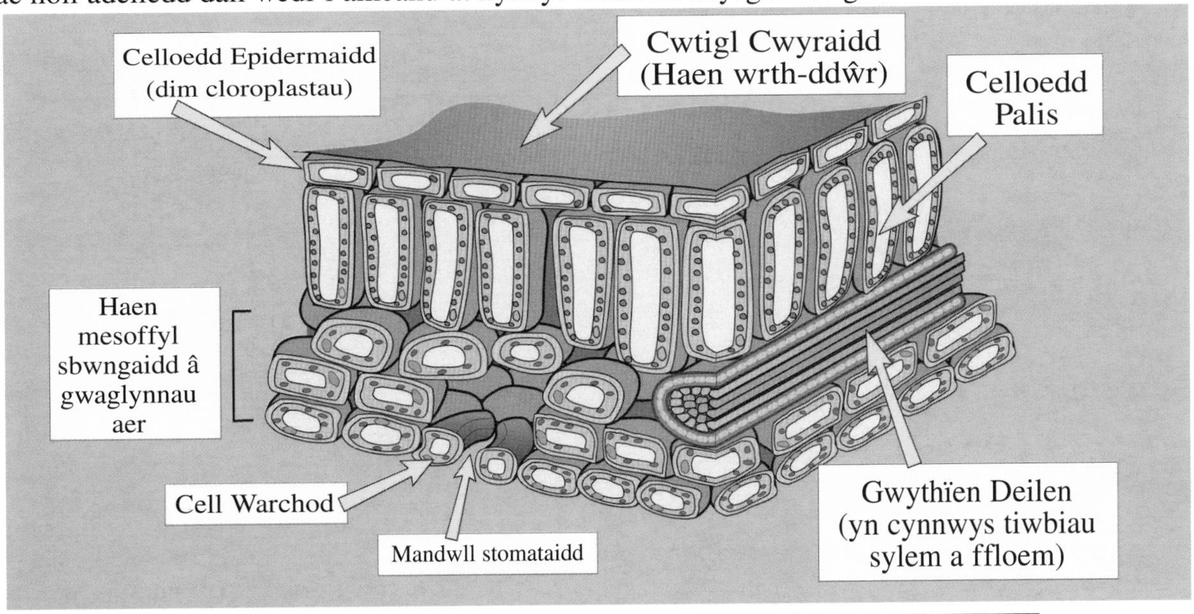

Celloedd Epidermaidd (dim cloroplastau)
Cwtigl Cwyraidd (Haen wrth-ddŵr)
Celloedd Palis
Haen mesoffyl sbwngaidd â gwaglynnau aer
Cell Warchod
Mandwll stomataidd
Gwythïen Deilen (yn cynnwys tiwbiau sylem a ffloem)

Dysgwch yr holl Nodweddion Pwysig hyn ynglŷn â Dail

1) Mae'r celloedd yn yr *haen balis* yn llawn *cloroplastau* sy'n cynnwys llawer o *gloroffyl*. Yma y ceir y *ffotosynthesis*.
2) Mae'r *haenau palis* a *sbwngaidd* yn llawn *gwaglynnau aer* i ganiatáu i CO_2 gyrraedd y celloedd palis.
3) Mae'r celloedd yn yr *epidermis* yn gwneud *cwyr* sy'n gorchuddio *arwyneb y ddeilen*, yn enwedig yr *arwyneb uchaf*. Gwneir hyn er mwyn *osgoi colli dŵr*.
4) Mae'r *arwyneb isaf* yn llawn mandyllau a elwir yn *stomata*. Mae'r rhain yno i *adael* CO_2 *i mewn*. Maen nhw hefyd yn gadael dŵr allan – dyma sut y ceir y *llif trydarthol*.
5) Fe geir pibellau *sylem* a *ffloem* dros y ddeilen i gyd fel mân '*wythiennau' i gludo dŵr* i bob rhan o'r ddeilen ac yna i *gymryd ymaith y bwyd* (startsh) a gynhyrchir gan y ddeilen.

Mandyllau sy'n Agor ac yn Cau'n Awtomatig yw Stomata

1) Mae *stomata'n* cau'n *awtomatig* pan fydd y cyflenwad dŵr o'r gwreiddiau'n dechrau *sychu*.
2) Mae'r *celloedd gwarchod* yn rheoli hyn. Pan fydd dŵr yn brin, fe ân nhw'n *llipa* a newid eu siâp, gan *gau'r* mandyllau stomataidd.
3) Pwrpas hyn yw *atal colli* rhagor o ddŵr, ond mae hefyd yn rhwystro CO_2 rhag dod i mewn, felly bydd ffotosynthesis yn stopio hefyd.

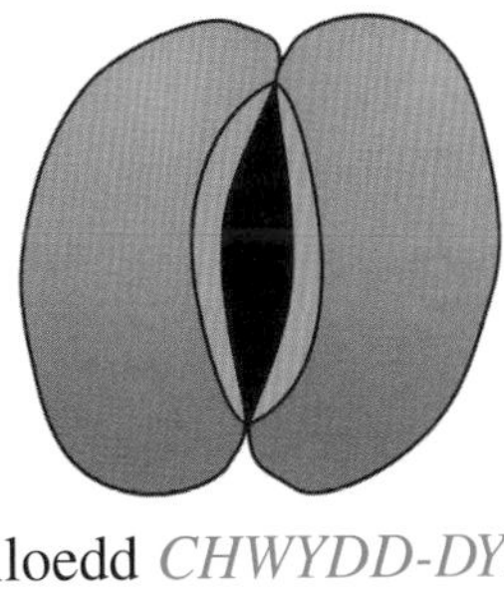

Celloedd *CHWYDD-DYNN*, mandwll *YN AGOR*

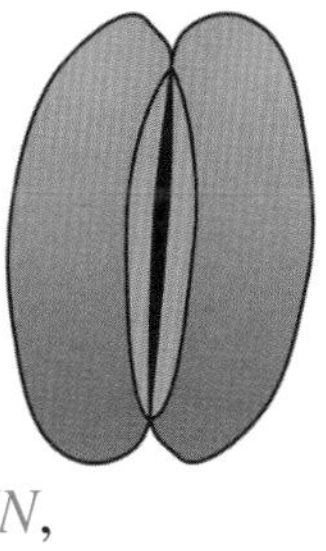

Celloedd *LLIPA*, mandwll *YN CAU*

Treuliwch amser yn dysgu'r ffeithiau hyn...

Dau ddiagram arbennig ac ychydig o nodweddion syml. Hawdd iawn. Canolbwyntiwch yn llwyr ar eich gwaith am bum munud i weld faint y gallwch ei ddysgu. Mae hyn yn golygu *cuddio'r dudalen* ac *ysgrifennu'r* manylion ar bapur. Ond peidiwch â chymryd pum munud i wneud diagram taclus o ddeilen - mae hynny'n wastraff ar amser gwerthfawr.

Y Llif Trydarthol

Y Broses lle mae'r Planhigyn yn Colli Dŵr yw Trydarthu

1) Caiff ei achosi gan ddŵr yn *anweddu* o'r *tu mewn i'r dail.*
2) Mae hyn yn creu *peth prinder* dŵr yn y ddeilen sy'n *tynnu rhagor o ddŵr i fyny* o weddill y planhigyn, sydd *yn ei dro* yn tynnu rhagor i fyny o'r *gwreiddiau.*
3) Mae *dwy effaith fanteisiol* i hyn: a) *mae'n cludo mwynau* o'r pridd b) mae'n *oeri'r* planhigyn.

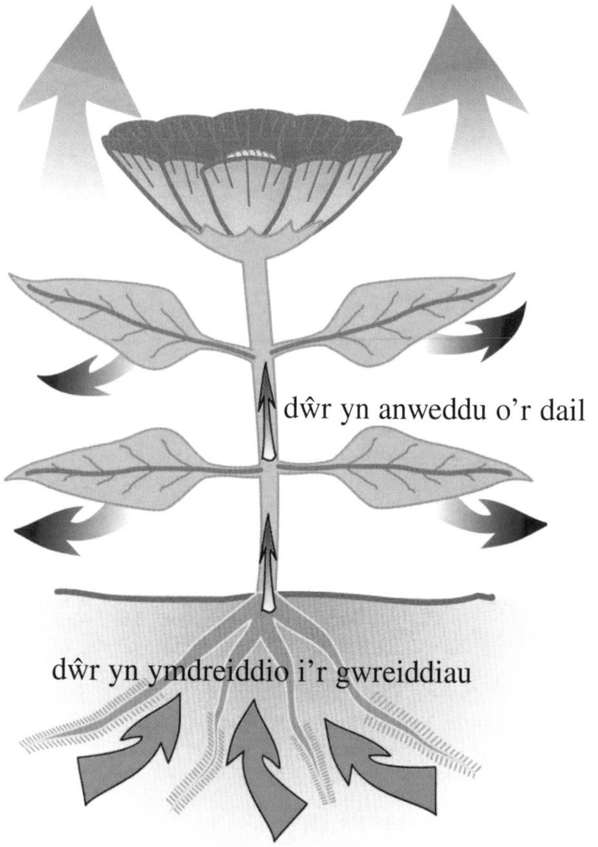
dŵr yn anweddu o'r dail
dŵr yn ymdreiddio i'r gwreiddiau

4 Ffactor sy'n effeithio arno

Mae *pedwar peth* yn effeithio ar *gyfradd trydarthu*:

1) *Golau*
2) *Tymheredd*
3) *Symudiad aer*
4) *Lleithder* yr aer oddi amgylch.

Mae'n amlwg y ceir y gyfradd trydarthu *fwyaf* pan fydd hi'n *boeth*. yn *sych*, yn *wyntog*, ac yn *heulog*, h.y. tywydd perffaith i sychu dillad.

I'r gwrthwyneb, bydd diwrnod *claear, cymylog, mwll, diflas, heb wynt* yn achosi'r *gyfradd leiaf o drydarthu.*

Mae mantais i'r llif cyson hwn o ddŵr, sef cludo *mwynau hanfodol* o'r *PRIDD* i mewn i'r gwreiddiau ac yna drwy'r planhigyn cyfan.

Bydd mewnlifiad *DŴR* a *MWYNAU* yn digwydd bron yn gyfan gwbl wrth y *GWREIDDFLEW.*

Mae Gwasgedd Chwydd-dyndra yn Cynnal Meinweodd y Planhigyn

1) Pan fydd planhigyn wedi'i *ddyfrhau'n dda*, bydd ei holl gelloedd yn tynnu dŵr i mewn iddynt drwy *osmosis* ac yn mynd yn *chwydd-dynn.*
2) Bydd cynnwys y gell yn dechrau g*wthio yn erbyn y cellfur*, fel balŵn mewn blwch esgidiau, a thrwy hynny yn cynnal *meinweoedd* y planhigyn.
3) Fe gaiff *dail* eu cynnal yn gyfan gwbl gan y *gwasgedd chwydd-dyndra* hwn. Fe wyddom hyn oherwydd os nad oes dŵr yn y pridd, bydd planhigyn yn dechrau *gwywo* a bydd y dail yn *pendrymu*. Y rheswm yw bod y celloedd yn dechrau colli dŵr ac felly yn colli eu gwasgedd chwydd-dyndra.

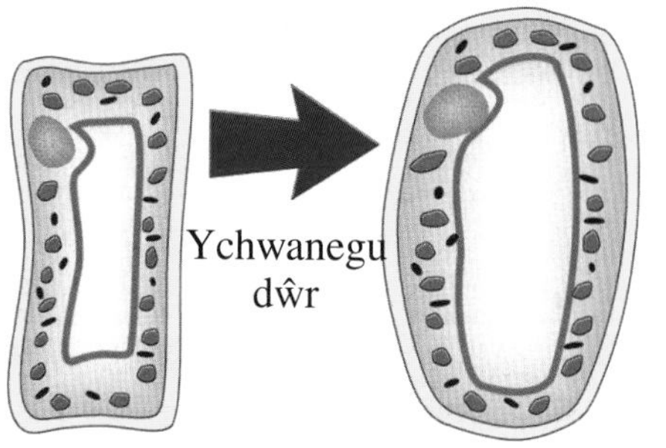
Ychwanegu dŵr
Cell Lipa
Cell Chwydd-dynn

Mae'n helpu os gallwch gymryd pethau i mewn yn dda...

Mae tipyn o wybodaeth ar y dudalen hon. Gallech geisio dysgu'r pwyntiau sydd wedi'u rhifo ond, yn well na hynny, gwnewch "*draethawd byr*" am drydarthu gan ysgrifennu popeth a gofiwch. Yna edrychwch yn ôl i weld a anghofioch chi rywbeth. Gwnewch hyn *nes y byddwch chi'n cofio'r cyfan*!

Systemau Cludo mewn Planhigion

Rhaid i blanhigion gludo gwahanol bethau oddi mewn iddynt. Mae ganddynt diwbiau i wneud hyn.

Mae Pibellau Ffloem a Sylem yn Cludo Gwahanol Bethau

1) Mae gan blanhigion *ddwy set wahanol o diwbiau* i gludo pethau o gwmpas y planhigyn.
2) Mae'r *ddwy* set o diwbiau'n *mynd i bob rhan o'r planhigyn*, ond maen nhw'n gwbl *ar wahân.*
3) Maen nhw fel rheol *gyferbyn* â'i gilydd.

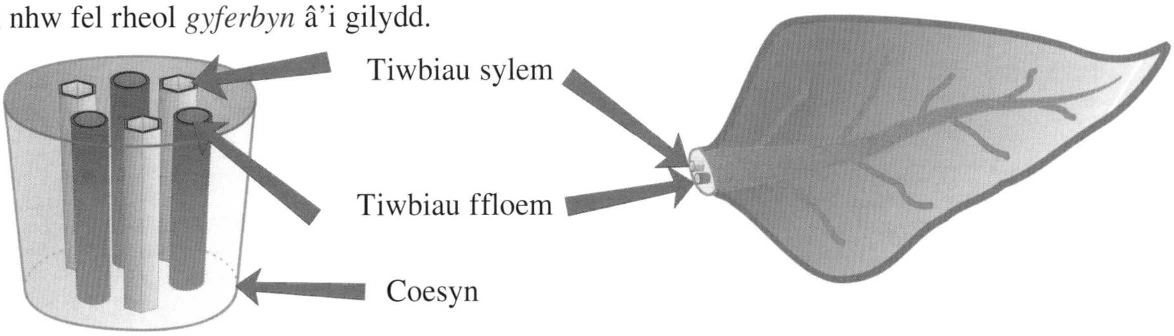

Tiwbiau sylem
Tiwbiau ffloem
Coesyn

Mae Tiwbiau Ffloem yn cludo Bwyd:

Dŵr
a
bwyd

1) Wedi'u gwneud o *gelloedd byw* gyda *phlatiau tyllog* (*perforated end-plates*) i ganiatáu i bethau lifo drwyddynt.

2) Maen nhw'n cludo *bwyd* a wneir yn y *dail* i *bob rhan arall* o'r planhigyn, i'r *naill gyfeiriad a'r llall.*

3) Maen nhw'n cludo *siwgrau, brasterau, proteinau* ayb i *rannau sy'n tyfu* ym *mlaenau'r cyffion* a'r *blaenwreiddiau*, i'r *organau storio* yn y *gwreiddiau* ac oddi yno.

Mae Tiwbiau Sylem yn mynd â Dŵr i Fyny:

Dŵr
a
mwynau

1) Wedi'u gwneud o *gelloedd marw* sydd wedi'u cysylltu benben *heb furiau* rhyngddynt ar y pen.
2) Mae'r muriau ochr yn *gadarn ac anystwyth* ac yn cynnwys *lignin*. Mae hyn yn *cynnal* y planhigyn.
3) Maen nhw'n *cludo dŵr a mwynau* i fyny o'r *gwreiddiau* i'r dail yn y llif trydarthol.

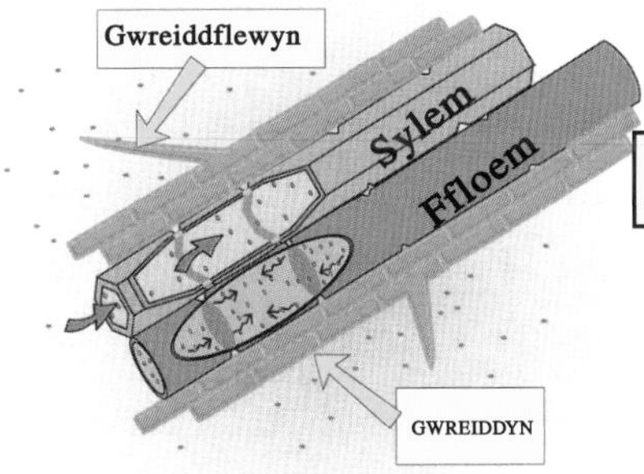

Gwreiddflewyn
Sylem
Ffloem
GWREIDDYN

Mae'r Ffloem a'r Sylem yn ymestyn i mewn i'r Gwreiddiau

1) Mae'r *ffloem* yn cludo *startsh* i lawr i'r *gwreiddiau* ar gyfer *twf* neu ar gyfer ei *storio* ac efallai yn ddiweddarach yn ei *gludo i fyny eto.*
2) Mae'r *sylem* yn cludo *dŵr a mwynau* (a gymerir i mewn gan y gwreiddiau) i *fyny* i'r dail.

Wel, dyna hi o'r top i'r gwaelod...

Dyma dudalen hawdd. Mae gwahaniaethau pwysig rhwng tiwbiau sylem a ffloem. Dysgwch yr holl bwyntiau a'r diagramau. Yna dylech guddio'r dudalen ac ysgrifennu'r cyfan i lawr gyda brasluniau manwl o'r diagramau. Gwnewch hyn eto *nes y byddwch chi'n cofio'r cyfan.*

Ffotosynthesis

Mae Ffotosynthesis yn Cynhyrchu Glwcos o Olau Haul

1) Y broses sy'n *cynhyrchu 'bwyd'* mewn planhigion yw *ffotosynthesis*. *Glwcos* yw'r 'bwyd' a gynhyrchir.
2) Mae ffotosynthesis yn *digwydd* yn y *dail* ym mhob *planhigyn gwyrdd* – dyna *ddiben* dail.

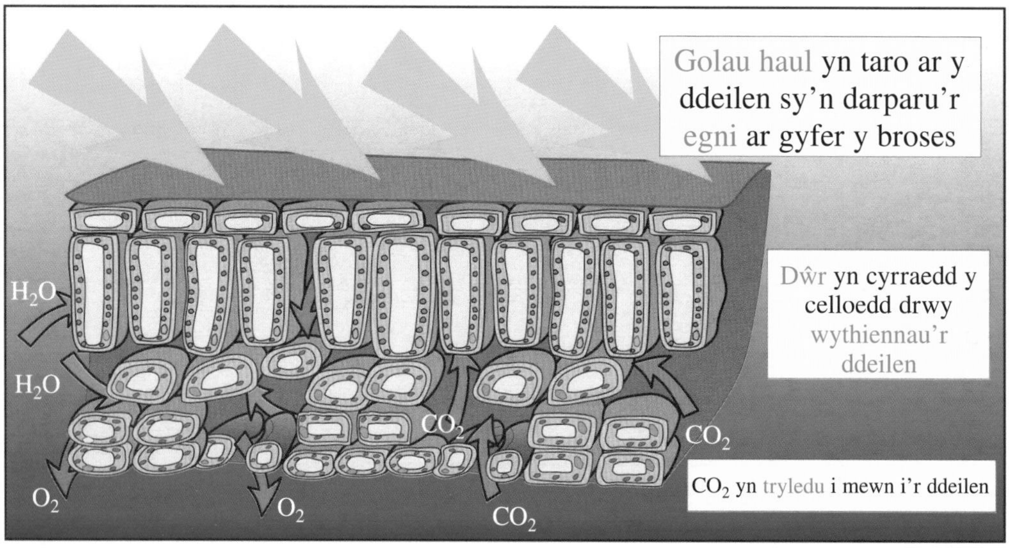

Golau haul yn taro ar y ddeilen sy'n darparu'r egni ar gyfer y broses
Dŵr yn cyrraedd y celloedd drwy wythiennau'r ddeilen
H_2O
H_2O
CO_2
CO_2
O_2
O_2
CO_2
CO_2 yn tryledu i mewn i'r ddeilen

TAIR NODWEDD:
1) Mae dail yn *denau a gwastad* i ddarparu *arwynebedd arwyneb mawr* i ddal *llawer* o olau haul.
2) Mae'r celloedd *palis* yn *agos at wyneb* y ddeilen ac yn *llawn cloroplastau.*
3) Mae *celloedd gwarchod* yn rheoli *symudiad nwyon i* mewn i'r ddeilen ac allan ohoni.

Dysgwch yr Hafaliad ar gyfer Ffotosynthesis:

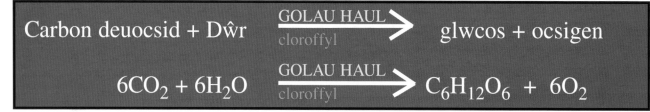

Carbon deuocsid + Dŵr $\xrightarrow[\text{cloroffyl}]{\text{GOLAU HAUL}}$ glwcos + ocsigen

$$6CO_2 + 6H_2O \xrightarrow[\text{cloroffyl}]{\text{GOLAU HAUL}} C_6H_{12}O_6 + 6O_2$$

Pedwar Peth Angenrheidiol ar gyfer Ffotosynthesis:

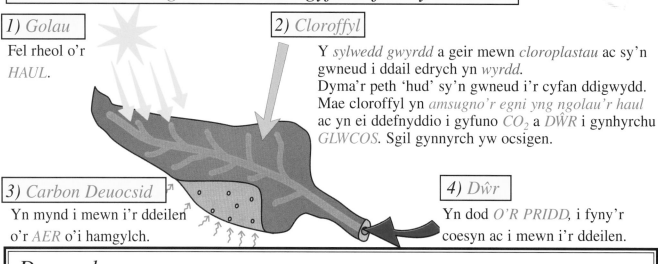

1) Golau

Fel rheol o'r *HAUL.*

2) Cloroffyl

Y *sylwedd gwyrdd* a geir mewn *cloroplastau* ac sy'n gwneud i ddail edrych yn *wyrdd*.
Dyma'r peth 'hud' sy'n gwneud i'r cyfan ddigwydd.
Mae cloroffyl yn *amsugno'r egni yng ngolau'r haul* ac yn ei ddefnyddio i gyfuno *CO_2* a *DŴR* i gynhyrchu *GLWCOS*. Sgil gynnyrch yw ocsigen.

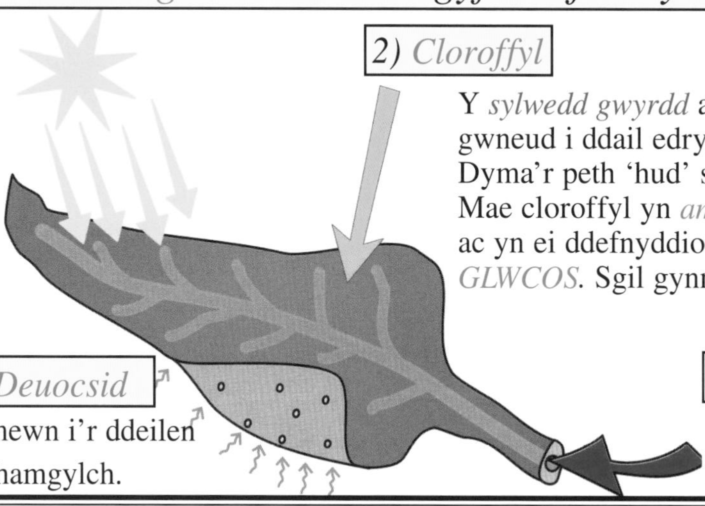

3) Carbon Deuocsid

Yn mynd i mewn i'r ddeilen o'r *AER* o'i hamgylch.

4) Dŵr

Yn dod *O'R PRIDD*, i fyny'r coesyn ac i mewn i'r ddeilen.

Dysgwch...

Rhaid dysgu'r cyfan ar y dudalen hon. Mae'n bendant y cewch ffotosynthesis yn yr Arholiad. Ar y dudalen yma mae dau ddiagram, dau bwynt ynglŷn â ffotosynthesis a'r hafaliadau, a hefyd y pedwar amod angenrheidiol. *Dysgwch nhw* ac *ailddysgwch nhw* nes y gallwch *guddio'r dudalen* ac ysgrifennu'r cyfan *o'ch cof*.

Newid Cyfradd Ffotosynthesis

Mae *TAIR FFACTOR* yn effeithio ar *GYFRADD ffotosynthesis*:

1) *GOLAU* (a'r donfedd)

Mae *cloroffyl* yn defnyddio *egni golau* i gyflawni ffotosynthesis. Dim ond mor gyflym ag y daw'r egni golau i'r amlwg y gall hyn ddigwydd. Dim ond pennau *coch* a *glas* y sbectrwm *golau gweladwy* y mae cloroffyl yn eu hamsugno, ond nid y *golau gwyrdd* yn y canol, a gaiff ei *adlewyrchu* yn ôl. Dyna pam mae planhigion yn edrych yn wyrdd.

2) *CARBON DEUOCSID*

CO_2 a *dŵr* yw'r *defnyddiau crai*. Dydy dŵr byth yn brin mewn planhigion, ond dim ond *0.03%* o'r aer oddi amgylch sy'n CO_2. Mae hynny'n *weddol brin*, felly, o safbwynt planhigion.

3) *Y TYMHEREDD*

Mae *cloroffyl*, yn debyg i *ENSYM*, yn gweithio orau pan fydd hi'n *gynnes ond nid yn rhy boeth*. Bydd cyfradd ffotosynthesis yn dibynnu ar ba mor 'hapus' y mae'r ensym cloroffyl: *CYNNES* ond nid rhy boeth.

Tri Graff Pwysig ar gyfer Cyfradd Ffotosynthesis

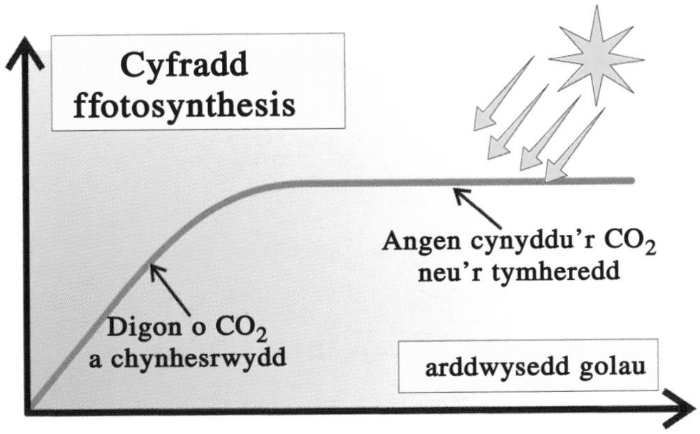
Cyfradd ffotosynthesis
Angen cynyddu'r CO_2 neu'r tymheredd
Digon o CO_2 a chynhesrwydd
arddwysedd golau

Ar unrhyw adeg benodol un o'r *tair ffactor* uchod fydd y *ffactor gyfyngol* a fydd yn cadw ffotosynthesis *i lawr* ar ei gyfradd ar y pryd.

1) Os cynyddir *lefel y golau*, bydd cyfradd ffotosynthesis yn *cynyddu'n gyson* – hyd at *bwynt penodol*.
2) Y tu hwnt i hynny, ni wnaiff unrhyw *wahaniaeth* oherwydd wedyn naill ai'r *tymheredd* neu lefel y *CO_2* fydd yn anghywir a dyna fydd y ffactor gyfyngol.
3) I'r gwrthwyneb, os bydd *lefel y golau'n* rhy *isel, ni fydd* newid maint y CO_2 yn cynyddu cyfradd ffotosynthesis o gwbl – *nes y cynyddir* lefel y golau i *gyfateb* i lefel y CO_2.

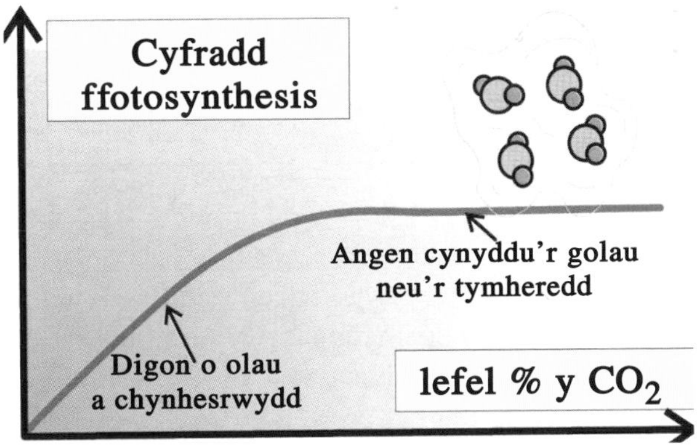
Cyfradd ffotosynthesis
Angen cynyddu'r golau neu'r tymheredd
Digon o olau a chynhesrwydd
lefel % y CO_2

4) I gael cyfradd optimwm ffotosynthesis rhaid sicrhau
1) bod yna ddigon o CO_2
2) bod yna ddigon o olau
3) bod y tymheredd yn iawn.

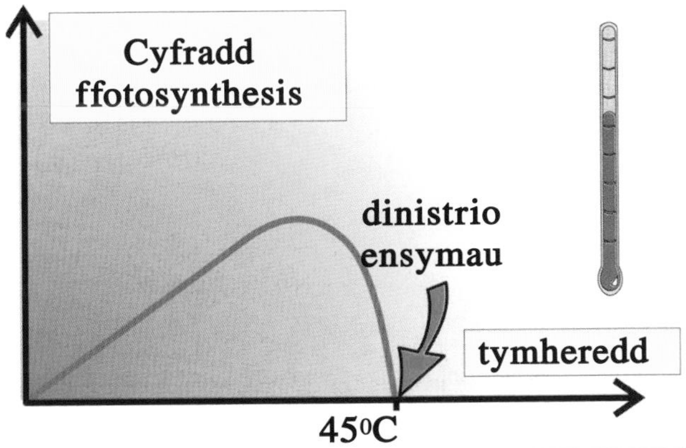
Cyfradd ffotosynthesis
dinistrio ensymau
tymheredd
45°C

5) Noder na allwch mewn gwirionedd gael *gormod* o olau neu CO_2. Rhaid i'r *tymheredd*, fodd bynnag, beidio â mynd yn rhy uchel neu bydd hynny'n *dinistrio'r* ensymau cloroffyl.
6) Digwydd hynny pan fydd y tymheredd oddeutu *45°C* (sy'n go boeth ar gyfer yr awyr agored, ond gall tai gwydr fynd mor boeth â hynny os na fyddwch yn ofalus).
7) Ond *fel rheol* os mai'r tymheredd yw'r *ffactor gyfyngol*, yna mae'n rhy isel ac mae angen *cynhesu*.

Adolygu – dyw bywyd ddim yn hwyl a heulwen drwy'r amser...

Mae tair ffactor gyfyngol, graff ar gyfer pob un ac esboniad pam mae'r graffiau'n lefelu neu'n stopio'n sydyn. Dylech *guddio'r dudalen* ac ymarfer *cofio'r holl fanylion hyn* nes i chi lwyddo.

Ffotosynthesis a Resbiradaeth

Mae Ffotosynthesis a Resbiradaeth yn Brosesau CYFERBYNIOL:

1) Cofiwch fod ffotosynthesis mewn planhigion yn darparu'r bwyd ar gyfer pob anifail. Mae planhigion yn dal egni'r Haul ac yn ei droi'n glwcos, sydd yn y bôn yn egni cemegol wedi'i storio. Yna mae anifeiliaid ar hyd y gadwyn fwyd yn defnyddio'r egni hwnnw mewn resbiradaeth i fyw a thyfu. Heb blanhigion byddai pob anifail yn marw.

2) Mae resbiradaeth yn defnyddio ocsigen a glwcos ac yn eu troi'n ôl yn garbon deuocsid a dŵr.

Mae'r *HAFALIADAU* yr un *fath* ond yn *groes i'w gilydd:*

Ffotosynthesis:
carbon deuocsid + dŵr → glwcos + ocsigen (*Angen* egni)

Resbiradaeth:
glwcos + ocsigen → carbon deuocsid + dŵr (*Rhyddhau* egni)

Planhigion Caeëdig: monitro O_2 a CO_2 dros gylchredau 24 awr

Mewn golau dydd (neu unrhyw olau arall heblaw *gwyrdd*) mae planhigion yn cyflawni ffotosynthesis ac yn cynhyrchu ocsigen (a glwcos). Ond mae planhigion ac anifeiliaid yn cyflawni resbiradaeth drwy'r amser, ddydd a nos, gan ddefnyddio'r ocsigen a rhyddhau carbon deuocsid. Gellir gwneud arbrawf i ddangos hyn:

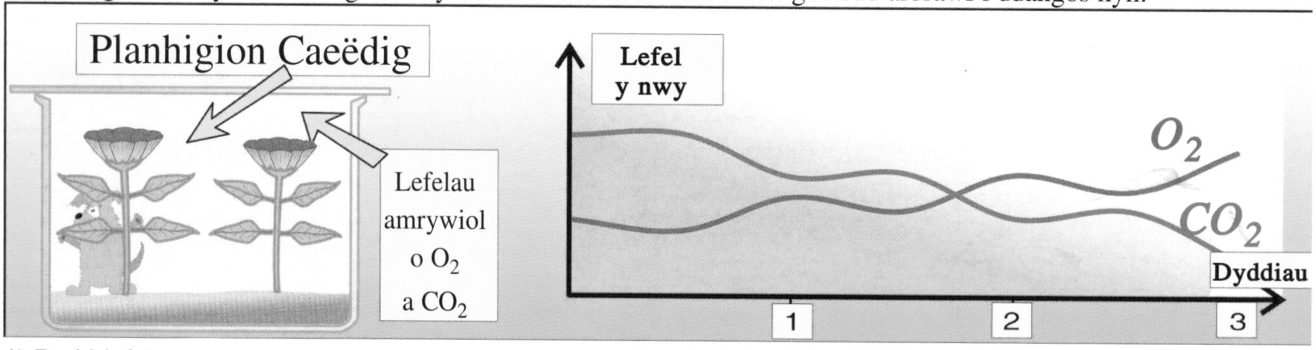

Planhigion Caeëdig
Lefelau amrywiol o O_2 a CO_2
Lefel y nwy
O_2
CO_2
Dyddiau
1
2
3

1) Bydd lefel yr *ocsigen* yn *codi* yn ystod y *dydd* am i *ffotosynthesis* gynhyrchu mwy o *ocsigen* nag y bydd y planhigyn yn ei ddefnyddio drwy resbiradaeth. Yn ystod y *nos* bydd lefel yr ocsigen yn *gostwng* am i'r planhigyn ei ddefnyddio o ganlyniad i *resbiradaeth* heb fod dim yn cael ei gynhyrchu. *Dros gyfnod*, fodd bynnag, bydd lefel yr ocsigen yn *codi'n raddol.*
2) Bydd lefel y *carbon deuocsid* yn *gostwng* yn ystod y *dydd* (yn cael ei ddefnyddio o ganlyniad i ffotosynthesis) ac yn *codi* yn ystod y *nos* (yn cael ei gynhyrchu o ganlyniad i resbiradaeth). Dros gyfnod bydd lefel y CO_2 yn *gostwng yn gyson* am fod planhigion yn *defnyddio mwy* o CO_2 nag y maent yn ei *gynhyrchu.* (Fel arall byddai ein hatmosffer yn llawn carbon deuocsid fel y bu biliynau o flynyddoedd yn ôl.)

Gallai *anifeiliaid* hefyd wneud i lefel y CO_2 *godi*

Wrth gwrs, mae'n dibynnu ar *feintiau cymharol* y *planhigion a'r anifeiliaid*, ond dros gyfnod gallai lefel yr O_2 *ostwng* a gallai lefel y CO_2 *godi* pe bai mwy o "anifeiliaid" o'u cymharu â "phlanhigion".
Fodd bynnag byddai'r *patrwm 24 awr* o *godi a gostwng* yn dal i fod yn debyg.

Sut mae dysgu hyn i gyd?...

Mae'r dudalen hon yn ymddangos yn anodd ei dysgu. Ond dydy hi ddim yn rhy wael. Mae'r rhan uchaf yn cymharu ffotosynthesis a resbiradaeth fel prosesau cyferbyniol ac mae'r rhan isaf yn ystyried sut mae lefelau'r ocsigen a'r CO_2 yn amrywio dros gyfnodau o 24 awr neu fwy. *Cuddiwch y dudalen*, felly, a cheisio *ysgrifennu'r cyfan.*

Dau Arbrawf ar Ddail

Mae dau arbrawf ar ddail sy'n eithaf tebygol o ymddangos yn eich Arholiadau:

1) Ffotosynthesis a'r Prawf Startsh

1) *Arbrawf syml iawn* yw hwn i ddarganfod yr hyn sy'n effeithio ar *gynhyrchu startsh* (ac felly *ffotosynthesis*) mewn deilen. (Yr ateb, wrth gwrs, yw *golau* a *charbon deuocsid*.)

2) Yr hyn a wna'r arbrawf yw *amddifadu* rhannau o ddeilen o *olau* neu *garbon deuocsid* am tua 24 awr ac yna *profi am startsh* gan ddefnyddio *ïodin*.

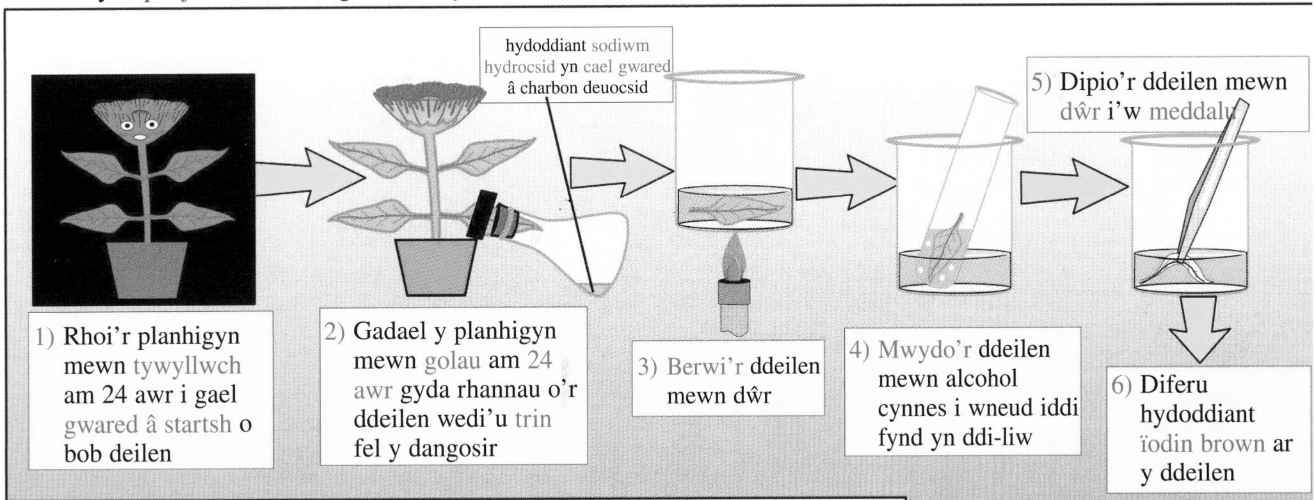

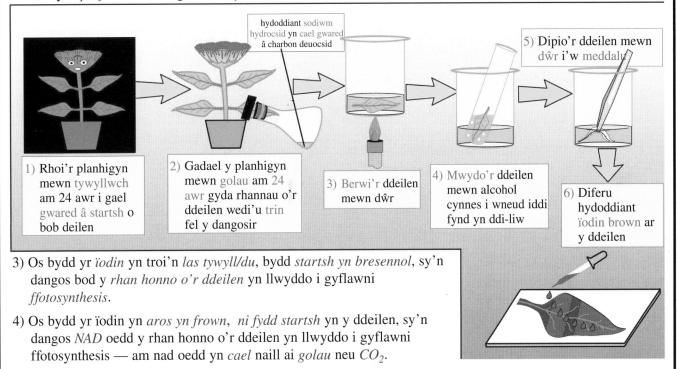

hydoddiant sodiwm hydrocsid yn cael gwared â charbon deuocsid
5) Dipio'r ddeilen mewn dŵr i'w meddalu
1) Rhoi'r planhigyn mewn tywyllwch am 24 awr i gael gwared â startsh o bob deilen
2) Gadael y planhigyn mewn golau am 24 awr gyda rhannau o'r ddeilen wedi'u trin fel y dangosir
3) Berwi'r ddeilen mewn dŵr
4) Mwydo'r ddeilen mewn alcohol cynnes i wneud iddi fynd yn ddi-liw
6) Diferu hydoddiant ïodin brown ar y ddeilen

3) Os bydd yr *ïodin* yn troi'n *las tywyll/du*, bydd *startsh yn bresennol*, sy'n dangos bod y *rhan honno o'r ddeilen* yn llwyddo i gyflawni *ffotosynthesis*.

4) Os bydd yr ïodin yn *aros yn frown*, *ni fydd startsh* yn y ddeilen, sy'n dangos *NAD* oedd y rhan honno o'r ddeilen yn llwyddo i gyflawni ffotosynthesis — am nad oedd yn *cael* naill ai *golau* neu *CO_2*.

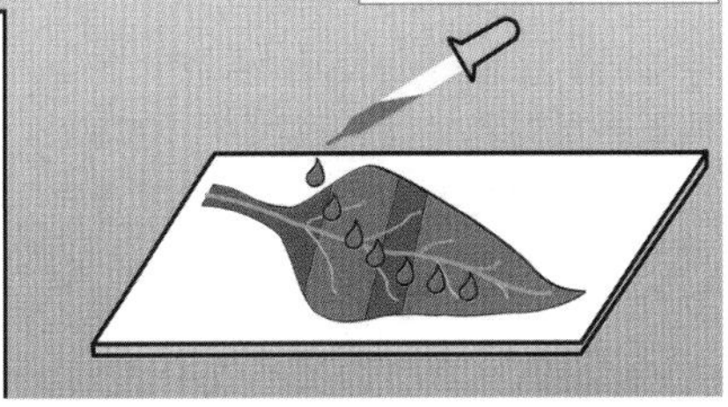

2) Profi Mewnlifiad Dŵr â Photomedr

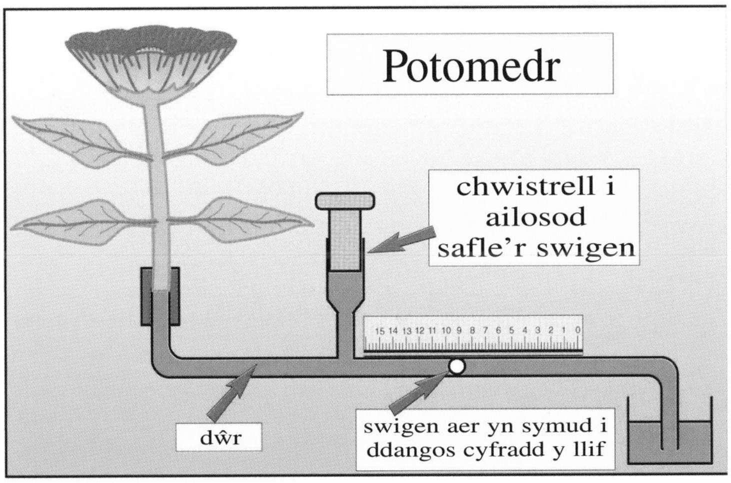

Potomedr
chwistrell i ailosod safle'r swigen
15 14 13 12 11 10 9 8 7 6 5 4 3 2 1 0
dŵr
swigen aer yn symud i ddangos cyfradd y llif

1) Mae'r arbrawf hwn yn caniatáu i chi brofi *cyfradd mewnlifiad dŵr* planhigyn mewn gwahanol *amodau atmosfferig*.
2) Wrth i ddŵr *anweddu* o'r dail, mae'n ei *dynnu i fyny'r* coesyn ac mae'r *swigen* yn symud ar hyd y tiwb.
3) Po *bellaf* y bydd y swigen yn symud mewn amser penodol, *cyflymaf* i gyd fydd cyfradd y *mewnlifiad dŵr* neu'r *trydarthu*.
4) Gallwch roi'r planhigyn allan yn y *gwynt* neu mewn *gwres* neu *leithder* ayb i weld sut mae hynny'n effeithio ar gyfradd y mewnlifiad dŵr.

Profwch eich hun yma i weld faint a gymerwyd i mewn gennych...

Dau arbrawf syml i'w dysgu. Yn yr Arholiad efallai y cewch gwestiwn yn seiliedig ar y naill neu'r llall. Rhaid gwybod *arwyddocâd* yr hyn sy'n digwydd yn y ddau arbrawf. *Dysgwch y diagramau a'r geiriau*. Ewch ati i *ysgrifennu traethawd byr*.

Sut mae Planhigion yn Defnyddio'r Glwcos

1) Mae planhigion yn *cynhyrchu glwcos* yn eu *dail*.
2) Yna defnyddiant beth o'r glwcos ar gyfer *resbiradaeth* i ddechrau.
3) Mae hyn yn *rhyddhau egni* sy'n eu galluogi i *drawsnewid* gweddill y glwcos yn *sylweddau defnyddiol eraill* y gallan nhw eu defnyddio i *adeiladu celloedd newydd* a *thyfu*.
4) I gynhyrchu rhai o'r sylweddau hyn rhaid iddynt hefyd *gasglu* ychydig o *fwynau* o'r pridd.

① *Ar Gyfer Resbiradaeth*

② *Gwneud Ffrwythau*

Fe gaiff *GLWCOS* ei droi'n *SWCROS* i'w storio mewn *FFRWYTHAU*. Mae ffrwythau'n *blasu'n hyfryd* yn fwriadol fel y bydd anifeiliaid yn eu bwyta ac felly yn *gwasgaru'r hadau* dros y lle.

③ *Wedi'i Storio mewn Hadau*

Fe gaiff *GLWCOS* ei droi'n *LIPIDAU* (brasterau ac olewau) i'w storio mewn *HADAU*.
Mae *hadau blodau'r haul*, er enghraifft, yn cynnwys llawer o olew - fe gawn *olew coginio* a *margarin* o'r rhain.

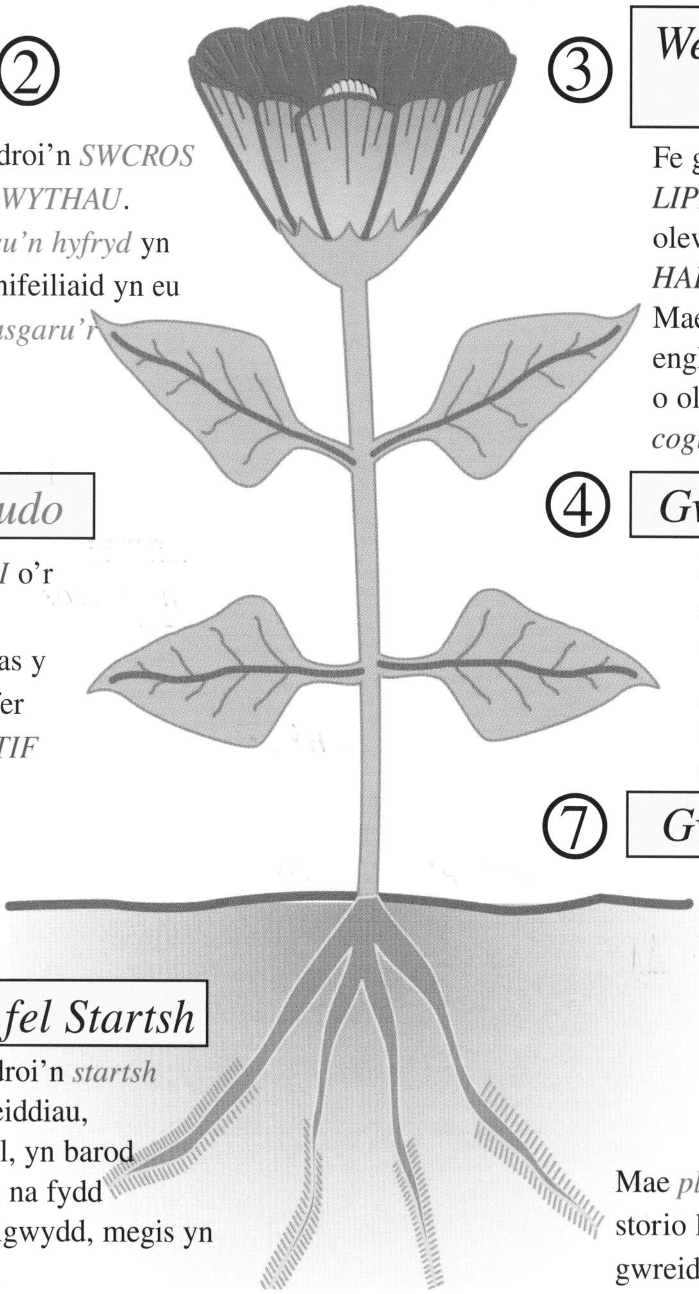

④ *Gwneud Cellfuriau*

Fe gaiff *GLWCOS* ei drawsnewid yn *GELLWLOS* er mwyn gwneud *cellfuriau*, yn enwedig mewn planhigyn sy'n tyfu'n gyflym.

⑤ *Ar Gyfer Cludo*

Mae angen yr *EGNI* o'r *GLWCOS* i *gludo sylweddau* o gwmpas y planhigyn ac ar gyfer *MEWNLIFIAD ACTIF* o *fwynau* yn y gwreiddiau.

⑥ *Wedi'i Storio fel Startsh*

Fe gaiff *glwcos* ei droi'n *startsh* a'i *storio* yn y gwreiddiau, y coesynnau a'r dail, yn barod i'w ddefnyddio pan na fydd ffotosynthesis yn digwydd, megis yn y *gaeaf*.
Mae *STARTSH* yn *ANHYDAWDD*, sy'n ei wneud yn *well* o lawer ar gyfer ei *storio* am nad yw'n chwyddo'r celloedd storio drwy *osmosis* fel y byddai glwcos yn ei wneud.

⑦ *Gwneud Proteinau*

Fe gaiff *GLWCOS* ei gyfuno â *NITRADAU* (a gesglir o'r pridd) i wneud *ASIDAU AMINO*, sydd wedyn yn cael eu troi'n *BROTEINAU*.

Mae *planhigion tatws a moron* yn storio llawer o startsh yn eu gwreiddiau dros y gaeaf i alluogi i blanhigyn newydd dyfu ohono y gwanwyn canlynol. Rydym yn bwyta'r gwreiddiau chwyddedig!

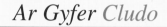

Siwgr i felysu'r gwaith...

Mae planhigion yn gwneud saith peth â glwcos. *Dysgwch nhw, cuddiwch y dudalen* a dangoswch yr hyn a wyddoch. Hynny yw, brasluniwch y diagram ac *ysgrifennwch* y saith ffordd y mae planhigion yn defnyddio glwcos, gan gynnwys yr holl fanylion ychwanegol.

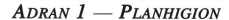

Mwynau sy'n Angenrheidiol i Dyfu'n Iach

Er mwyn i blanhigion *dyfu'n iach* mae angen tri mwyn pwysig iawn na allan nhw eu cael ond *o'r pridd* drwy eu *gwreiddiau*:

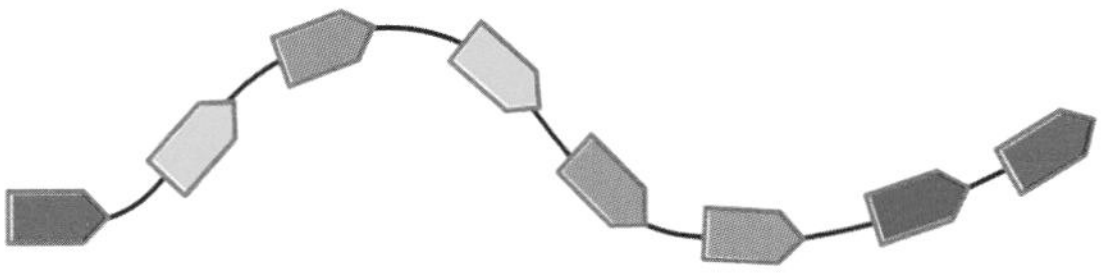

Y Tri Mwyn Hanfodol

1) Nitradau

— ar gyfer gwneud *ASIDAU AMINO* ac ar gyfer "synthesis" (gwneud) *PROTEINAU* a *DNA*.

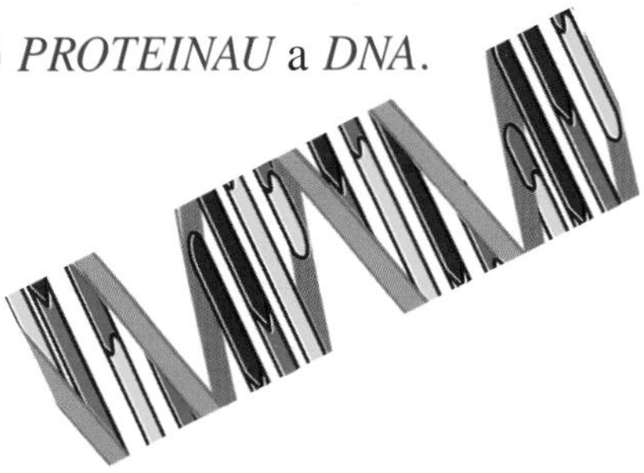

2) Ffosffadau

— mae ganddyn nhw rôl bwysig mewn adweithiau sy'n gysylltiedig â *FFOTOSYNTHESIS* a *RESBIRADAETH*. Hefyd defnyddir yr elfen *FFOSFFORWS* i wneud *DNA* a *CHELLBILENNI.*

3) Potasiwm

— yn helpu'r *ENSYMAU* sy'n ymwneud â *FFOTOSYNTHESIS* a *RESBIRADAETH* i weithio.

Mae angen Ychydig o Haearn a Magnesiwm hefyd

Mae angen cryn dipyn o'r tri phrif mwyn, ond mae yna elfennau eraill nad oes angen cymaint ohonyn nhw. HAEARN a MAGNESIWM yw'r pwysicaf gan fod eu hangen i wneud CLOROFFYL sydd, wrth gwrs, yn go bwysig i blanhigion.

Bydd Planhigion a fydd yn Brin o'r Maetholynnau Hyn yn Dangos Symptomau Diffyg:

1) Diffyg Nitradau

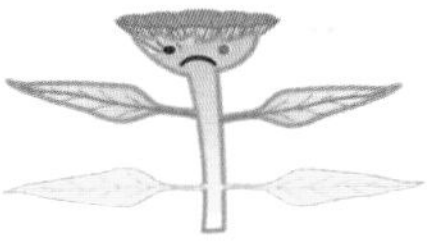

— *TWF Y PLANHIGYN WEDI'I GREBACHU a DAIL HŶN MELYN.*

2) Diffyg Ffosffadau

— *TWF GWAEL Y GWREIDDIAU A DAIL IAU PORFFOR.*

3) Diffyg Potasiwm

— *DAIL MELYN A SMOTIAU MARW.*

Peryglon Ungnwd

1) Ystyr *ungnwd* yw tyfu *UN MATH O GNWD YN UNIG* yn yr un cae *flwyddyn ar ôl blwyddyn.*
2) Mae'n achosi i'r pridd fynd yn *ddiffygiol o ran y mwynau* a ddefnyddir yn helaeth gan y *planhigyn hwnnw.*
3) Mae *diffyg* hyd yn oed *un mwyn* yn ddigon i achosi *twf gwael a llai o gynnyrch.*
4) Bydd hyn yn fuan yn arwain at gnydau gwael oni chaiff *gwrtaith* ei ychwanegu i *ailgyflenwi'r* mwynau prin.

Ymlaciwch ac amsugnwch y wybodaeth...

Gwaith digon syml sydd yma. Dwy adran eglur gyda'r rhannau pwysig wedi'u hamlygu mewn lliw. Dylech fedru *cuddio'r dudalen* ac *ysgrifennu'r* wybodaeth bron yn llwyr heb fawr ddim trafferth. *Dysgwch a mwynhewch.*

Hormonau Twf mewn Planhigion

Hormonau Twf Planhigion yw Awcsinau

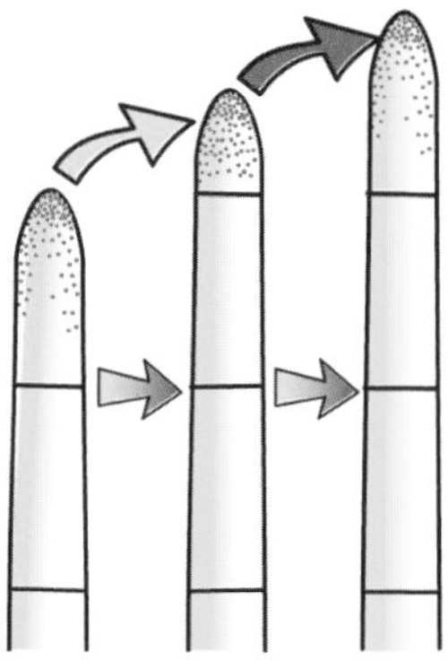

1) *Hormonau* sy'n *rheoli twf* ym *mlaenau'r cyffion* a'r *gwreiddiau* yw *awcsinau*.
2) Cynhyrchir awcsin yn y *blaenau* ac mae'n *tryledu'n ôl* i symbylu'r *broses hwyhau celloedd* a geir yn y celloedd yn union y *tu ôl* i flaenau'r cyffion.
3) Os *ceir gwared* â blaen cyffyn, ni fydd awcsin ar gael a gallai'r cyffyn *beidio â thyfu*.
4) Mae blaenau'r cyffion hefyd yn cynhyrchu sylweddau sy'n *atal* twf *cyffion ochr*. Os ceir gwared â'r blaenau gall hynny arwain at lawer o gyffion ochr am nad yw'r sylwedd atal yno bellach. Felly, mae *tocio perthi'n* hybu *perthi trwchus* am ei fod yn cynhyrchu llawer o gyffion ochr.

Mae Awcsinau'n Newid Cyfeiriad Twf Gwreiddiau a Chyffion

Fe sylwch isod fod mwy o awcsin yn *hybu twf yn y cyffyn* ond yn *atal twf yn y gwreiddyn* — ond sylwch hefyd fod hyn yn creu'r *canlyniad a ddymunir* yn y *ddau achos*.

1) Mae Cyffion yn plygu tuag at y Golau

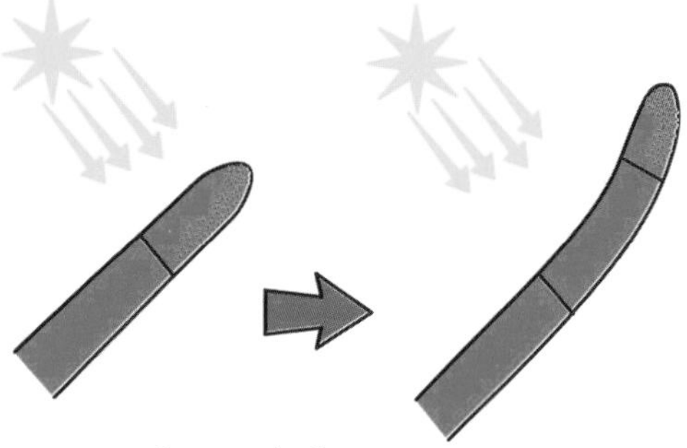
dosraniad

1) Pan roddir *blaen cyffyn* yn *agored i olau*, mae'n darparu *mwy o awcsin* ar yr ochr sydd yn y *cysgod* nag ar yr ochr sydd yn y golau.
2) Mae hyn yn achosi i'r cyffyn dyfu'n *gyflymach* ar yr *ochr gysgodol* ac mae'n plygu *tuag at* y golau.

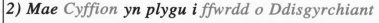

2) Mae Cyffion yn plygu i ffwrdd o Ddisgyrchiant

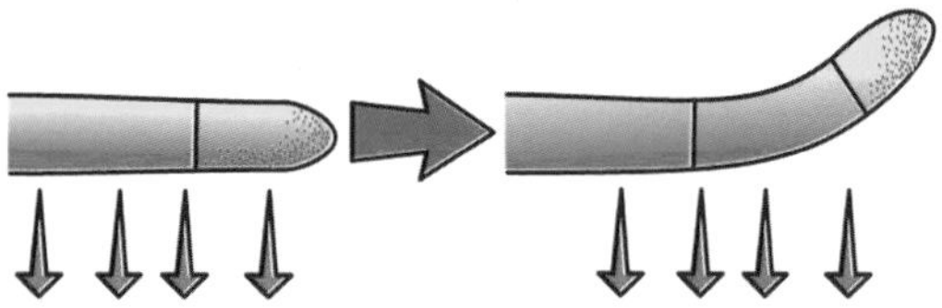
disgyrchiant
disgyrchiant

1) Pan fydd *cyffyn* yn tyfu *i'r ochr*, bydd y disgyrchiant yn creu dosraniad anghyfartal o awcsin yn y blaen, gyda *mwy o awcsin* ar yr *ochr isaf*.
2) Bydd hyn yn achosi i'r ochr isaf dyfu'n *gyflymach*, ac felly yn plygu'r *cyffyn* i fyny.

3) Mae Gwreiddiau'n plygu tuag at Ddisgyrchiant

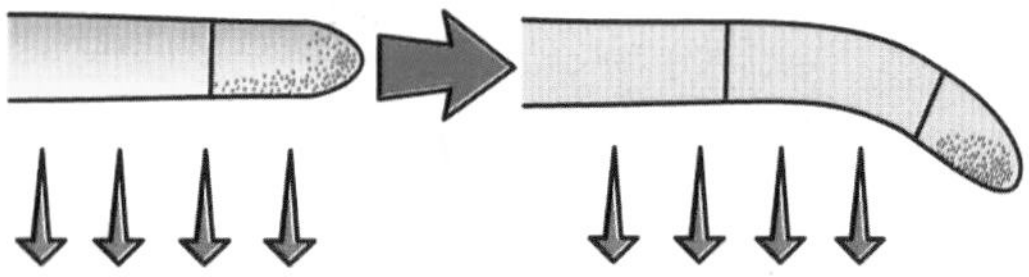
disgyrchiant
disgyrchiant

1) Bydd *gwreiddyn* sy'n *tyfu i'r ochr* yn profi'r un ailddosraniad o awcsin i'r *ochr isaf*.
2) Ond mewn gwreiddyn bydd yr *awcsin ychwanegol* yn *atal* twf, gan achosi iddo dyfu *i lawr*.

4) Mae Gwreiddiau'n plygu tuag at Leithder

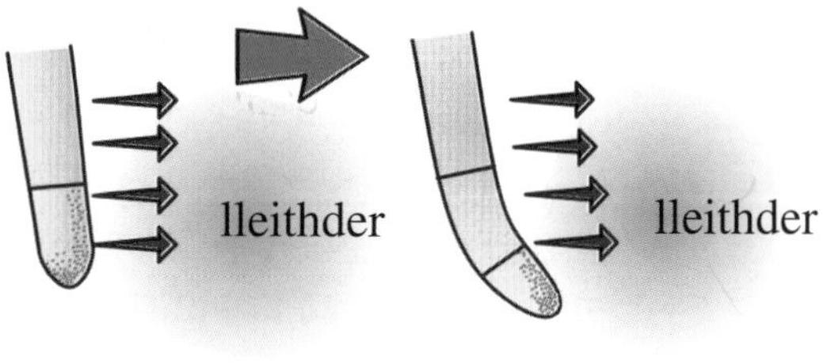
lleithder
lleithder

1) Bydd graddau anghyfartal o leithder ar y ddwy ochr i'r gwreiddyn yn achosi i *fwy o awcsin* ymddangos ar yr ochr sydd â *mwy o leithder*.
2) Bydd hyn yn *atal* twf ar yr ochr honno, gan achosi i'r gwreiddyn dyfu i'r cyfeiriad hwnnw, *tuag at y lleithder*.

I'ch Cadw ar y Blaen gyda'ch Adolygu...

Tudalen hawdd ei dysgu. Pedwar pwynt ynglŷn ag awcsinau, ynghyd â diagram, a phedair ffordd y bydd cyffion a gwreiddiau'n newid cyfeiriad, gyda diagram ar gyfer pob un. *Dysgwch* y cyfan, *cuddiwch y dudalen* ac *ysgrifennwch* y prif bwyntiau *o'ch cof*. Gwnewch hyn eto, ac eto...

Defnyddio Hormonau Planhigion at ddibenion Masnachol

Gellir defnyddio hormonau planhigion mewn sawl ffordd yn y *busnes tyfu bwyd*.

1) Cynhyrchu Ffrwythau Di-had

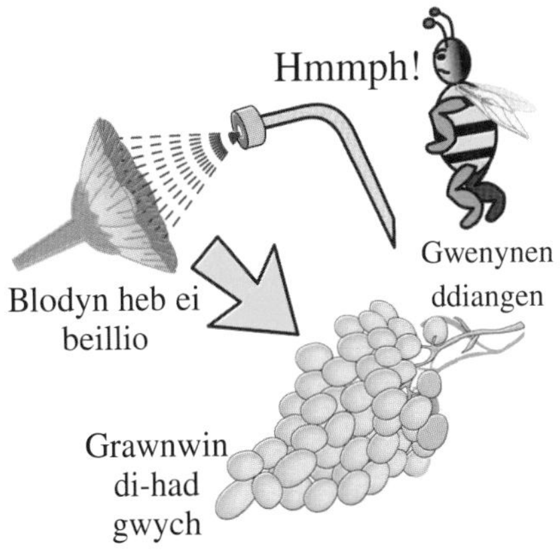

Hmmph!
Gwenynen ddiangen
Blodyn heb ei beillio
Grawnwin di-had gwych

1) Fel rheol nid yw ffrwythau'n tyfu ond ar blanhigion sydd wedi'u *peillio gan bryfed* gyda'r *hadau* anochel yng nghanol y ffrwyth. Os *na* chaiff y planhigyn ei beillio, dydy'r ffrwythau a'r hadau *ddim yn tyfu*.
2) Fodd bynnag, os rhoddir *hormonau twf* i *flodau sydd heb eu peillio, bydd y ffrwythau'n tyfu* ond *ni fydd yr hadau'n tyfu*!
3) Campus! Mae satswmas di-had a grawnwin di-had yn *ffeinach o lawer* na'r rhai 'naturiol' sy'n llawn hadau!

2) Rheoli Ffrwythau'n Aeddfedu

1) Gellir rheoli ffrwythau'n *aeddfedu* naill ai tra byddant yn *dal ar y planhigyn* neu tra byddant yn cael eu *cludo* i'r siopau.
2) Mae hyn yn caniatáu i'r ffrwyth gael ei gasglu tra bydd yn *anaeddfed* (ac felly yn gadarnach ac yn *llai agored i niwed*).
3) Yna gellir ei chwistrellu â *hormon aeddfedu* ac fe fydd yn aeddfedu *ar y ffordd i'r uwchfarchnad* er mwyn iddo fod yn berffaith pan fydd yn cyrraedd y silffoedd.

3) Tyfu o Doriadau â Chyfansoddyn Gwreiddio

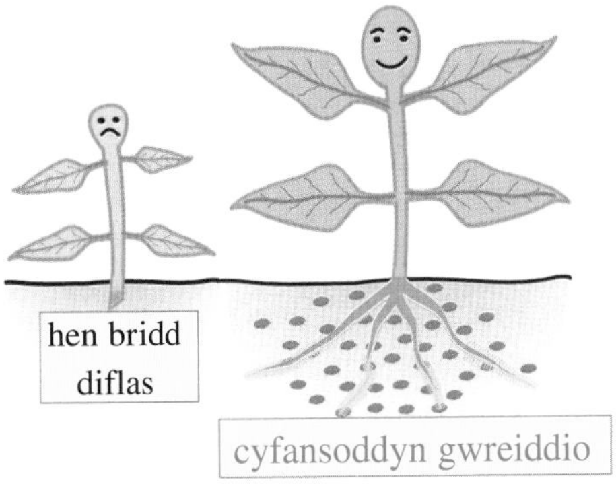

hen bridd diflas
cyfansoddyn gwreiddio

1) Rhan o blanhigyn a *dorrwyd oddi arno* yw *toriad*, megis pen cangen gydag ychydig o ddail arno.
2) Fel rheol, os rhoddir toriadau yn y pridd wnân nhw *ddim tyfu*. Ond os ychwanegir *cyfansoddyn gwreiddio*, sy'n *hormon twf* mewn planhigion, byddan nhw'n cynhyrchu gwreiddiau'n gyflym ac yn dechrau tyfu fel *planhigion newydd*.
3) Mae hyn yn galluogi i dyfwyr gynhyrchu llawer o *glonau* (union gopïau) o blanhigyn da iawn yn *fuan iawn*.

4) Lladd Chwyn

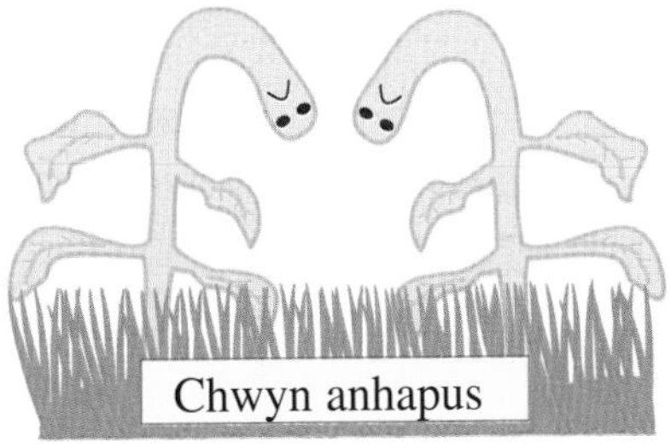

Chwyn anhapus

1) Mae'r rhan fwyaf o chwyn sy'n tyfu mewn caeau cnydau neu mewn lawnt yn *llydanddail*, yn wahanol i wair sydd â *dail cul* iawn.
2) Mae *chwynladdwyr detholus* wedi'u datblygu o *hormonau twf planhigion* sy'n effeithio ar y planhigion llydanddail yn unig.
3) Maen nhw'n *tarfu'n llwyr* ar eu *patrymau twf* normal, sydd yn fuan yn eu *lladd*, ond heb amharu ar y gwair.

Cofiwch, bydd dysgu o ddifrif yn dwyn ffrwyth...

Tudalen hawdd arall. Cofiwch ddysgu digon am bob rhan i ateb cwestiwn â 3 marc amdano yn yr Arholiad (h.y. medru gwneud tri phwynt dilys). Mae'r adrannau wedi'u rhannu'n bwyntiau wedi'u rhifo i'ch helpu i'w cofio. Mae tri phwynt ym mhob adran. *Dysgwch nhw*, *cuddiwch y dudalen* ac *ysgrifennwch* y 3 phwynt ar gyfer pob un. Os na fedrwch wneud hyn yn awr, sut y gwnewch chi ei gofio yn yr Arholiad?

Crynodeb Adolygu ar gyfer Adran 1

Mae llawer o waith hawdd ar blanhigion. Ond mae gwaith hawdd yn golygu marciau hawdd a dylech wneud yn siŵr y cewch bob marc hawdd. Peth ffôl yw gweithio'n galed ar y gwaith anodd ac anghofio am y rhannau hawdd. Dyma gwestiynau anodd ar blanhigion i chi. Dylech ymarfer eu hateb dro ar ôl tro nes y gallwch fynd trwyddynt yn hawdd.

1) O ba ddefnydd yw Mats Syr?
2) Brasluniwch gell anifail a chell planhigyn gyda'r saith label.
3) Brasluniwch bum cell planhigyn. Eglurwch pam y maent yn arbenigol ar gyfer eu gwaith.
4) Rhowch enghraifft o'r dilyniant hwn: celloedd → meinweoedd → organ → organeb.
5) Diffiniwch y term trylediad. Brasluniwch sut mae arogl yn tryledu drwy'r aer mewn ystafell.
6) Pa dri nwy sy'n tryledu i mewn i ddail ac allan ohonynt. Â pha broses y maent yn ymwneud?
7) Pam y mae cellbilenni'n glyfar? Beth fydd a beth na fydd yn tryledu drwy gellbilenni?
8) Beth sy'n digwydd wrth y gwreiddflew? Pa broses sydd ynghlwm wrth hyn? Pa broses na fydd yn gweithio yno?
9) Diffiniwch osmosis. Beth y mae'n ei wneud i gelloedd planhigion ac anifeiliaid mewn dŵr?
10) Beth yw tiwb *visking*? Beth fydd a beth na fydd yn mynd trwyddo?
11) Rhowch fanylion llawn am yr arbrawf tiwbiau tatws a'r arbrawf tiwb *visking*.
12) Brasluniwch blanhigyn nodweddiadol a labelwch y 5 rhan bwysig. Eglurwch yr hyn a wna pob rhan.
13) Brasluniwch drawstoriad deilen gyda saith label. Beth yw diben y ddeilen?
14) Ysgrifennwch 5 manylyn am adeiledd deilen mewn perthynas â gwaith y ddeilen.
15) Eglurwch yr hyn a wna stomata a sut y gwnânt hyn.
16) Beth yw trydarthu? Beth sy'n ei achosi? Pa fanteision sydd iddo?
17) Beth yw'r pedair ffactor sy'n effeithio ar gyfradd trydarthu?
18) Beth yw gwasgedd chwydd-dyndra? Beth sy'n ei achosi? Sut mae'n ddefnyddiol i blanhigion?
19) Beth yw'r ddau fath o diwbiau mewn planhigion? Ble mae'r rhain mewn planhigion?
20) Rhestrwch dair nodwedd ar gyfer y ddau fath o diwbiau a brasluniwch y ddau.
21) Brasluniwch wreiddyn a nodwch yr hyn sy'n digwydd yn y tiwbiau y tu mewn iddo.
22) Beth a wna ffotosynthesis? Ble y gwna hyn?
23) Ysgrifennwch yr hafaliadau geiriau a symbolau ar gyfer ffotosynthesis.
24) Brasluniwch ddeilen. Dangoswch y pedwar peth sy'n angenrheidiol ar gyfer ffotosynthesis.
25) Beth yw'r tair ffactor sy'n effeithio ar gyfradd ffotosynthesis?
26) Brasluniwch graff ar gyfer pob un ac eglurwch y siâp.
27) Disgrifiwch amodau lle mae pob un o'r tair ffactor yn brin.
28) Beth yw'r berthynas rhwng ffotosynthesis a resbiradaeth?
29) Ysgrifennwch y ddau hafaliad a nodwch i ba gyfeiriad y bydd egni'n mynd ym mhob un.
30) Disgrifiwch arbrawf i ddangos y cydadwaith rhwng ffotosynthesis a resbiradaeth. Brasluniwch y graffiau ac eglurwch eu siâp. Beth yw'r effaith ar anifeiliaid?
31) Disgrifiwch y chwe cham mewn arbrawf i ddangos pryd y bydd ffotosynthesis yn digwydd.
32) Beth yw'r prawf ar gyfer startsh?
33) Brasluniwch botomedr. Eglurwch yr hyn y gall potomedr ei ddangos a'i fesur.
34) Brasluniwch blanhigyn. Labelwch y saith ffordd y mae planhigion yn defnyddio glwcos.
35) Rhowch fanylion ychwanegol am bob un o'r saith defnydd.
36) Rhestrwch y pum prif mwyn sy'n angenrheidiol i blanhigion dyfu'n iach a'u diben.
37) Beth yw'r tri symptom diffyg? Beth yw peryglon ungnwd?
38) Beth yw awcsinau? Ble y cynhyrchir awcsinau? Beth ddigwyddai pe baech yn torri blaen cyffyn?
39) Rhowch fanylion llawn am y pedair ffordd y mae awcsinau'n effeithio ar wreiddiau a chyffion.
40) Rhestrwch bedwar defnydd masnachol hormonau planhigion. Sut y gwneir grawnwin di-had?
41) Eglurwch ddiben cyfansoddyn gwreiddio. Sut mae chwynladdwyr hormonaidd yn gweithio?

Maethiad

Mae *saith* math gwahanol o "*faetholynnau*" y mae ar bob anifail eu hangen yn ei ddiet. Gwnewch yn siŵr eich bod yn gwybod amdanynt:

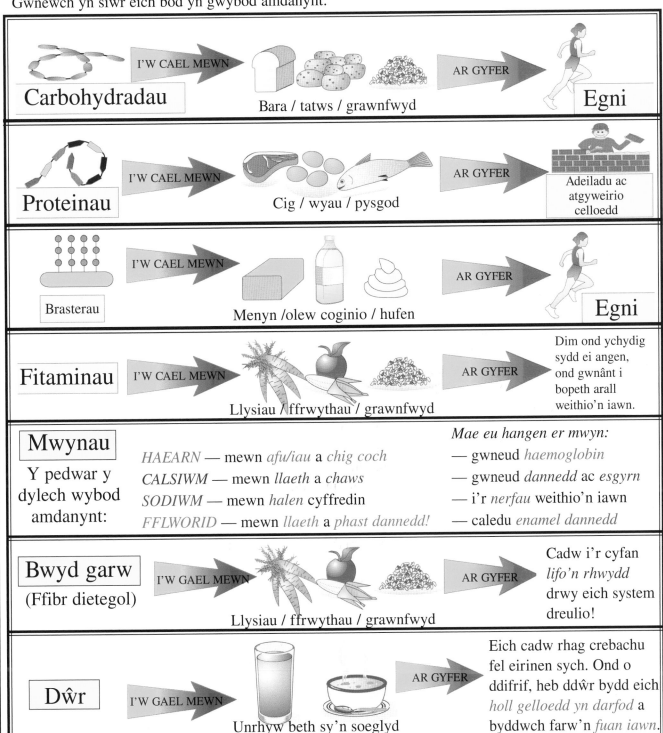

Carbohydradau — I'W CAEL MEWN →

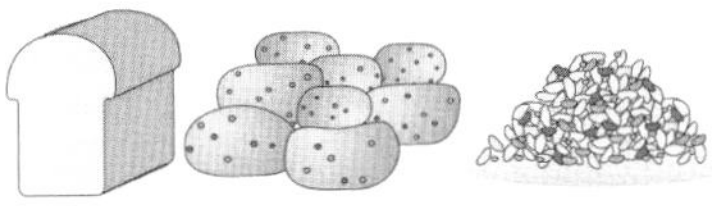

Bara / tatws / grawnfwyd → AR GYFER

Egni

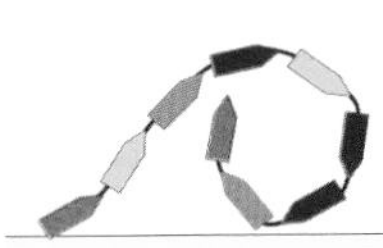

Proteinau — I'W CAEL MEWN →

Cig / wyau / pysgod → AR GYFER

Adeiladu ac atgyweirio celloedd

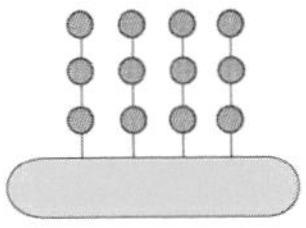

Brasterau — I'W CAEL MEWN →

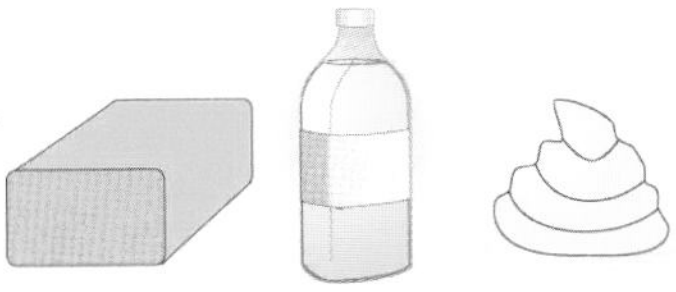

Menyn /olew coginio / hufen → AR GYFER

Egni

Fitaminau — I'W CAEL MEWN →

Llysiau / ffrwythau / grawnfwyd → AR GYFER → Dim ond ychydig sydd ei angen, ond gwnânt i bopeth arall weithio'n iawn.

Mwynau

Y pedwar y dylech wybod amdanynt:

HAEARN — mewn *afu/iau* a *chig coch*
CALSIWM — mewn *llaeth* a *chaws*
SODIWM — mewn *halen* cyffredin
FFLWORID — mewn *llaeth* a *phast dannedd!*

Mae eu hangen er mwyn:
— gwneud *haemoglobin*
— gwneud *dannedd* ac *esgyrn*
— i'r *nerfau* weithio'n iawn
— caledu *enamel dannedd*

Bwyd garw (Ffibr dietegol) — I'W GAEL MEWN →

Llysiau / ffrwythau / grawnfwyd → AR GYFER → Cadw i'r cyfan *lifo'n rhwydd* drwy eich system dreulio!

Dŵr — I'W GAEL MEWN →

Unrhyw beth sy'n soeglyd → AR GYFER → Eich cadw rhag crebachu fel eirinen sych. Ond o ddifrif, heb ddŵr bydd eich *holl gelloedd yn darfod* a byddwch farw'n *fuan iawn*.

Wel, dyna rywbeth i gnoi cil drosto...

Mae tipyn o wybodaeth ar y dudalen hon a gallai unrhyw ran ohoni godi yn eich Arholiad. Felly *ewch ati i'w dysgu*. Yna cuddiwch y dudalen a cheisiwch *ysgrifennu'r* cyfan ar bapur. Gwnewch hyn dro ar ôl tro nes y gallwch ateb y ddau gwestiwn hyn heb droi'n ôl.

1) Beth yw'r saith math gwahanol o faetholynnau? At beth y defnyddir pob un yn eich corff?
2) *Ar gyfer pob un* enwch *dri* bwyd sy'n ei gynnwys.

Y System Dreulio

Rydych yn sicr o gael cwestiwn ar hyn yn eich Arholiad. Felly cymerwch amser i ddysgu'r diagram pwysig hwn – a'r geiriau hefyd.

Deg Rhan o'ch System Dreulio i'w Dysgu:

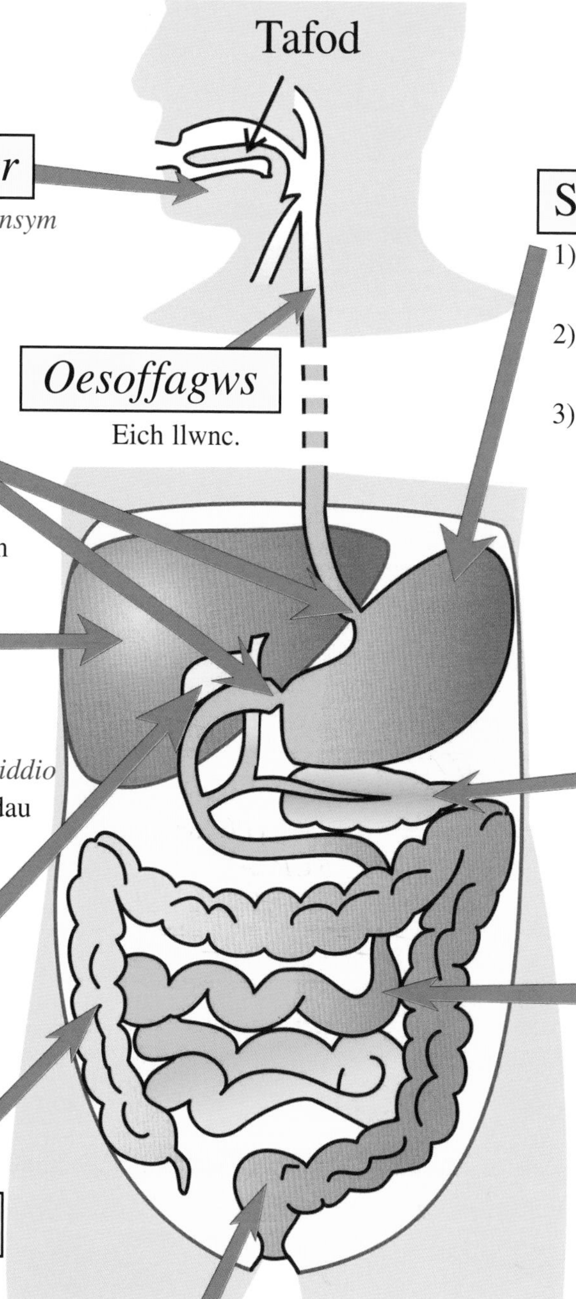

Tafod

Chwarennau Poer

Mae'r rhain yn cynhyrchu *ensym CARBOHYDRAS* o'r enw *AMYLAS POEROL*.

Oesoffagws

Eich llwnc.

Sffinctrau

Cylchoedd o gyhyr wedi'u gwasgu ar gau y rhan fwyaf o'r amser.

Iau/Afu

Lle y cynhyrchir *BUSTL*.
Mae bustl yn *EMWLSIO BRASTERAU* ac yn *niwtraleiddio asid y stumog* (i greu'r amodau iawn ar gyfer yr ensymau yn y coluddyn bach).

Coden y bustl

Lle y caiff *bustl ei storio* cyn ei chwistrellu i mewn i'r coluddyn.

Coluddyn mawr

Lle y caiff y *dŵr sydd dros ben* ei amsugno o'r bwyd.

Rectwm

Lle y caiff yr *ymgarthion eu storio* cyn iddyn nhw ffarwelio â chi drwy'r anws.

Stumog

1) Mae'n *COLBIO'R BWYD* â'i muriau cyhyrol.
2) Mae'n cynhyrchu'r ensym *PROTEAS*.
3) Mae'n cynhyrchu *ASID HYDROCLORIG* am ddau reswm:
   a) i *ladd bacteria*
   b) i roi'r *pH iawn*
   er mwyn i'r ensym *proteas* weithio (pH2 - asidig)

Pancreas

Mae'n cynhyrchu'r tri ensym: *PROTEAS*, *CARBOHYDRAS* a *LIPAS*.

Coluddyn bach

1) Mae'n cynhyrchu'r tri ensym: *PROTEAS*, *CARBOHYDRAS* a *LIPAS*.
2) Yma hefyd y caiff y "bwyd" ei *amsugno i'r gwaed*.
3) Mae'r arwyneb mewnol wedi'i orchuddio â *filysau* i *gynyddu'r arwynebedd arwyneb*. Mae hefyd yn hir iawn.

Treuliwch amser yn dysgu'r diagram cyfan...

Un peth *na* fydd gofyn i chi ei wneud yn yr Arholiad yw llunio'r diagram cyfan. OND maen nhw'n *siŵr* o ofyn i chi am rannau penodol ohono, e.e. "Ble mae'r iau?" neu "Beth y mae'r pancreas yn ei gynhyrchu?" neu "Beth yw swyddogaeth bustl?" Felly, bydd yn rhaid i chi ei *ddysgu* i gyd, hynny yw gallu *cuddio'r dudalen* a llunio'r diagram *ynghyd â'r geiriau*. Os gallwch chi lunio'r cyfan o'ch *cof*, yna byddwch chi wedi'i ddysgu.

Ensymau Treulio

Dim ond *TRI PHRIF ENSYM TREULIO* sydd. Rhaid dysgu eu henwau rhyfedd a'r enwau rhyfedd sydd gan eu "cynhyrchion treulio".

Mae Ensymau'n torri Moleciwlau Mawr i lawr yn Foleciwlau Bach

1) Mae *startsh, proteinau* a *brasterau'n foleciwlau mawr* na allant fynd drwy'r cellfuriau i'r gwaed.
2) Mae *siwgrau, asidau amino* ac *asidau brasterog/glyserol* yn *foleciwlau llai o lawer* a all symud i'r gwaed yn rhwydd.
3) Mae *ensymau'n* gweithredu fel *catalyddion* i dorri'r *moleciwlau mawr* i lawr yn *foleciwlau llai.*

1) Mae Carbohydras yn Trawsnewid Startsh yn Siwgrau Syml

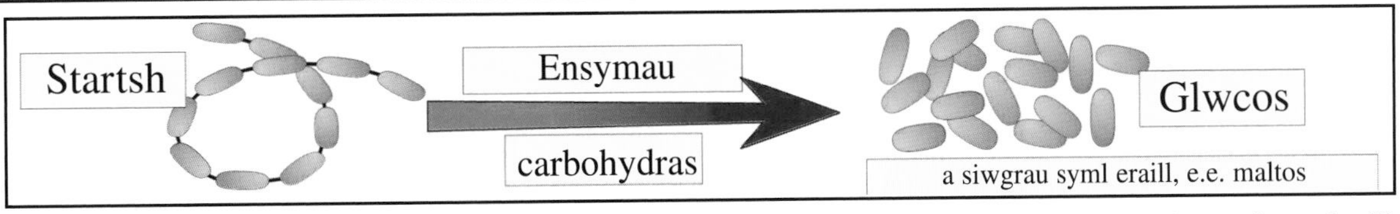
Startsh
Ensymau
carbohydras
Glwcos
a siwgrau syml eraill, e.e. maltos

Cynhyrchir *carbohydras* mewn *tri* lle:

1) *Y CHWARENNAU POER* (yma fe'i gelwir yn "amylas")
2) *Y PANCREAS*
3) *Y COLUDDYN BACH*

2) Mae Proteas yn Trawsnewid Proteinau'n Asidau Amino

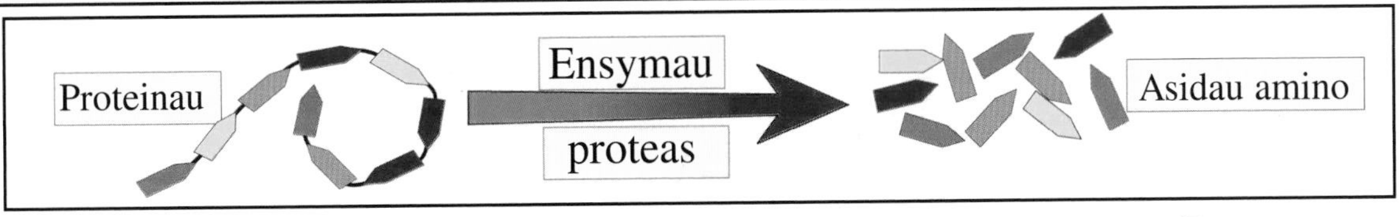
Proteinau
Ensymau
proteas
Asidau amino

Cynhyrchir *proteas* mewn *tri* lle:

1) *Y STUMOG* (yma fe'i gelwir yn "*pepsin*")
2) *Y PANCREAS*
3) *Y COLUDDYN BACH*

3) Mae Lipas yn Trawsnewid Brasterau'n Asidau Brasterog a Glyserol

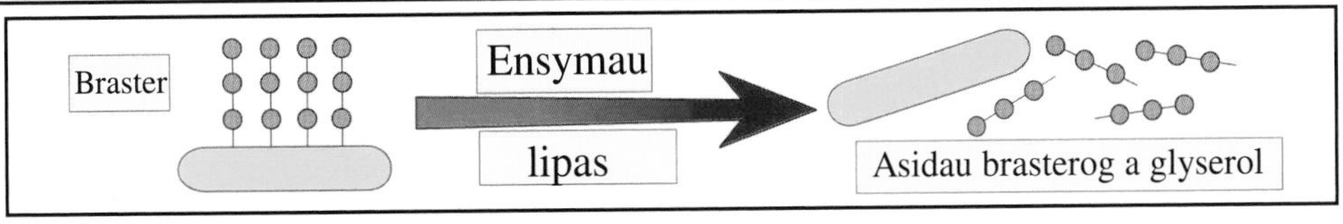
Braster
Ensymau
lipas
Asidau brasterog a glyserol

Cynhyrchir *lipas* mewn *dau* le:

1) *Y PANCREAS*
2) *Y COLUDDYN BACH*

Mae Bustl yn Niwtraleiddio Asid y Stumog ac yn Emwlsio Brasterau

1) *MAE'N ALCALÏAIDD* i *niwtraleiddio'r asid o'r stumog* i greu'r amodau'n iawn i'r ensymau yn y coluddyn bach weithio.
2) *MAE'N EMWLSIO BRASTERAU*. Hynny yw, *mae'n torri'r braster yn fân ddefnynnau*. Mae hyn yn rhoi *llawer mwy o arwynebedd arwyneb* braster i'r ensym lipas weithio arno.

Rhaid i chi wybod hyn i gyd hefyd...

Tudalen o ffeithiau diflas, ond disgwylir i chi wybod *pob darn* o wybodaeth ar y dudalen hon. Felly, ewch ati i *ddarllen y wybodaeth a'i dysgu*. Yna *cuddiwch y dudalen* ac *ysgrifennwch y cyfan* ar bapur. Gwnewch hyn dro ar ôl tro nes i chi lwyddo.

Gwaith Ychwanegol ar y System Dreulio

Mae Dannedd yn Wych ond byddan nhw'n Pydru os na wnewch chi eu Glanhau

Achosir *pydredd dannedd* gan *facteria* sy'n byw ar eich dannedd. Maen nhw'n bwyta siwgr ac yn cynhyrchu *asid* sy'n *hydoddi* eich dannedd. Mae *fflworid* mewn *past dannedd* yn helpu i *gryfhau'r enamel* i wrthsefyll ymosodiad asid.

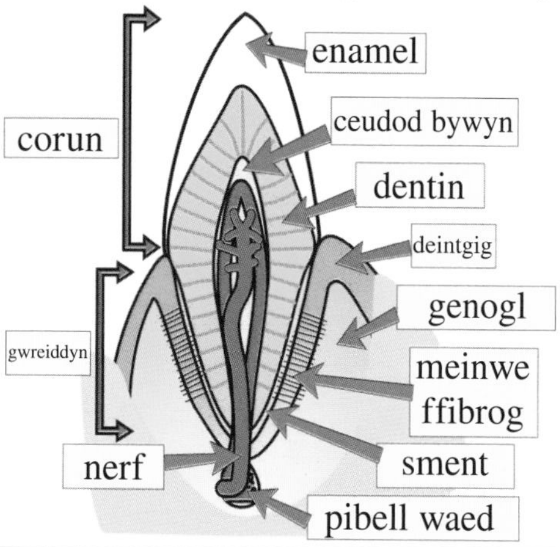

enamel
ceudod bywyn
corun
dentin
deintgig
genogl
gwreiddyn
meinwe ffibrog
nerf
sment
pibell waed

Rhaid i chi wybod y *pedwar math gwahanol* o ddannedd:

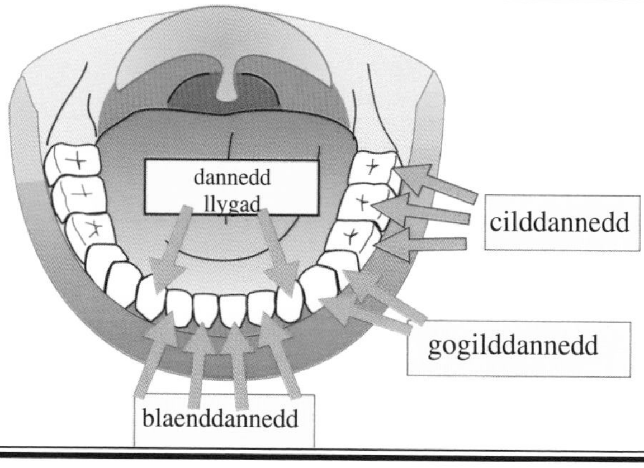

dannedd llygad
cilddannedd
gogilddannedd
blaenddannedd

Bob Cam o'r Ffordd mae Meinwe Cyhyrol a Chwarennol

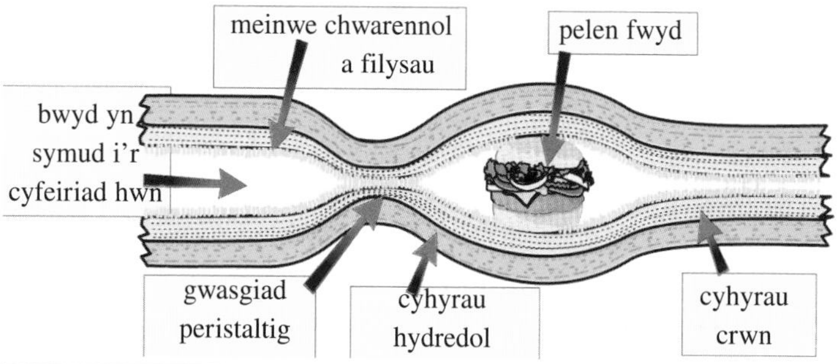

meinwe chwarennol a filysau
pelen fwyd
bwyd yn symud i'r cyfeiriad hwn
gwasgiad peristaltig
cyhyrau hydredol
cyhyrau crwn

Mae *meinwe cyhyrol* yr holl ffordd i lawr y system dreulio. Ei waith yw *gwasgu'r bwyd yn ei flaen. PERISTALSIS* yw'r enw a roddir ar hyn.

Mae'r *haen fewnol* yn *feinwe chwarennol* sy'n cynhyrchu'r gwahanol *ensymau* yn ogystal â *mwcws amddiffyn*.

Mae'r Filysau'n Darparu Arwynebedd Arwyneb Mawr Iawn

Mae'r tu mewn i'r *coluddyn bach* wedi'i orchuddio â *miliynau ar filiynau* o fân ymestyniadau a elwir yn *FILYSAU*.

Maen nhw'n *cynyddu'r arwynebedd arwyneb* yn sylweddol fel y caiff bwyd a dreuliwyd ei *amsugno* i'r *gwaed* yn gyflymach o lawer. Sylwch fod ganddynt

1) *haen denau iawn* o gelloedd
2) *cyflenwad da iawn o waed* fel y caiff y bwyd ei *amsugno'n gyflym*.

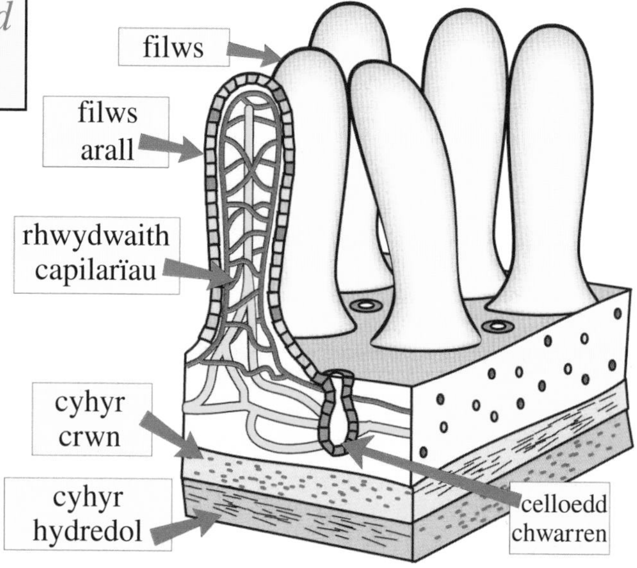

filws
filws arall
rhwydwaith capilarïau
cyhyr crwn
cyhyr hydredol
celloedd chwarren

Mwy o wybodaeth i'w hamsugno...

Tric ar gyfer dysgu llawer o wybodaeth yw cael darlun cyffredinol o'r dudalen yn eich pen. Gall hyn eich helpu i gofio'r manylion. Rhowch gynnig arni. *Dysgwch* y pedwar diagram ynghyd â'u labeli. Yna cuddiwch y dudalen a *lluniwch ddarlun o'r cyfan* yn eich pen. Yna triwch *ysgrifennu'r cyfan ar bapur*..Mae angen ymarfer ond fe *allwch* ei wneud.

Trylediad Moleciwlau "Bwyd"

Yn Gyntaf Rhaid Torri'r *Moleciwlau Bwyd Mawr i Lawr*

Ar ôl i chi *gnoi* eich bwyd ac ar ôl i'ch *stumog gael ei thro* yn ei greinsio ymhellach, mae'n dal i gynnwys *moleciwlau eithaf mawr*, sef *STARTSH, PROTEINAU* a *BRASTERAU*. Mae'r rhain yn dal yn *RHY FAWR* i dryledu i'r gwaed, ac felly yn y coluddyn bach fe'u *torrir i lawr* yn *foleciwlau llai*: *GLWCOS*, *ASIDAU AMINO* ac *ASIDAU BRASTEROG* a *GLYSEROL*.

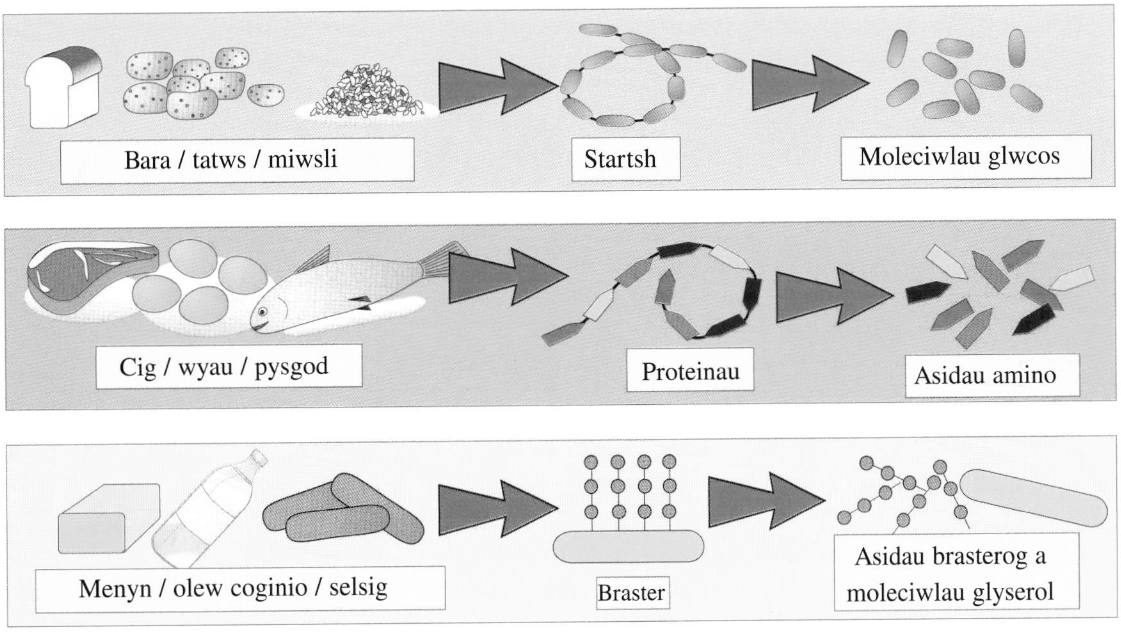
Bara / tatws / miwsli
Startsh
Moleciwlau glwcos
Cig / wyau / pysgod
Proteinau
Asidau amino
Menyn / olew coginio / selsig
Braster
Asidau brasterog a moleciwlau glyserol

Yna Gall y *Moleciwlau Bach Dryledu* i'r *Gwaed*

Yna mae'r moleciwlau hyn (glwcos, asidau amino, asidau brasterog a glyserol) yn *ddigon bach* i *dryledu i'r gwaed*.

Mewn gwirionedd, ni fydd y moleciwlau hyn yn "tryledu" i'r gwaed ond â chymorth *mewnlifiad actif* (fel y defnyddir gan wreiddflew planhigion) am fod y *graddiant crynodiad* i'r cyfeiriad anghywir.

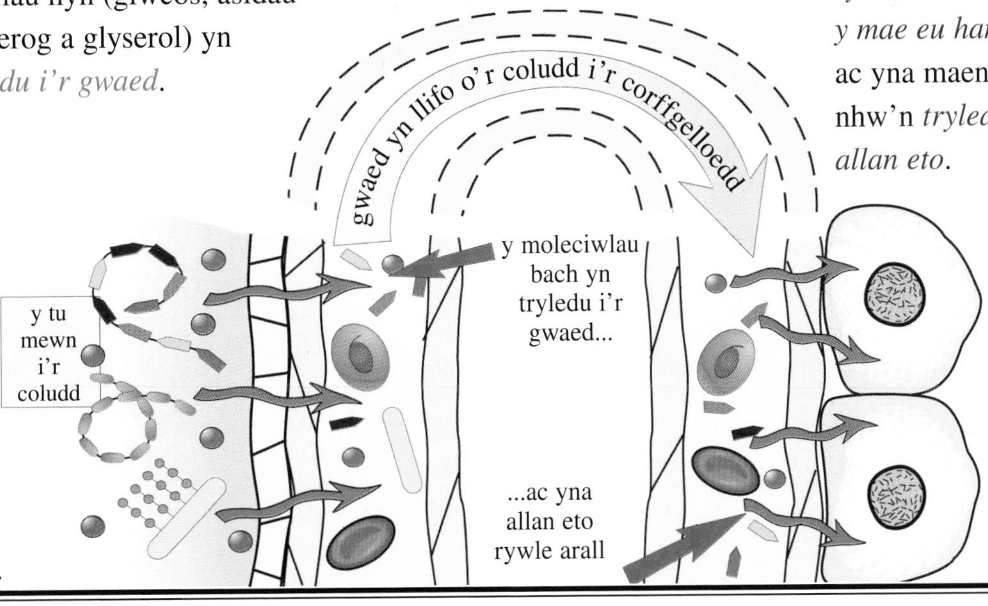
gwaed yn llifo o'r coludd i'r corffgelloedd
y tu mewn i'r coludd
y moleciwlau bach yn tryledu i'r gwaed...
...ac yna allan eto rywle arall

Yna maen nhw'n *symud i'r man lle y mae eu hangen*, ac yna maen nhw'n *tryledu allan eto*.

Faint o hyn rydych chi wedi'i ddysgu?

Dylech ymarfer ateb y tri chwestiwn canlynol nes y gallwch eu hateb *heb edrych ar y dudalen*.
Os na fedrwch wneud hynny, dydych chi ddim wedi dysgu'r gwaith.

1) Enwch y tri moleciwl mawr *na* fyddant yn tryledu i'r gwaed.
2) Enwch y tri moleciwl bach a *fydd* yn tryledu i'r gwaed.
3) Pa broses sy'n troi'r moleciwlau mawr yn foleciwlau bach?

Diffyg Maetholynnau a Phrofion Bwyd

Dyma dudalen ddiflas iawn.

Mae Diffyg Protein yn Rhwystro'r Corff rhag Tyfu ac Atgyweirio'i hun

Yn ogystal â rhwystro'r corff rhag tyfu ac atgyweirio'i hun yn iawn, mae diffyg protein yn achosi clefyd o'r enw *CWASIORCOR* sy'n achosi i'r stumog chwyddo.

Mae Diffyg Haearn yn Achosi Anaemia

Mae diffyg haearn yn achosi *ANAEMIA* am nad yw celloedd coch y gwaed yn cynnwys digon o haemoglobin, a wneir o haearn. Mae hyn yn gwneud i'r person edrych yn welw. Bydd y person hefyd yn teimlo'n flinedig am nad yw'r gwaed yn cludo digon o ocsigen i'w gelloedd.

Mae Diffyg Calsiwm yn Achosi Esgyrn a Dannedd Brau

Mae diffyg calsiwm yn achosi *ESGYRN A DANNEDD BRAU* ac yn llesteirio twf esgyrn a dannedd mewn plant.

Mae Diffyg Fitamin C yn Achosi Problemau Croen fel y Llwg

Mae diffyg fitamin C yn achosi'r *LLWG (Scurvy) AC ANHWYLDERAU ERAILL Y CROEN*. Heb fitamin C mae'r croen yn mynd yn wan ac yn hollti, a dydy clwyfau ddim yn gwella.

Mae Diffyg Fitamin D yn Achosi i Esgyrn Aros yn Feddal — y Llech

Mae diffyg fitamin D yn achosi i'r *ESGYRN AROS YN FEDDAL* ac maen nhw'n plygu.
Defnyddir y term *Y LLECH (Rickets)* am hyn. Mae fel rheol yn ymddangos fel "coesau bando" *(bow legs)* a geir pan fydd plentyn yn tyfu i fyny heb ddigon o fitamin D.

Pedwar Prawf Bwyd diflas iawn

1) Y Prawf Ïodin ar gyfer STARTSH — yn ei droi'n Las/du

1) Ychwanegwch ychydig ddiferion o *hydoddiant ïodin brown* at y bwyd.
2) Os ydy'r bwyd yn cynnwys *STARTSH*, bydd yr ïodin yn troi'n *las/du*.

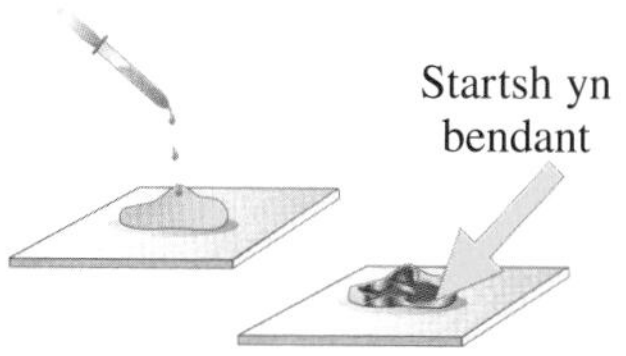
Startsh yn bendant

2) Y Prawf Biuret ar gyfer PROTEIN — yn troi $CuSO_4$ yn Borffor

1) Ychwanegwch hydoddiant *sodiwm hydrocsid* (NaOH) a'i ysgwyd yn ofalu
2) Yna ychwanegwch hydoddiant *copr sylffad gwan*.
3) Os bydd y lliw *glas golau'n troi'n borffor*, mae PROTEIN yn bresennol.

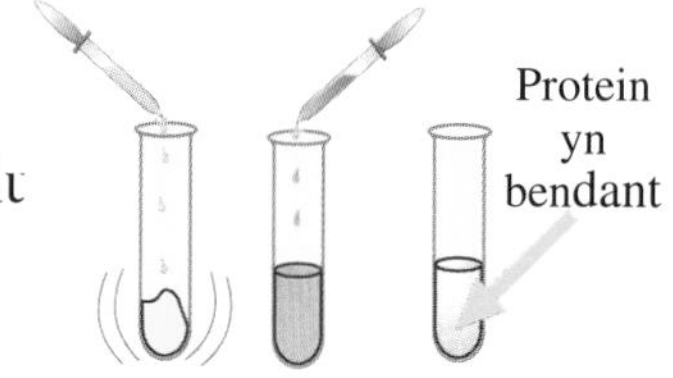
Protein yn bendant

3) Y Prawf Benedict ar gyfer SIWGRAU SYML — Gwaddod Oren

1) Ychwanegwch *HYDODDIANT BENEDICT* glas at y bwyd mewn tiwb profi. Codwch hyn i'r berw.
2) Os cewch *waddod oren*, mae'r bwyd yn cynnwys *SIWGRAU SYML*.

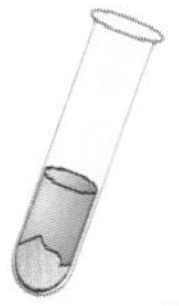

4) Y Prawf Alcohol-Emwlsiwn ar gyfer BRASTERAU

1) Cymysgwch y bwyd ag *ethanol pur* ac yna hidlwch hyn.
2) Ychwanegwch yr hydoddiant clir at *ddŵr*.
3) Bydd *emwlsiwn gwyn* yn dangos bod y bwyd yn cynnwys *BRASTERAU*.

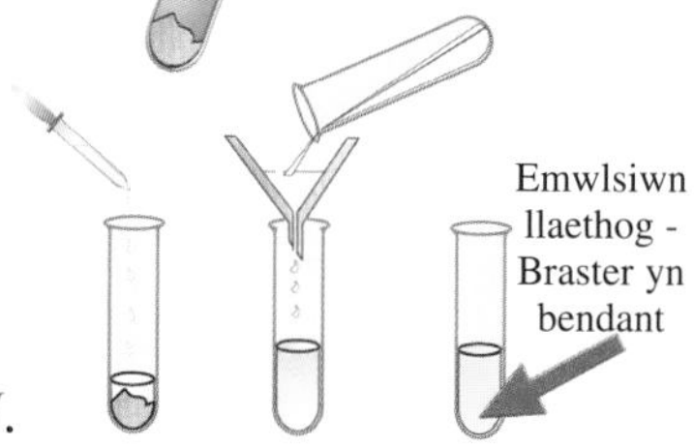
Emwlsiwn llaethog - Braster yn bendant

A oes gennych ddiffyg gwybodaeth? – Profwch eich hun yma...

Dyma dudalen ddiflas yr olwg. Dim diagramau mawr. Dim ond llawer o ffeithiau diflas.
Ond rhaid dysgu'r gwaith. Fe wyddoch y drefn: *cuddiwch y dudalen* ac *ysgrifennwch y gwaith o'ch cof*. Gwnewch hyn dro ar ôl tro nes y gallwch gofio'r holl ffeithiau heb droi'n ôl. Cofiwch nad sothach sydd yn y llyfr hwn – dim ond y *ffeithiau sylfaenol* y mae'n rhaid i *CHI eu dysgu*.

System Cylchrediad y Gwaed

Prif swyddogaeth system cylchrediad y gwaed yw mynd â bwyd ac ocsigen i bob cell yn y corff. Mae'r diagram yn dangos y cynllun sylfaenol, ond cofiwch ddysgu'r pum pwynt pwysig hefyd.

Mae'n System Gylchrediad Ddwbl mewn gwirionedd

1 Y rheswm dros hyn yw mai *DAU BWMP* yw'r GALON. Mae'r *OCHR DDE* yn pwmpio gwaed diocsigenedig i'r *YSGYFAINT* i *GASGLU OCSIGEN*. Yna mae'r *OCHR CHWITH* yn pwmpio'r gwaed ocsigenedig *O GWMPAS Y CORFF*.

2 Mae'r *RHYDWELÏAU* yn cludo gwaed i ffwrdd o'r galon ar *BWYSEDD UCHEL*.

3 Fel rheol, mae'r rhydwelïau'n cludo *GWAED OCSIGENEDIG* ac mae'r gwythiennau'n cludo *GWAED DIOCSIGENEDIG*.

Mae'r *rhydweli ysgyfeiniol* a'r *wythïen ysgyfeiniol* yn *eithriadau mawr* i'r rheol hon (gweler y diagram).

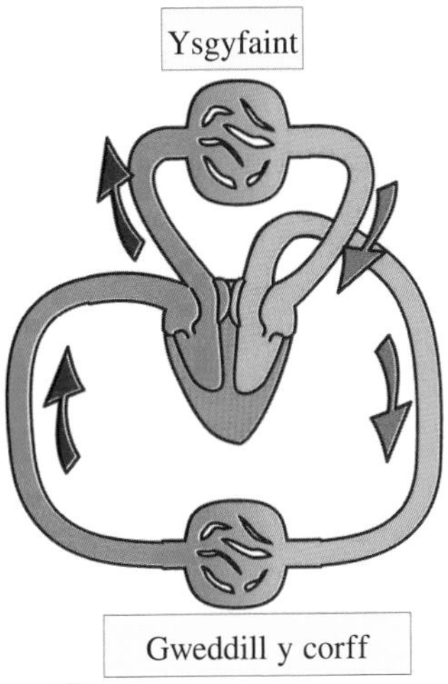
Ysgyfaint
Gweddill y corff

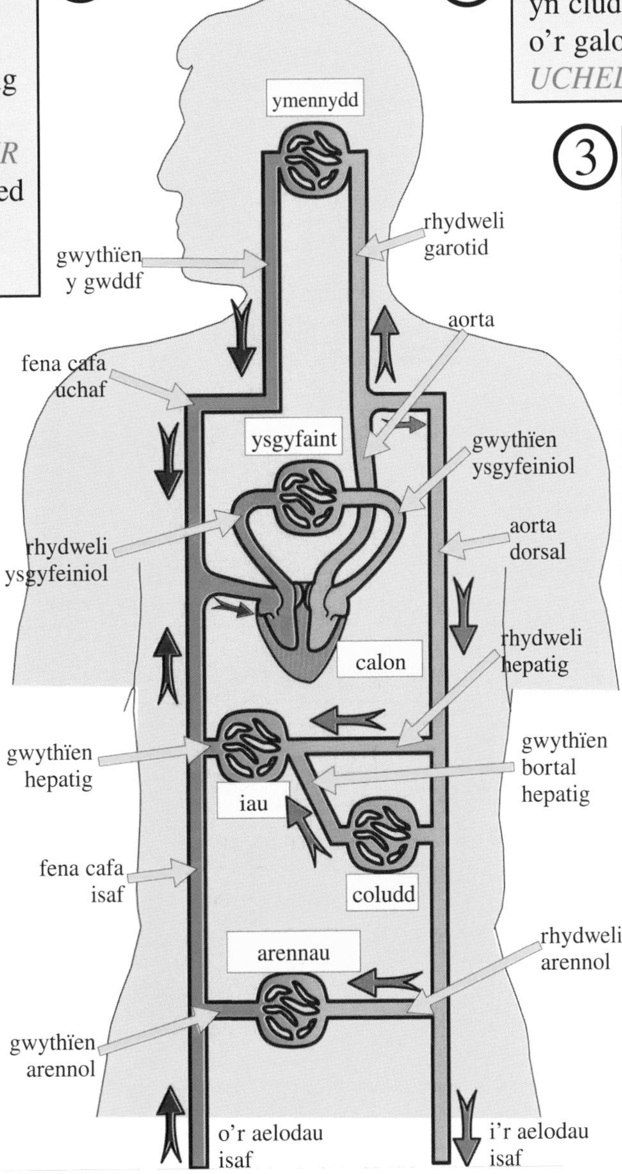
ymennydd
rhydweli garotid
gwythïen y gwddf
aorta
fena cafa uchaf
ysgyfaint
gwythïen ysgyfeiniol
aorta dorsal
rhydweli ysgyfeiniol
calon
rhydweli hepatig
gwythïen hepatig
gwythïen bortal hepatig
iau
fena cafa isaf
coludd
rhydweli arennol
arennau
gwythïen arennol
o'r aelodau isaf
i'r aelodau isaf

4 Mae'r rhydwelïau'n *YMRANNU* yn *filoedd o fân gapilarïau* sy'n mynd â gwaed i *bob cell yn y corff*.

5 Yna mae'r *GWYTHIENNAU* yn casglu'r *gwaed sydd wedi'i "ddefnyddio"* ac yn ei gludo yn *ôl i'r galon* ar *bwysedd isel* i gael ei bwmpio o gwmpas eto.

Nid oes gan bysgod system gylchrediad ddwbl. Ond system ddwbl sydd gan bob creadur sy'n symud yn gyflym, megis mamolion ac adar. Mae'n system glyfar iawn sydd wedi esblygu.
Sut y gallai system ag un pwmp yn unig "esblygu" yn system â dau bwmp? Mae hynny'n dipyn o fwtaniad, i fynd yn syth o galon ag un pwmp sy'n pwmpio i'r ysgyfaint ac yna ymlaen i weddill y corff, i'r system ddwbl a ddangosir uchod. Un o ryfeddodau bywyd!

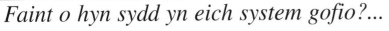

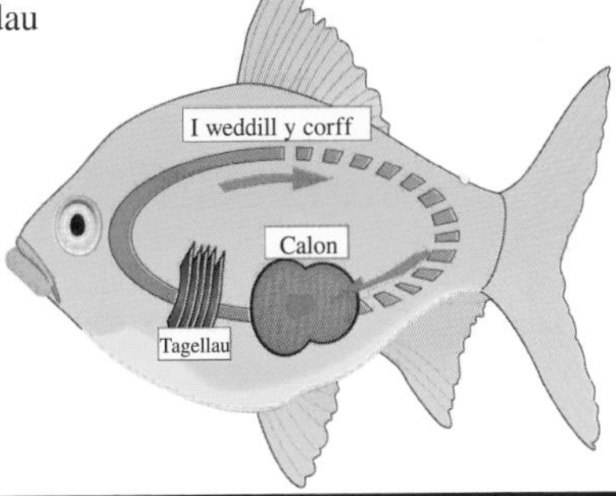
I weddill y corff
Calon
Tagellau

Faint o hyn sydd yn eich system gofio?...

O leiaf mae'r gwaith hwn yn weddol ddiddorol. Ond rhaid bod yn siŵr o'r manylion. Wrth gwrs, mae un ffordd bendant o weld pa mor siŵr ydych chi – *darllenwch y gwaith, dysgwch ef, cuddiwch y dudalen ac atgynhyrchwch y gwaith*.
Llunio'r diagram *o'ch cof* yw'r unig ffordd i'w *ddysgu'n iawn*.

Y Galon

Mae'r galon wedi'i ffurfio bron yn llwyr o *gyhyr*. *Pwmp dwbl* yw hi.
Dychmygwch y diagram hwn gyda'r *ochr fwyaf* yn llawn *gwaed coch ocsigenedig* a'r *ochr leiaf* yn llawn *gwaed glas diocsigenedig*. Cofiwch mai'r *ochr chwith* sydd *fwyaf*.

Dysgwch y Diagram Hwn o'r Galon ynghyd â'r Holl Labeli

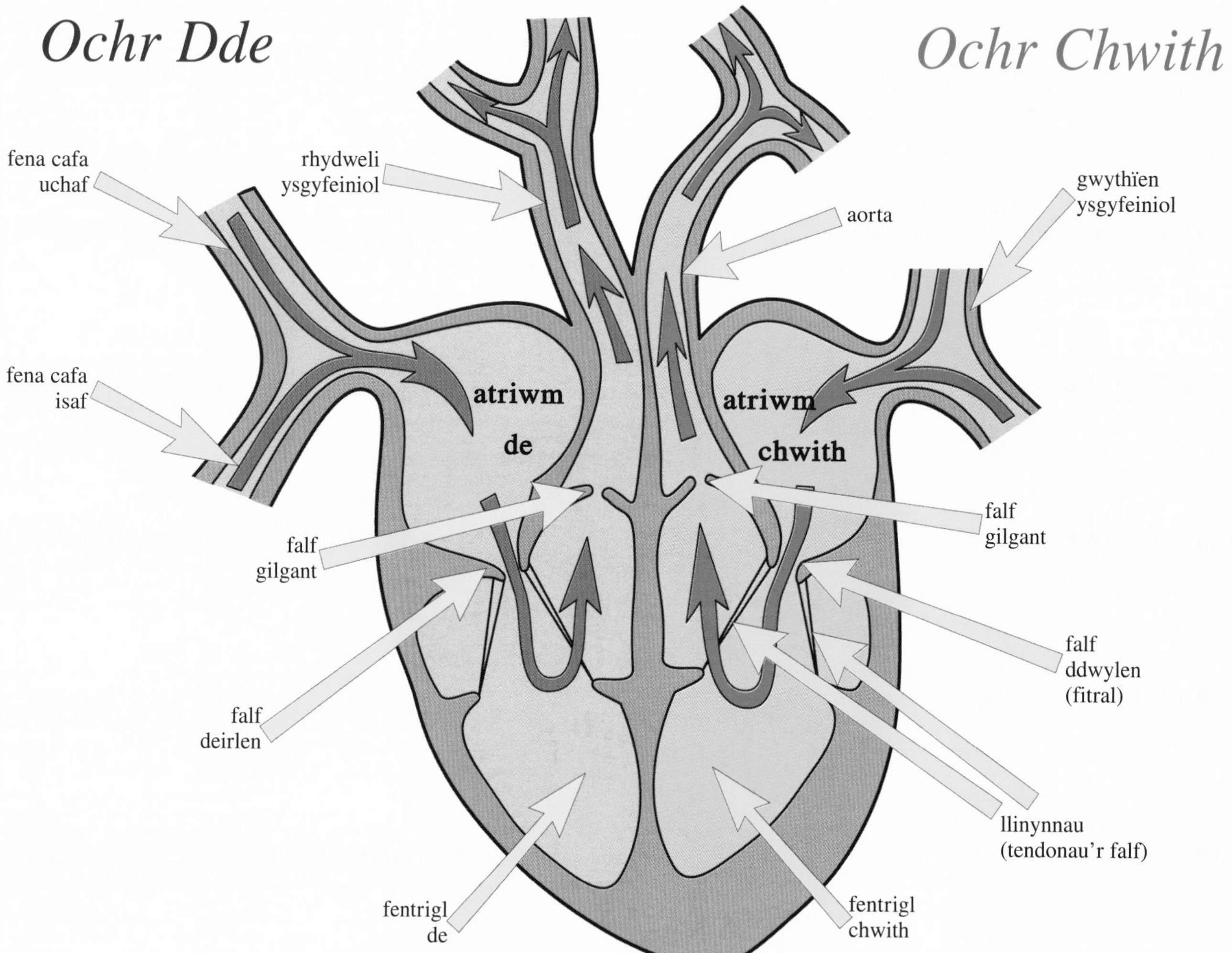

Ochr Dde
Ochr Chwith
fena cafa uchaf
rhydweli ysgyfeiniol
aorta
gwythïen ysgyfeiniol
fena cafa isaf
atriwm de
atriwm chwith
falf gilgant
falf gilgant
falf ddwylen (fitral)
falf deirlen
llinynnau (tendonau'r falf)
fentrigl de
fentrigl chwith

Pedwar Manylyn Ychwanegol i'ch Cyffroi

1) Mae *ochr dde'r* galon yn derbyn *gwaed diocisgenedig* o'r corff ac mae'n ei *bwmpio i'r ysgyfaint yn unig*. Felly mae iddi *furiau mwy tenau* na'r ochr chwith.
2) Mae'r *ochr chwith* yn derbyn *gwaed ocsigenedig* o'r ysgyfaint ac mae'n ei *bwmpio o gwmpas y corff i gyd*. Felly mae iddi *furiau mwy trwchus a mwy cyhyrol*.
3) Mae'r *fentriglau'n fwy o lawer* na'r *atria* am eu bod yn gwthio gwaed *o gwmpas y corff*.
4) Diben y *falfiau* yw *rhwystro'r gwaed rhag llifo yn ôl*.

Yn awr i'ch calonogi...

Yn aml rhoddir diagram o'r galon yn yr Arholiad a gofynnir i chi labelu rhannau ohono.
Y ffordd i fod yn siŵr y gallwch labelu'r cyfan yw dysgu'r diagram nes y gallwch wneud braslun ohono, ynghyd â'r labeli, *o'ch cof*. *Dysgwch* hefyd y pedwar pwynt ar y gwaelod.

Y Gylchred Bwmpio

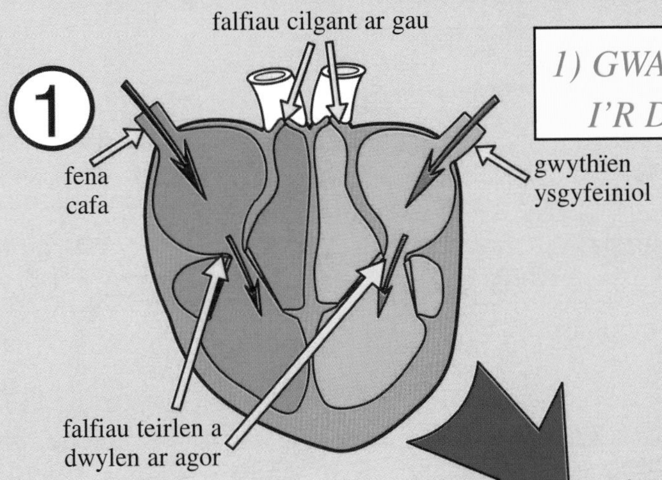

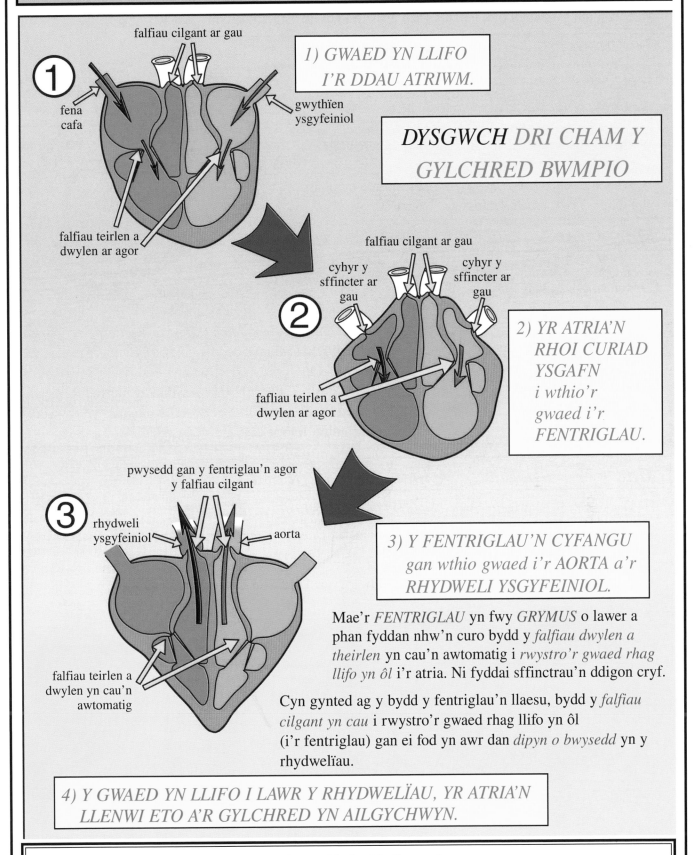

falfiau cilgant ar gau
1
fena
cafa
gwythïen
ysgyfeiniol
falfiau teirlen a
dwylen ar agor

1) GWAED YN LLIFO I'R DDAU ATRIWM.

DYSGWCH DRI CHAM Y GYLCHRED BWMPIO

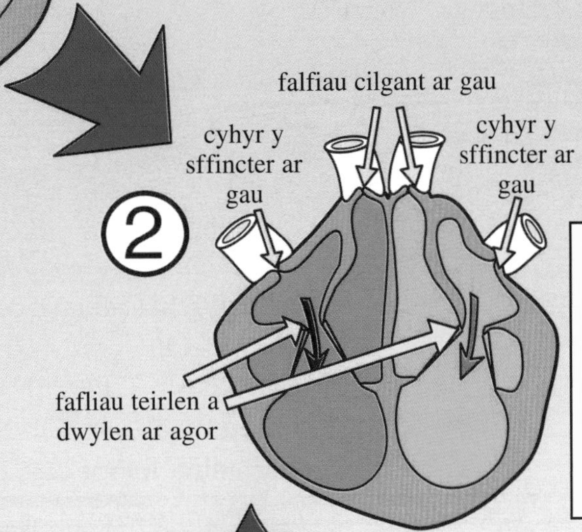

falfiau cilgant ar gau
cyhyr y
sffincter ar
gau
cyhyr y
sffincter ar
gau
2
fafliau teirlen a
dwylen ar agor

2) YR ATRIA'N RHOI CURIAD YSGAFN i wthio'r gwaed i'r FENTRIGLAU.

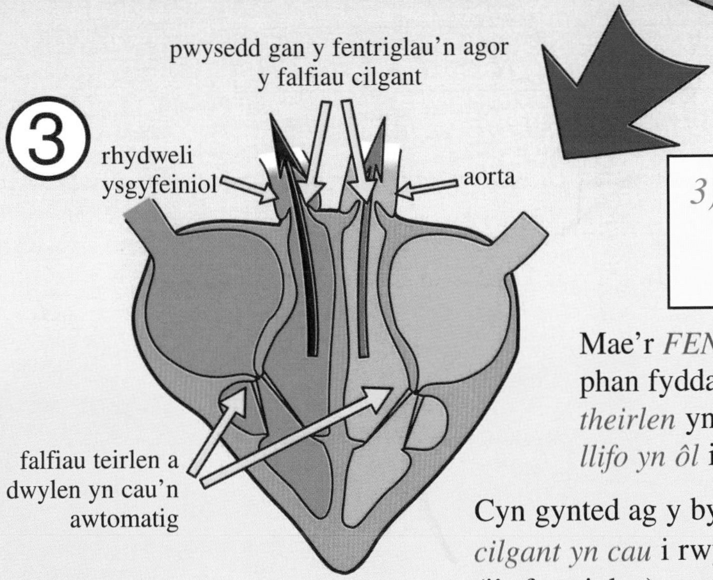

pwysedd gan y fentriglau'n agor
y falfiau cilgant
3
rhydweli
ysgyfeiniol
aorta
falfiau teirlen a
dwylen yn cau'n
awtomatig

3) Y FENTRIGLAU'N CYFANGU gan wthio gwaed i'r AORTA a'r RHYDWELI YSGYFEINIOL.

Mae'r *FENTRIGLAU* yn fwy *GRYMUS* o lawer a phan fyddan nhw'n curo bydd y *falfiau dwylen a theirlen* yn cau'n awtomatig i *rwystro'r gwaed rhag llifo yn ôl* i'r atria. Ni fyddai sffinctrau'n ddigon cryf.

Cyn gynted ag y bydd y fentriglau'n llaesu, bydd y *falfiau cilgant yn cau* i rwystro'r gwaed rhag llifo yn ôl (i'r fentriglau) gan ei fod yn awr dan *dipyn o bwysedd* yn y rhydwelïau.

4) Y GWAED YN LLIFO I LAWR Y RHYDWELÏAU, YR ATRIA'N LLENWI ETO A'R GYLCHRED YN AILGYCHWYN.

Gobeithio y bydd hyn i gyd yn llifo i'ch cof...

Rhaid i chi wybod am bob cam o'r gylchred bwmpio. Efallai y cewch ddiagram tebyg i un o'r uchod ac y bydd gofyn i chi nodi pa falfiau sydd ar agor neu i ble y mae'r gwaed yn llifo ayb. Gwnewch yn siŵr y gallwch *fraslunio'r* tri diagram *o'ch cof*.

Pibellau Gwaed

Mae tri math gwahanol o bibellau gwaed a rhaid i chi ddysgu amdanynt:

Mae'r Rhydwelïau'n Cludo Gwaed Dan Bwysedd

1) Mae'r *RHYDWELÏAU* yn cludo gwaed ocsigenedig *i ffwrdd o'r galon*.
2) Daw allan o'r galon ar *BWYSEDD UCHEL*. Rhaid i furiau'r rhydwelïau, felly, fod yn *GRYF AC ELASTIG*.
3) Sylwch pa mor *DRWCHUS* yw'r muriau o'u cymharu â maint y twll i lawr y canol (y "lwmen").

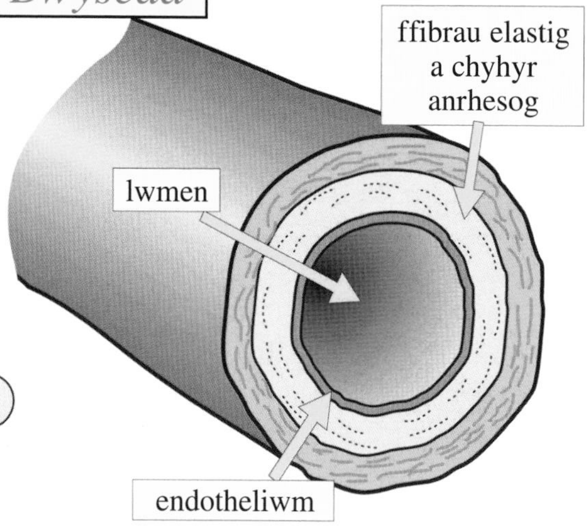
ffibrau elastig a chyhyr anrhesog
lwmen
endotheliwm

Mae'r Capilarïau'n Fach Iawn

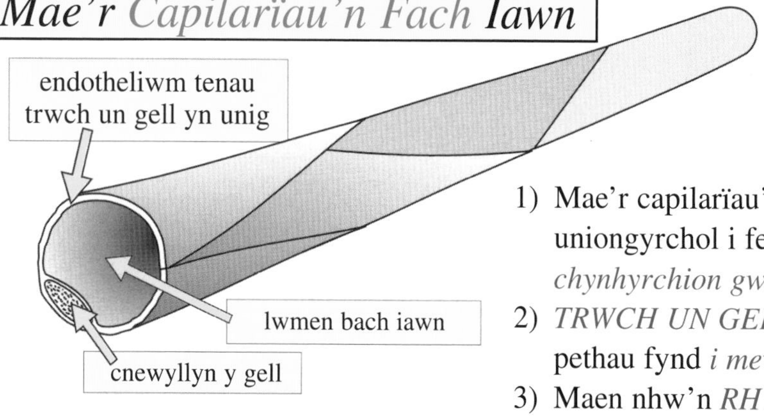
endotheliwm tenau trwch un gell yn unig
lwmen bach iawn
cnewyllyn y gell

1) Mae'r capilarïau'n *cludo bwyd ac ocsigen* yn uniongyrchol i feinweoedd y corff ac yn *mynd â chynhyrchion gwastraff i ffwrdd*.
2) *TRWCH UN GELL YN UNIG* sydd i'w muriau fel y gall pethau fynd *i mewn iddynt ac allan ohonynt* yn rhwydd.
3) Maen nhw'n *RHY FACH* i'w gweld.

Mae'r Gwythiennau'n Cludo Gwaed yn ôl i'r Galon

1) Mae *GWYTHIENNAU* yn cludo *GWAED DIOCSIGENEDIG* yn ôl i'r galon.
2) Mae'r gwaed dan *BWYSEDD IS* yn y gwythiennau. *Does dim angen i'r muriau fod mor drwchus* felly.
3) Mae ganddynt *LWMEN MWY* nag sydd gan y rhydwelïau *I HELPU'R GWAED I LIFO*.
4) Hefyd mae ganddynt *FALFIAU* i helpu i gadw'r gwaed i lifo *I'R CYFEIRIAD IAWN*.

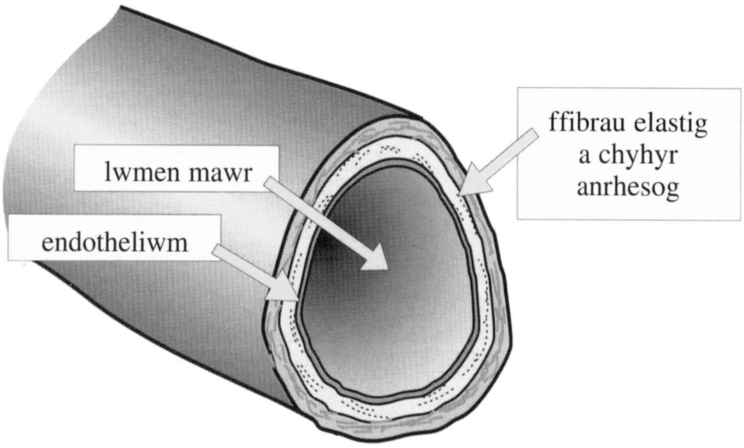
lwmen mawr
endotheliwm
ffibrau elastig a chyhyr anrhesog

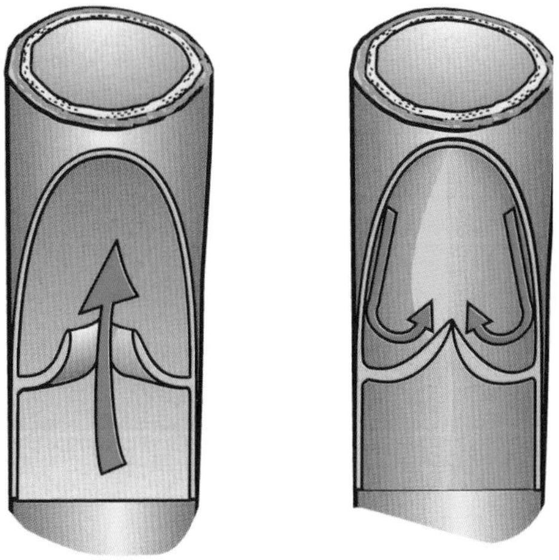

Rhaid gweithio neu fethu...

Diagramau digon hawdd. Cofiwch ddysgu hefyd y pwyntiau sydd wedi'u rhifo. Dylech fedru ysgrifennu'r cyfan *o'ch cof* – diagramau a phwyntiau – ar ôl dau gynnig neu dri. *Canolbwyntiwch bob tro ar ddysgu'r darnau y gwnaethoch eu hanghofio.*

Gwaed

Celloedd Coch y Gwaed

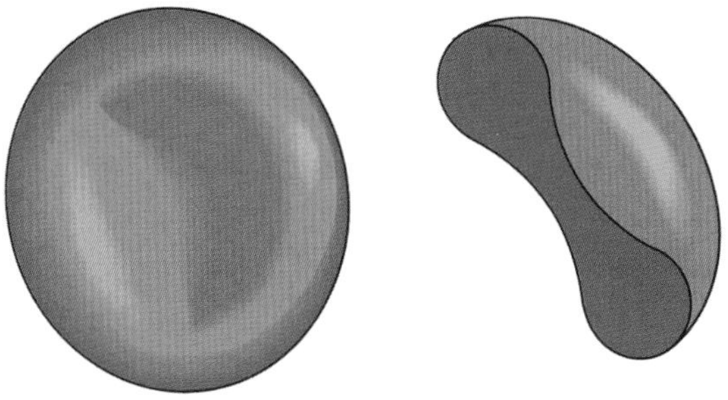

1) Eu gwaith yw *CLUDO OCSIGEN* i bob cell yn y corff.
2) *SIÂP DONYT YN HEDFAN* sydd iddynt i roi'r *ARWYNEBEDD ARWYNEB MWYAF* ar gyfer *amsugno ocsigen*.
3) Maen nhw'n cynnwys *HAEMOGLOBIN*, sy'n *GOCH* iawn ac sy'n cynnwys llawer o *HAEARN*.
4) *Yn yr ysgyfaint mae'r haemoglobin yn amsugno ocsigen* i droi'n *OCSIHAEMOGLOBIN*. Ym meinweoedd y corff mae'r gwrthwyneb yn digwydd i *ryddhau ocsigen i'r celloedd*.
5) Does *DIM CNEWYLLYN* gan gelloedd coch y gwaed *i wneud mwy o le ar gyfer haemoglobin*.

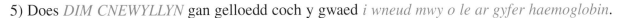

Celloedd Gwyn y Gwaed

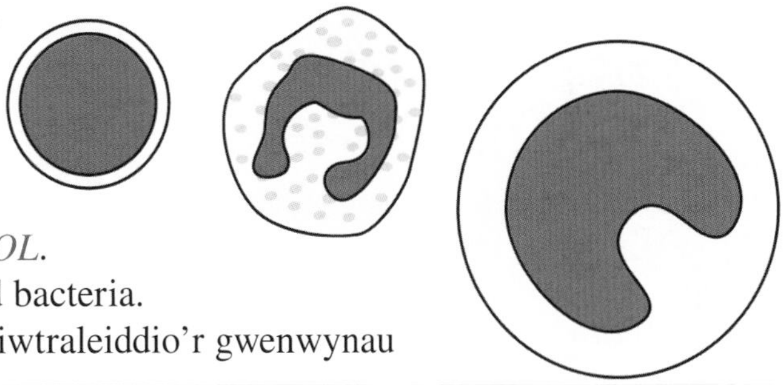

1) Eu prif waith yw *AMDDIFFYN RHAG CLEFYD*.
2) Mae *CNEWYLLYN MAWR* ganddynt.
3) Maen nhw'n *LLOWCIO MICROBAU ANNYMUNOL*.
4) Maen nhw'n cynhyrchu *GWRTHGYRFF* i ymladd bacteria.
5) Maen nhw'n cynhyrchu *GWRTHWENWYNAU* i niwtraleiddio'r gwenwynau a gynhyrchir gan facteria.

Plasma

Hylif lliw gwellt golau yw hwn sy'n *CLUDO BRON POPETH*:
1) *CELLOEDD COCH* a *GWYN Y GWAED* a *PHLATENNAU*.
2) Cynhyrchion bwyd a dreuliwyd megis *GLWCOS* ac *ASIDAU AMINO*.
3) *CARBON DEUOCSID*.
4) *WREA*.
5) *HORMONAU*.
6) *GWRTHGYRFF* a *GWRTHWENWYNAU* a gynhyrchir gan gelloedd gwyn y gwaed.

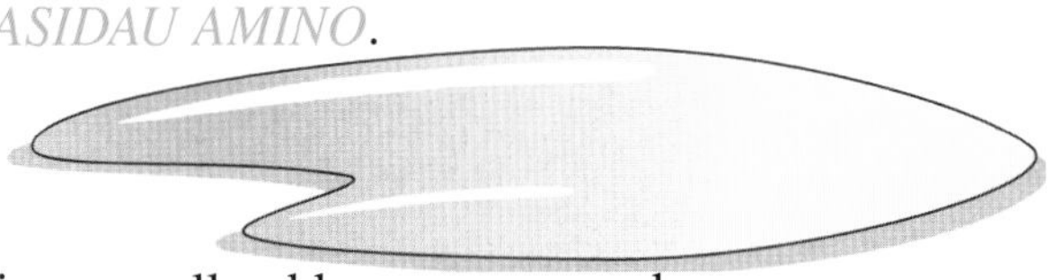

Platennau

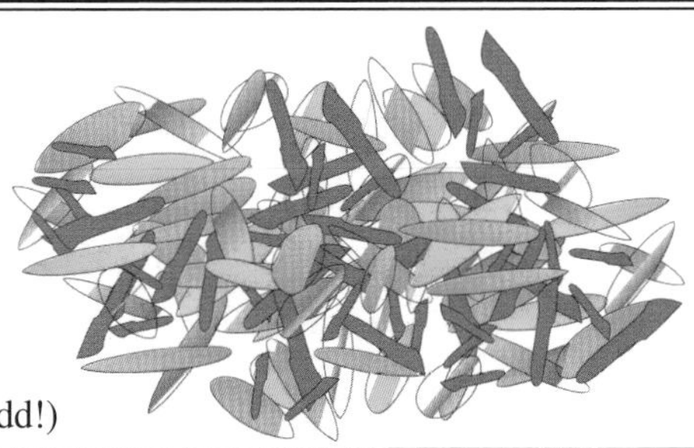

1) *DARNAU BACH O GELLOEDD* yw'r rhain.
2) Does *DIM CNEWYLLYN* ganddynt.
3) Maen nhw'n *HELPU'R GWAED I GEULO* lle mae clwyf.

(Felly yn y bôn maen nhw'n symud o gwmpas yn aros i ddamwain ddigwydd!)

Mwy o Waed, Chwys a Dagrau...

Gwnewch yr un peth ag arfer - dysgwch y ffeithiau *nes y gallwch chi eu hysgrifennu o'ch cof*.

Rhag ofn i chi feddwl mai gwastraff amser yw'r holl ddysgu yma, sut y byddech chi'n ateb y cwestiynau Arholiad hyn heb ddysgu'r gwaith gyntaf?

TRI CHWESTIWN ARHOLIAD NODWEDDIADOL:
1) Beth yw swyddogaeth plasma'r gwaed? (4 marc)
2) Beth y mae celloedd gwyn y gwaed yn ei wneud? (3 marc)
3) Beth yw swyddogaeth haemoglobin? (4 marc)

Yr Ysgyfaint ac Anadlu

Y Thoracs

Dysgwch y diagram hwn yn dda.

1) Y rhan uchaf o'ch "corff" yw'r *THORACS*.

2) Mae'r *YSGYFAINT* yn debyg i *SBYNGAU PINC MAWR*.

3) Mae'r *TRACEA* yn ymrannu'n ddau diwb, sef *'BRONCI'* ('broncws' yw'r unigol), gydag un yn mynd i bob ysgyfant.

4) Mae'r bronci'n ymrannu'n diwbiau llai a llai, sef *BRONCIOLYNNAU*.

5) Mae'r bronciolynnau'n terfynu wrth fagiau bach a elwir yn *ALFEOLI*, lle bydd nwyon yn cyfnewid.

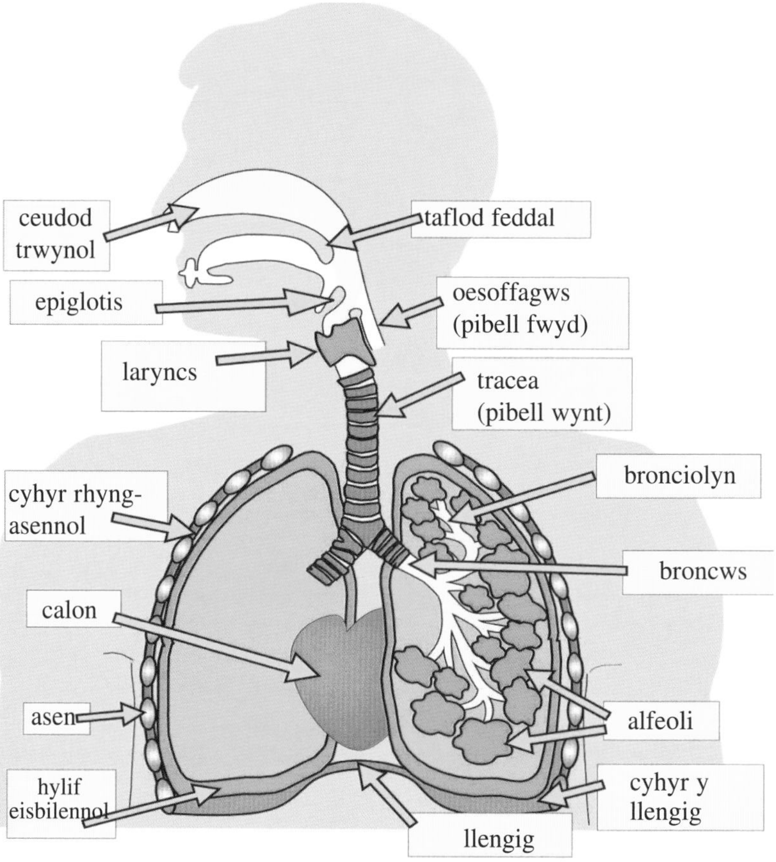

ceudod trwynol
taflod feddal
epiglotis
oesoffagws (pibell fwyd)
larynces
tracea (pibell wynt)
bronciolyn
cyhyr rhyng-asennol
broncws
calon
asen
alfeoli
hylif eisbilennol
cyhyr y llengig
llengig

Anadlu i Mewn...

1) Mae'r *cyhyrau rhyngasennol* a'r *llengig* yn *CYFANGU*.
2) Mae *cyfaint y thoracs* yn *CYNYDDU*.
3) Fe gaiff aer ei *DYNNU I MEWN*.

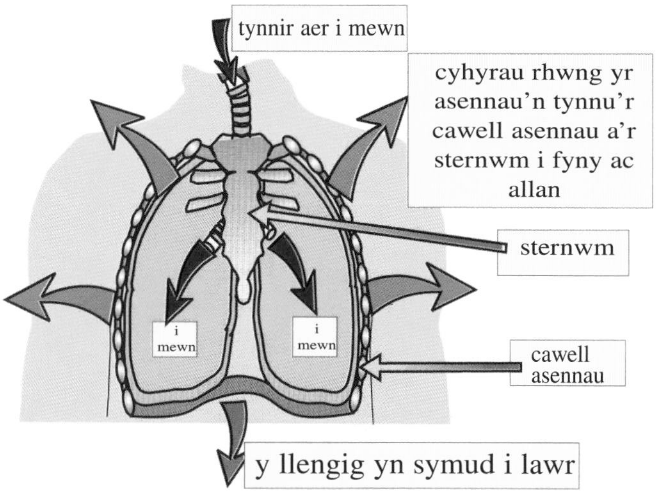

tynnir aer i mewn
cyhyrau rhwng yr asennau'n tynnu'r cawell asennau a'r sternwm i fyny ac allan
sternwm
i mewn
i mewn
cawell asennau
y llengig yn symud i lawr

... ac Anadlu Allan

1) Mae'r *cyhyrau rhyngasennol* a'r *llengig* yn *LLAESU*.
2) Mae *cyfaint y thoracs* yn *LLEIHAU*.
3) Fe gaiff aer ei *WTHIO ALLAN*.

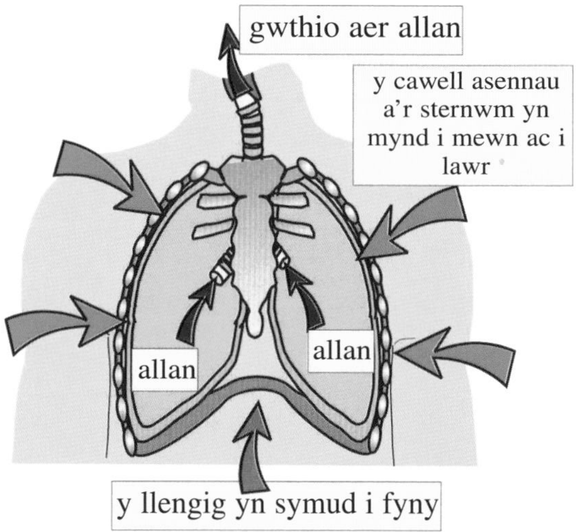

gwthio aer allan
y cawell asennau a'r sternwm yn mynd i mewn ac i lawr
allan
allan
y llengig yn symud i fyny

Mor hawdd ag anadlu i mewn ac allan...

Dim rhestri diflas o ffeithiau. Dim ond tri diagram gwych i'w dysgu.
Wrth ymarfer llunio'r diagramau o'ch cof, does dim angen bod yn daclus iawn. Gwnewch nhw'n ddigon clir i allu labelu'r darnau pwysig. Fyddan nhw byth yn gofyn i chi lunio rhyw ddiagram ffansi yn yr Arholiad, ond bydd disgwyl i chi labelu un. Ond yr unig ffordd i fod yn siŵr eich bod yn gwybod diagram yn iawn yw ei lunio a'i labelu *o'ch cof*.

Alfeoli, Celloedd a Thryledu

Alfeoli

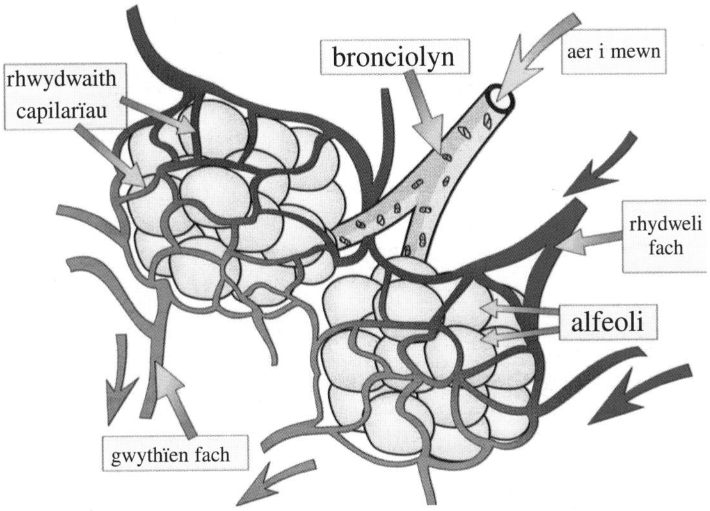

rhwydwaith capilarïau
bronciolyn
aer i mewn
rhydweli fach
alfeoli
gwythïen fach

Mae'r *ALFEOLI* yn *ARWYNEB CYFNEWID* delfrydol. Mae ganddynt:

1) *ARWYNEBEDD ARWYNEB ENFAWR* (cyfanswm o tua 70m²)
2) *LEININ LLAITH* ar gyfer hydoddi nwyon.
3) *MURIAU TENAU* iawn.
4) *CYFLENWAD HELAETH O WAED.*

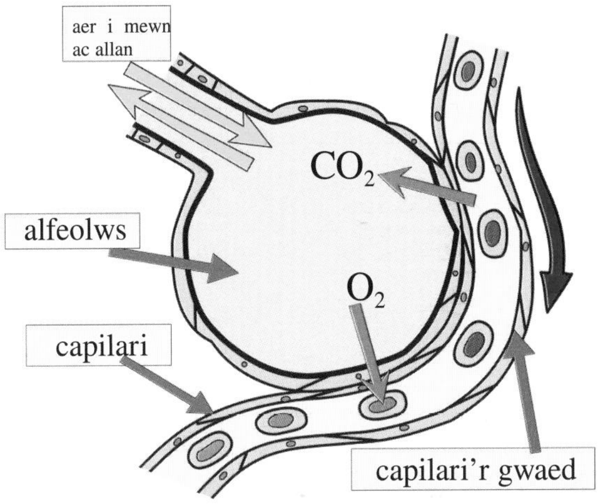

aer i mewn ac allan
CO_2
alfeolws
O_2
capilari
capilari'r gwaed

1) Gwaith yr ysgyfaint yw *trosglwyddo OCSIGEN i'r gwaed* a *thynnu CARBON DEUOCSID sy'n wastraff* allan ohono.
2) I wneud hyn mae'r *ysgyfaint yn cynnwys miliynau o ALFEOLI* lle *mae'r CYFNEWID NWYON* yn digwydd.

Cyfnewid Nwyon yn y Celloedd

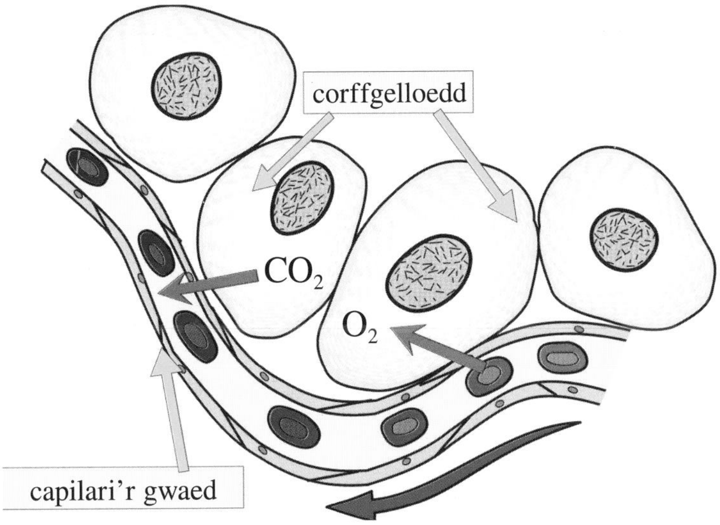

corffgelloedd
CO_2
O_2
capilari'r gwaed

1) Pan fydd y gwaed yn cyrraedd y *CELLOEDD, BYDD OCSIGEN YN CAEL EI RYDDHAU* o'r *OCSIHAEMOGLOBIN* yng nghelloedd coch y gwaed *AC YN TRYLEDU I'R CORFFGELLOEDD.*
2) Ar yr un pryd, *BYDD CARBON DEUOCSID YN TRYLEDU I'R GWAED* (plasma) i gael ei gludo'n ôl i'r ysgyfaint.

Tudalen hawdd iawn i'w dysgu...

Sylwch fod y pwyntiau sydd wedi'u rhifo yn ailadrodd y wybodaeth a ddangosir yn eglur yn y diagramau. Y bwriad yw eich bod yn *deall a chofio'r* hyn sy'n digwydd a pham y mae'n gweithio cystal. Bydd cofio'r diagramau o gymorth mawr i chi.
Dysgwch y diagramau ynghyd â'r geiriau nes y gallwch eu braslunio'n llwyr *o'ch cof.*

Resbiradaeth

NID "anadlu i mewn ac allan" yw Resbiradaeth

1) NID anadlu i mewn ac anadlu allan yw resbiradaeth.
2) Mae *resbiradaeth* yn digwydd *ym mhob cell yn eich corff.*
3) Y broses o *drawsnewid glwcos yn egni* yw *resbiradaeth.*
4) Mae'n digwydd mewn *planhigion* hefyd. Mae popeth byw yn "*resbiradu*". Maen nhw'n *trawsnewid "bwyd" yn egni.*

RESBIRADAETH YW'R BROSES O DRAWSNEWID GLWCOS YN EGNI. MAE'N DIGWYDD YM MHOB CELL.

Mae Angen Digon o Ocsigen ar gyfer Resbiradaeth Aerobig

1) *Resbiradaeth aerobig* sy'n digwydd os oes *digon o ocsigen ar gael.*
2) Ystyr "*aerobig*" yw "*gydag aer*". Dyma'r *ffordd ddelfrydol i drawsnewid glwcos yn egni.*

Mae angen i chi ddysgu'r *HAFALIAD GEIRIAU*:

Glwcos + Ocsigen → Carbon Deuocsid + Dŵr + Egni

... a'r *HAFALIAD CEMEGOL*:

$$C_6H_{12}O_6 + 6O_2 \rightarrow 6CO_2 + 6H_2O + \text{Egni}$$

Cyfansoddiad Aer Mewnanadledig ac Allanadledig

Dyma'r gwahaniaeth rhwng yr hyn rydych yn *ANADLU I MEWN* a'r hyn rydych yn *ANADLU ALLAN*:

NWY:	AER I MEWN %:	AER ALLAN %:
Nitrogen	79	79
Ocsigen	21%	16
CO_2	0.04	4
Anwedd dŵr	Amrywio	Llawer

1) Sylwch fod yr *OCSIGEN A DDEFNYDDIR* yn cyfateb i'r *CO_2 A GYNHYRCHIR*, fel yn yr hafaliad uchod.
2) Sylwch mai dim ond *YCHYDIG O'R OCSIGEN* ym mhob anadl y byddwch yn ei amsugno er bod yna filiynau o alfeoli.

Cymerwch anadl ddofn ac ewch ati i DDYSGU'R GWAITH ...

Mae tair adran ar y dudalen hon a dydy hi ddim yn anodd eu dysgu'n ddigon da i fedru eu *hysgrifennu o'ch cof*. Ceisiwch ddarlunio cynllun y dudalen yn eich meddwl a chofiwch faint o bwyntiau sydd ym mhob adran. Does dim angen eu hysgrifennu air am air. Cofiwch yn hytrach y pwyntiau pwysig ynglŷn â phob darn.

Resbiradaeth Anaerobig - Chi a Burum

Dydy Resbiradaeth Anaerobig ddim yn defnyddio Ocsigen o gwbl

1) *Resbiradaeth anaerobig* sy'n digwydd os *nad oes ocsigen ar gael.*
2) Ystyr "*anaerobig*" yw "*heb aer*". *NID dyma'r ffordd orau i drawsnewid glwcos yn egni.*

Mae angen i chi ddysgu'r *HAFALIAD GEIRIAU*:

Glwcos → Egni + Asid Lactig

3) Dydy *resbiradaeth anaerobig ddim yn cynhyrchu'n agos at gymaint o egni* ag a wna resbiradaeth aerobig — ond mae'n ddefnyddiol mewn argyfwng.

Ffitrwydd a'r Ddyled Ocsigen

1) Pan fyddwch yn *ymarfer yn galed* a'ch *corff yn methu â chyflenwi digon o ocsigen* i'ch cyhyrau, fe ddechreuan nhw wneud *resbiradaeth anaerobig* yn lle hynny.
2) *Dydy hyn ddim yn dda* am fod *asid lactig yn cronni* yn y cyhyrau, sy'n *boenus*.
3) Y fantais yw y *gallwch barhau i ddefnyddio'ch cyhyrau* ychydig yn hirach.
4) Pan ddaw resbiradaeth anaerobig i ben, bydd gennych *ddyled ocsigen*.
5) Hynny yw, *bydd yn rhaid i chi "ad-dalu" yr ocsigen* na lwyddoch i'w gael i'ch cyhyrau mewn pryd am na allai *eich ysgyfaint, eich calon a'ch gwaed gwrdd â'r galw'n gynharach.*
6) Mae hyn yn golygu y bydd yn rhaid i chi *barhau i anadlu'n drwm am gyfnod ar ôl stopio* er mwyn cael ocisgen i'ch cyhyrau i drawsnewid yr asid lactig poenus yn CO_2 a dŵr diniwed.
7) Pan fydd *lefelau uchel o CO_2 ac asid lactig* yn cael eu canfod yn y gwaed (gan yr ymennydd), *bydd cyfradd yr anadlu a'r pwls yn cynyddu'n awtomatig* i geisio unioni'r sefyllfa.
8) *Mesur da o ffitrwydd* yw *pa mor gyflym y gallwch ddychwelyd* i anadlu'n normal a'ch pwls yn normal ar ôl ymarfer egnïol. Gelwir hyn yn *amser adfer.*

Mae Resbiradaeth Anaerobig mewn Burum yn Gwneud Bara a Chwrw

Defnyddir *BURUM* i *WNEUD BARA* ac i *FRAGU CWRW*. Yn y ddau achos mae'r burum yn gwneud ei waith drwy gyflawni *RESBIRADAETH ANAEROBIG.*
Term arall am y broses hon yw *EPLESU* (*FERMENTATION*). Dysgwch y fformiwla ar ei gyfer:

Glwcos → Alcohol + Carbon Deuocsid (+ Egni)

Yn y broses o *wneud bara* wrth i'r burum weithio, *y CO_2 sy'n gwneud i'r bara godi.*
Yn achos *bragu*, wrth gwrs, *yr alcohol yw'r peth pwysicaf*, ond mae'r CO_2 hefyd yn ei wneud ychydig yn ffisi. (Gweler y Llyfr Cemeg am fwy o fanylion am eplesu.)

Mwy o ymarfer caled i chi...

Darllenwch y dudalen, yna gwelwch faint y medrwch ei *ysgrifennu* am bob adran. *Yna gwnewch hyn eto*. Does dim angen dysgu'r pwyntiau am y "Ddyled Ocsigen" yn rhy ffurfiol. Gwell fyddai ysgrifennu traethawd byr am y pwnc a gweld faint anghofioch chi.

Y System Nerfol

Organau Synhwyro a Derbynyddion

Y PUM ORGAN SYNHWYRO YW:
Llygaid clustiau trwyn tafod croen

Mae'r pum prif *organ synhwyro* yn cynnwys gwahanol *dderbynyddion*.

Grwpiau o gelloedd sy'n *sensitif i symbyliad* megis golau neu wres ayb yw *derbynyddion*.

> *ORGANAU SYNHWYRO* a *DERBYNYDDION*
> Peidiwch â drysu rhyngddynt:
> Mae'r *LLYGAD* yn *ORGAN SYNHWYRO* - mae'n cynnwys *DERBYNYDDION GOLAU* (rhodenni a chonau)
> Mae'r *GLUST* yn *ORGAN SYNHYWYRO* - mae'n cynnwys *DERBYNYDDION SŴN*.

Mae *DERBYNYDDION* yn gelloedd sy'n *TROSI egni* (e.e. egni golau) yn *YSGOGIADAU TRYDANOL*.

Y *PUM ORGAN SYNHWYRO* a'r *symbyliadau* y mae pob un yn *senitif iddynt*:

1) LLYGAID
Derbynyddion *golau*.

2) CLUSTIAU
Derbynyddion *sŵn* a "*chydbwysedd*".

3) TRWYN
Derbynyddion *blas* ac *arogl* (Symbyliadau cemegol).

4) TAFOD
Derbynyddion *blas*:
Chwerw, halwyn, melys a sur (Symbyliadau cemegol).

5) CROEN
Derbynyddion *cyffyrddiad, gwasgedd* a *thymheredd*.

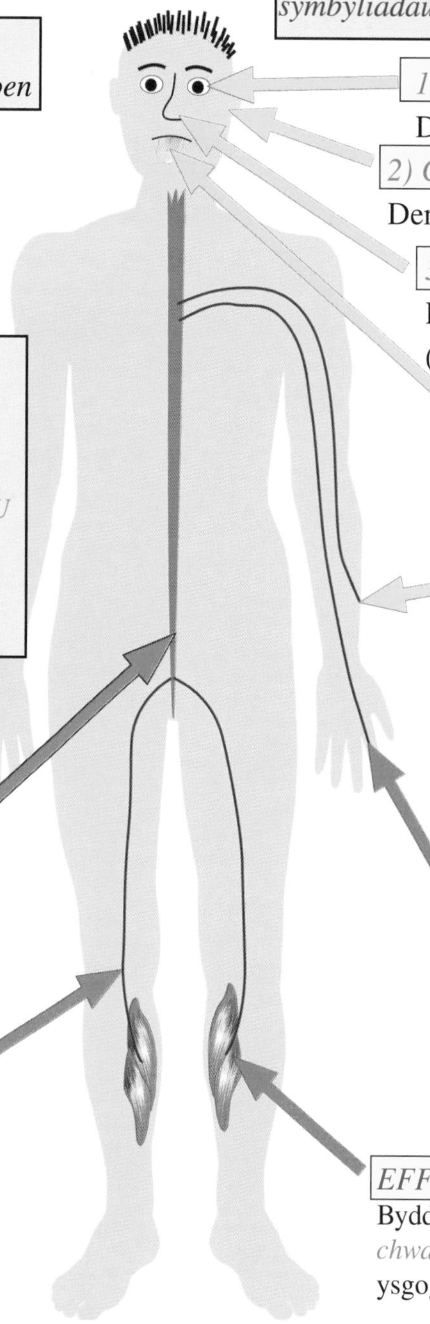

Y BRIF SYSTEM NERFOL
Yn cynnwys yr *ymennydd* a madruddyn y cefn yn unig.

NIWRONAU MOTOR
Y *ffibrau nerfol* sy'n mynd ag arwyddion i'r *effeithydd*, sy'n gyhyr neu'n chwarren.

NIWRONAU SYNHWYRAIDD
Y *ffibrau nerfol* sy'n mynd ag arwyddion o'r *derbynyddion* yn yr organau synhwyro i'r *brif system nerfol*.

EFFEITHYDDION
Bydd eich *cyhyrau* a'ch *chwarennau* i gyd yn ymateb i ysgogiadau nerfol...

Y Brif System Nerfol a'r Effeithyddion

1) *Y BRIF SYSTEM NERFOL* yw'r man lle yr anfonir yr holl wybodaeth synhwyraidd a lle y cyd-drefnir atgyrchau a gweithredoedd. Mae'n cynnwys yr *YMENNYDD* a *MADRUDDYN Y CEFN* yn unig.
2) Mae *NIWRONAU* (celloedd nerfol) yn *trawsyrru ysgogiadau trydanol* o gwmpas y corff yn gyflym iawn.
3) Defnyddir y term *EFFEITHYDDION* am y *cyhyrau a'r chwarennau* sy'n ymateb i'r gwahanol symbyliadau yn ôl y cyfarwyddiadau a anfonir o'r brif system nerfol.

Synhwyrau cyffredin yw hyn i gyd...

Mae llawer o enwau i'w dysgu. Ond does dim gwaith diangen yma. Mae'r cyfan yn gallu ennill marciau i chi yn yr Arholiad, felly dysgwch y cyfan.
Dylech ymarfer nes y gallwch *guddio'r dudalen* ac ysgrifennu'r holl fanylion *o'ch cof*.

Niwronau ac Atgyrchau

Mae'r Tri *Math o Niwronau* Fwy neu Lai yr *Un Peth*

Y *TRI MATH* o *NIWRONAU* yw:

(Maen nhw *fwy neu lai yr un peth*, ond maen nhw *wedi'u cysylltu â phethau gwahanol.*)

1) *NIWRON SYNHWYRAIDD,*
2) *NIWRON MOTOR,*
3) *NIWRON CYSYLLTIOL.*

Niwron Nodweddiadol:

— Dysgwch enwau'r holl ddarnau:

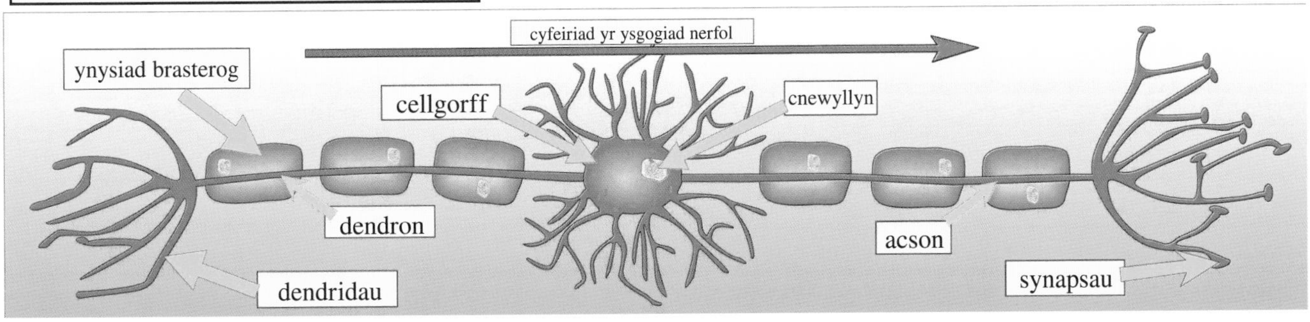

cyfeiriad yr ysgogiad nerfol
ynysiad brasterog
cellgorff
cnewyllyn
dendron
acson
dendridau
synapsau

Mae'r *Llwybr Atgyrch* yn Galluogi i'r Corff *Ymateb yn Gyflym Iawn*

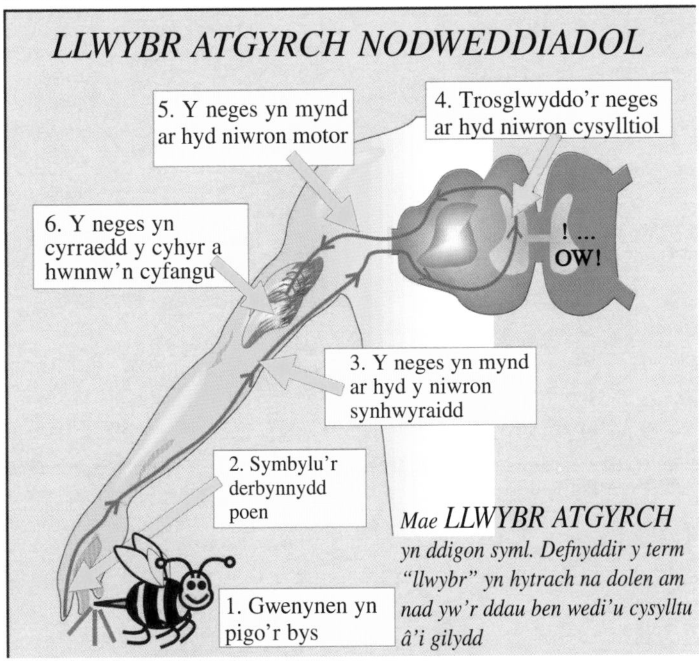

LLWYBR ATGYRCH NODWEDDIADOL
5. Y neges yn mynd ar hyd niwron motor
4. Trosglwyddo'r neges ar hyd niwron cysylltiol
6. Y neges yn cyrraedd y cyhyr a hwnnw'n cyfangu
! ... OW!
3. Y neges yn mynd ar hyd y niwron synhwyraidd
2. Symbylu'r derbynnydd poen
1. Gwenynen yn pigo'r bys
Mae LLWYBR ATGYRCH yn ddigon syml. Defnyddir y term "llwybr" yn hytrach na dolen am nad yw'r ddau ben wedi'u cysylltu â'i gilydd

1) Mae'r system nerfol yn caniatáu i'r corff *ymateb yn gyflym iawn* am ei fod yn defnyddio *ysgogiadau trydanol.*
2) *Gweithredoedd atgyrch* yw'r rhai a wnewch *heb feddwl*, felly maen nhw'n *gyflymach byth.*
3) Mae gweithredoedd atgyrch yn *arbed eich corff rhag anaf*, e.e. tynnu eich llaw oddi ar wrthrych poeth.

Gwnewch yn siŵr eich bod hefyd yn dysgu *DIAGRAM BLOC* o Lwybr Atgyrch:

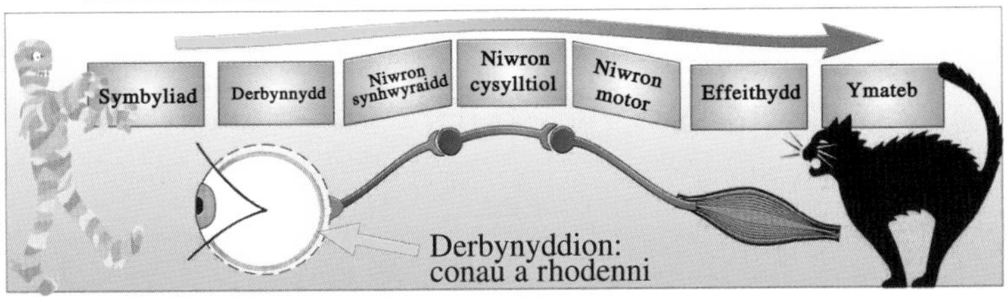

Symbyliad
Derbynnydd
Niwron synhwyraidd
Niwron cysylltiol
Niwron motor
Effeithydd
Ymateb
Derbynyddion: conau a rhodenni

Mae *Synapsau'n* Defnyddio Cemegau

1) Gelwir y *cysylltiad* rhwng *dau niwron* yn *synaps.*
2) Trosglwyddir yr arwydd nerfol gan *gemegau* sy'n *tryledu* dros y bwlch.
3) Yna mae'r cemegau hyn yn cychwyn *arwydd trydanol newydd* yn y niwron *nesaf.*

Synaps

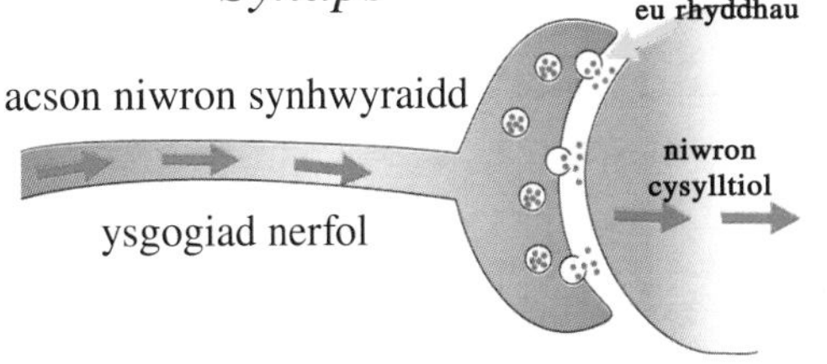

cemegau'n cael eu rhyddhau
acson niwron synhwyraidd
niwron cysylltiol
ysgogiad nerfol

Peidiwch â gwingo – dysgwch...

Eto mae'r cyfan ar y dudalen yn wybodaeth bwysig y mae angen i chi ei gwybod ar gyfer yr Arholiadau. Defnyddiwch y diagramau i'ch helpu i gofio'r manylion pwysig. Yna *cuddiwch y dudalen* ac *ysgrifennwch y cyfan.*

Y Llygad

Dysgwch am y Llygad a'r holl labeli:

1) *Cannwyll y llygad* yw'r *twll* yng nghanol yr iris y mae'r *golau'n mynd trwyddo*.
2) *Hylif clir* yw'r *hylif dyfrllyd* a *jeli clir* yw'r *hylif gwydrog*. Maen nhw'n *cynnal* siâp sfferig y llygad.
3) Y *retina* yw'r rhan sy'n *sensitif i olau* ac sy'n llawn *rhodenni a chonau*.
4) Mae *rhodenni'n* fwy sensitif mewn *golau pŵl* ond maen nhw'n synhwyro mewn *du a gwyn* yn unig.
5) Mae *conau'n* sensitif i *liwiau* ond dydyn nhw ddim cystal mewn golau pŵl.

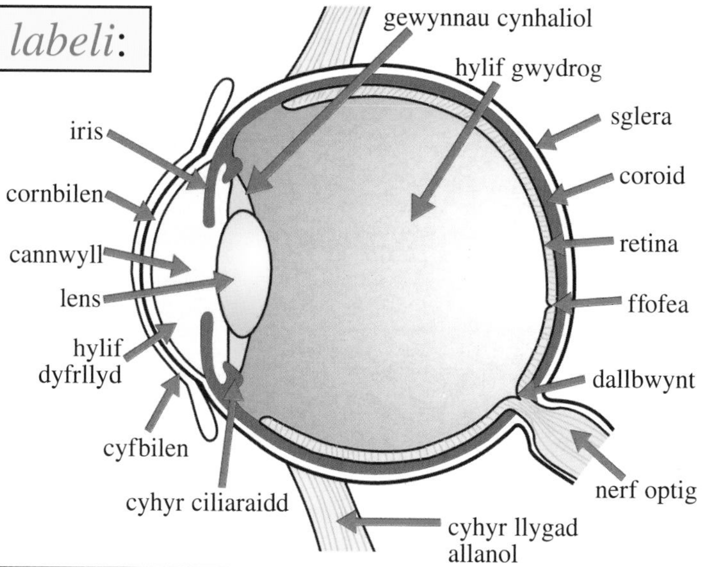
gewynnau cynhaliol
hylif gwydrog
sglera
coroid
retina
ffofea
dallbwynt
nerf optig
cyhyr llygad allanol
cyhyr ciliaraidd
cyfbilen
hylif dyfrllyd
lens
cannwyll
cornbilen
iris

Addasu i'r Golau a'r Tywyllwch – yr IRIS

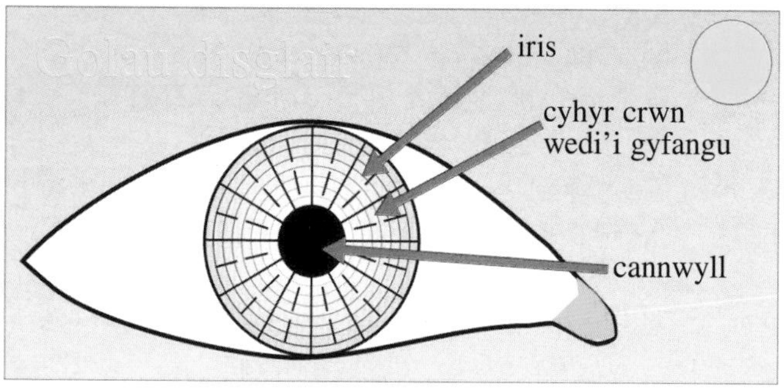
Golau disglair
iris
cyhyr crwn wedi'i gyfangu
cannwyll

1) *Y CYHYRAU CRWN* yn cyfangu.
2) Yr *iris yn cau*, y *gannwyll* yn *LLEIHAU*.
3) *LLAI O OLAU* yn mynd i mewn i'r llygad.

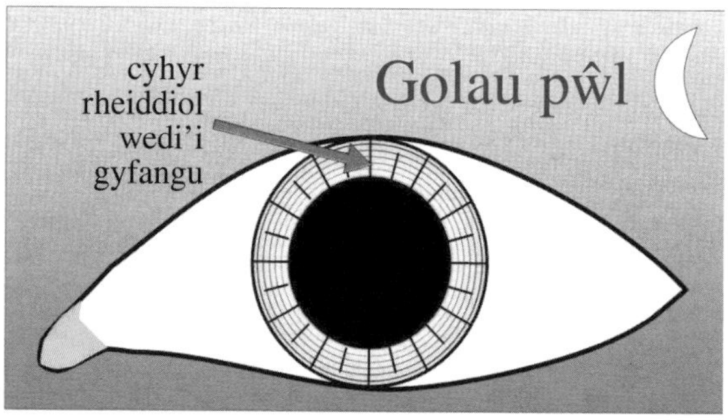
cyhyr rheiddiol wedi'i gyfangu
Golau pŵl

1) *Y CYHYRAU RHEIDDIOL* yn cyfangu.
2) Yr *iris yn agor*, y *gannwyll* yn mynd yn *FWY*.
3) Hyn yn gadael *MWY O OLAU* i mewn i'r llygad.

Ffocysu ar Wrthrychau Agos a Phell

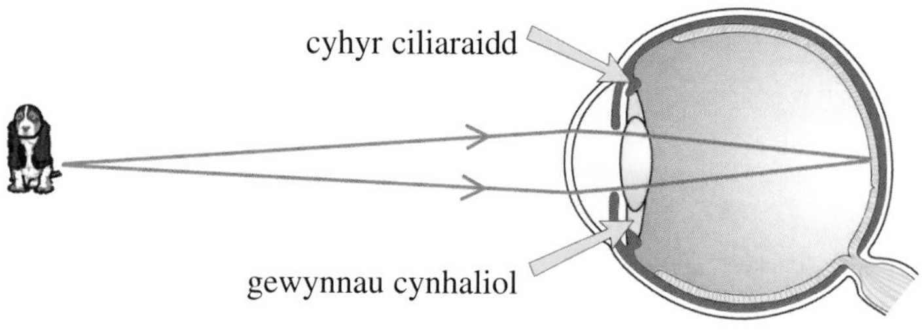
cyhyr ciliaraidd
gewynnau cynhaliol

I EDRYCH AR *WRTHRYCHAU PELL*:
1) Y *cyhyrau ciliaraidd yn LLAESU*, sy'n caniatáu i'r *gewynnau cynhaliol DYNNU'N DYNN*.
2) Hyn yn gwneud i'r lens fynd yn *DENAU*.

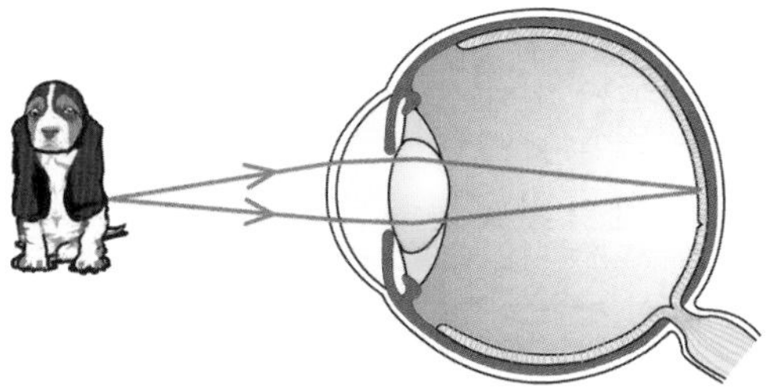

I EDRYCH AR *WRTHRYCHAU AGOS*:
1) Y *cyhyrau ciliaraidd yn CYFANGU* sy'n *LLACIO* y *gewynnau cynhaliol*.
2) Y lens yn mynd yn *DRWCHUS*.

Gadewch i ni weld faint rydych chi wedi'i ddysgu...

Tudalen ddigon syml. Rhaid i chi wybod y diagramau a'r labeli i gyd a hefyd y pwyntiau ar gyfer pob un.
Dylech ymarfer nes y gallwch *ysgrifennu'r* cyfan *o'ch cof*.

Crynodeb Adolygu ar gyfer Adran 2

Mae llawer i'w ddysgu yn Adran 2. Ond mae'n weddol syml a ffeithiol – hynny yw, llawer o ffeithiau i'w dysgu ond dim byd sy'n anodd ei ddeall. Mae llawer o ddiagramau hefyd. Ewch ati i ymarfer y cwestiynau hyn nes y gallwch chi ateb pob un heb oedi.

1) Ysgrifennwch y saith math o faetholynnau sy'n angenrheidiol mewn diet cytbwys.
2) Nodwch ym mha fath o fwydydd y ceir pob un ac ar gyfer beth y mae angen y maetholyn.
3) Brasluniwch ddiagram o'r system dreulio a rhowch y deg label arno.
4) Ysgrifennwch ddau fanylyn o leiaf ar gyfer pob un o'r deg rhan a labelwyd.
5) Beth yn union a wna ensymau yn y system dreulio?
6) Rhestrwch y tri phrif ensym treulio. Ar ba fwydydd y gweithredant? Beth a gynhyrchant?
7) Pa ddau beth a wna bustl? Ble y cynhyrchir bustl? Ble mae'n mynd i mewn i'r system?
8) Lluniwch ddiagram manwl o un dant, a diagram o'r ên yn dangos y pedwar math o ddannedd.
9) Lluniwch ddiagram o wasgiad peristaltig. Labelwch y gwahanol fathau o feinweoedd, ynghyd â'u diben.
10) Brasluniwch filws a nodwch ei ddiben. Nodwch dair prif nodwedd filysau.
11) Beth yw'r tri moleciwl bwyd "mawr" ac yma mha fath o fwydydd y ceir pob un?
12) Torrir y tri moleciwl mawr yn foleciwlau bach yn y system dreulio? Enwch y moleciwlau bach.
13) Brasluniwch ddiagram yn dangos yr hyn sy'n digwydd wedyn i'r moleciwlau bach.
14) Disgrifiwch symptomau diffyg: a) protein, b) haearn, c) calsiwm, ch) fitamin C, d) fitamin D.
15) Disgrifiwch y pedwar prawf bwyd: a) startsh, b) protein, c) siwgrau syml, ch) brasterau.
16) Lluniwch ddiagram o system cylchrediad gwaed bod dynol: calon, ysgyfaint, rhydwelïau, gwythiennau ayb.
17) Pam y mae'r system cylchrediad yn system ddwbl? Disgrifiwch bwysedd y gwaed a faint o ocsigen sydd yn y gwaed ym mhob rhan. Pa eiriau a ddefnyddir i ddangos a oes ocsigen yn y gwaed ai peidio?
18) Lluniwch ddiagram o'r galon ynghyd â'r holl labeli. Eglurwch y gwahaniaeth rhwng y ddau hanner.
19) Cymharwch fentriglau ac atria. Beth yw diben y falfiau?
20) Gan ddefnyddio diagramau, disgrifiwch yn gryno dri cham cylchred bwmpio y galon.
21) Brasluniwch rydweli, capilari a gwythïen, gyda'r labeli. Eglurwch nodweddion pob un.
22) Brasluniwch gell goch y gwaed a chell wen y gwaed. Rhowch bum manylyn am bob un.
23) Brasluniwch blasma'r gwaed. Rhestrwch y pethau a gludir yn y plasma (tua 10).
24) Brasluniwch blatennau. Beth a wnânt drwy'r dydd?
25) Lluniwch ddiagram o'r thoracs, yn dangos yr holl offer anadlu.
26) Disgrifiwch yr hyn sy'n digwydd wrth anadlu i mewn ac anadlu allan. Cofiwch roi'r holl fanylion.
27) Ble y ceir alfeoli? Pa mor fawr ydynt a beth yw eu diben? Rhowch bedair nodwedd.
28) Eglurwch yr hyn sy'n digwydd i ocsigen a charbon deuocsid yn yr alfeoli a'r corffgelloedd.
29) Beth yw resbiradaeth? Rhowch ddiffiniad cywir.
30) Beth yw cyfansoddiad aer sydd wedi'i anadlu i mewn ac aer sydd wedi'i anadlu allan? Rhowch ddau sylw ar y gwahaniaeth.
31) Beth yw "resbiradaeth aerobig"? Rhowch yr hafaliadau geiriau a symbolau ar ei chyfer.
32) Beth yw "resbiradaeth anaerobig"? Rhowch yr hafaliad geiriau ar gyfer yr hyn sy'n digwydd yn ein cyrff.
33) Rhowch eglurhad o ffitrwydd a'r ddyled ocsigen.
34) Beth yw'r hafaliad geiriau ar gyfer eplesu? Pa ddau gynnyrch sy'n defnyddio eplesu?
35) Lluniwch ddiagram yn dangos y prif rannau o'r system nerfol.
36) Rhestrwch y pum organ synhwyro. Pa fath o dderbynyddion sydd gan bob un?
37) Beth yw effeithyddion? Pa ddau beth sy'n ffurfio'r brif system nerfol?
38) Beth yw'r tri math o niwronau? Lluniwch ddiagram manwl o niwron nodweddiadol.
39) Sut y mae llwybr atgyrch yn gweithio a pham y mae'n beth da? Sut y mae synaps yn gweithio?
40) Lluniwch ddiagram manwl o lygad ynghyd â'r holl labeli a'r manylion.
41) Sut y mae'r llygad yn addasu i'r golau a'r tywyllwch ac i ffocysu ar wrthrychau agos a phell?

Hormonau

Negesyddion Cemegol a anfonir yn y Gwaed yw Hormonau

1) *CEMEGAU* a ryddheir *YN UNIONGYRCHOL I'R GWAED* yw hormonau.
2) Fe'u cludir ym *MHLASMA'R GWAED* i rannau eraill o'r corff.
3) Fe'u cynhyrchir mewn gwahanol *CHWARENNAU* (chwarennau endocrin) fel y dangosir yn y diagram.
4) *SYMUDANT O GWMPAS Y CORFF* ond effeithiant ar *GELLOEDD PENODOL* mewn mannau penodol yn unig.
5) Defnyddir y term *CELLOEDD TARGED* am y celloedd yr effeithiant arnynt.
6) Maen nhw'n symud ar '*GYFLYMDER Y GWAED*'.
7) Mae iddynt *EFFEITHIAU HIRBARHAOL*.
8) Maen nhw'n rheoli pethau y mae angen eu *HADDASU'N GYSON*.

DYSGWCH Y DIFFINIAD HWN:

HORMONAU...

y *negesyddion cemegol* sy'n *symud yn y gwaed* i *actifadu celloedd targed*.

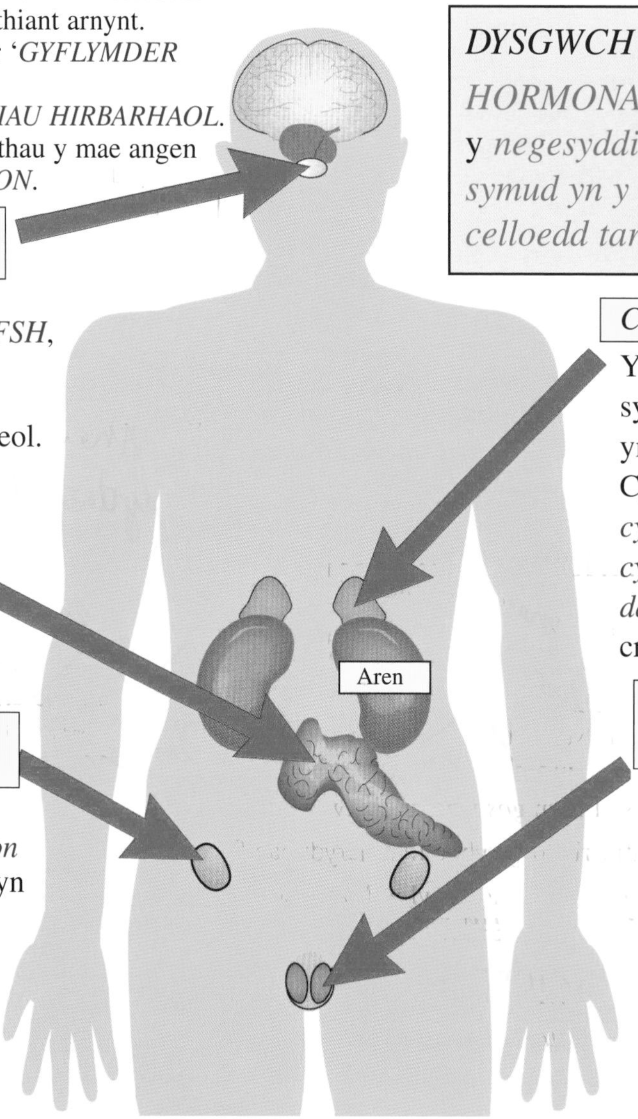
Aren

Y CHWARREN BITWIDOL

Yn cynhyrchu llawer o hormonau pwysig: *LH*, *FSH*, ac *ADH*.
Tuedda'r rhain i *reoli chwarennau eraill* fel rheol.

CHWARREN ADRENAL

Yn cynhyrchu *adrenalin* sy'n paratoi'r corff â'r ymateb *ymladd neu ffoi*: Cynyddu *siwgr gwaed*, *cyfradd curiad y galon*, *cyfradd anadlu* a *dargyfeirio gwaed* o'r croen i'r cyhyrau.

PANCREAS

Yn cynhyrchu *inswlin* er mwyn rheoli *siwgr gwaed* (Mae hefyd yn cynhyrchu glwcagon.)

OFARÏAU – benywod yn unig

Yn cynhyrchu *oestrogen* sy'n hybu holl *nodweddion rhywiol eilaidd benywod* yn ystod y glasoed:
1) *Gwallt ychwanegol* mewn mannau.
2) Newidiadau yng *nghyfrannau'r* corff.
3) Cynhyrchu *wyau*.

CEILLIAU – gwrywod yn unig

Yn cynhyrchu *testosteron* sy'n hybu holl *nodweddion rhywiol eilaidd gwrywod* yn ystod y glasoed:
1) *Gwallt ychwanegol* mewn mannau.
2) Newidiadau yng *nghyfrannau'r* corff.
3) Cynhyrchu *sberm*.

Mae Hormonau a Nerfau'n gwneud Gwaith Tebyg, ond mae Gwahaniaethau Pwysig rhyngddynt

NERFAU:
1) Neges GYFLYM iawn.
2) Yn gweithredu am AMSER BYR iawn.
3) Yn gweithredu ar FAN PENODOL.
4) Ymateb DI-OED.

HORMONAU:
1) Neges ARAFACH.
2) Yn gweithredu am AMSER HIR.
3) Yn gweithredu mewn ffordd fwy CYFFREDINOL.
4) Ymateb TYMOR HIRACH.

Hormonau - Hawdd...

Does dim llawer i'w ddysgu yma. Mae'r diagram a'i labeli'n ddigon hawdd. Mae cymharu nerfau a hormonau'n hawdd hefyd. Mae'n werth dysgu'r diffiniad ar gyfer hormonau air am air. Gwell dysgu'r wyth pwynt ar ran ucha'r dudalen drwy wneud *traethawd byr*. *Dysgwch*, *cuddiwch y dudalen* ac *ysgrifennwch*. Yna *triwch* eto. A gwenu wrth gwrs.

Inswlin a Chlefyd Siwgr

Hormon sy'n rheoli faint o *siwgr* sydd yn eich *gwaed* yw *inswlin*. DYSGWCH sut y gwna hyn:

Mae Inswlin yn Rheoli Lefelau Siwgr Gwaed

1) Bydd bwyta bwydydd *carbohydrad* yn golygu y bydd llawer o *glwcos* yn mynd i'r gwaed o'r *coludd.*
2) Bydd *metabolaeth normal* celloedd yn *cael gwared â glwcos* o'r gwaed.
3) Bydd *ymarfer egnïol* yn cael gwared â *llawer mwy* o glwcos o'r gwaed.
4) I gadw *rheolaeth* ar *lefel* y glwcos yn y gwaed rhaid bod modd *ychwanegu* glwcos at y gwaed neu *gael gwared* â glwcos o'r gwaed. Dyma sut:

Lefel glwcos gwaed *YN RHY UCHEL* — caiff inswlin ei *YCHWANEGU*

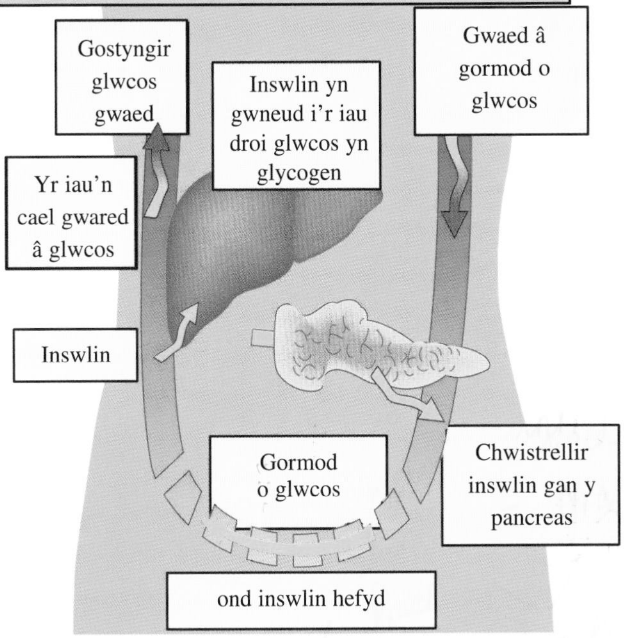
Gostyngir glwcos gwaed
Inswlin yn gwneud i'r iau droi glwcos yn glycogen
Gwaed â gormod o glwcos
Yr iau'n cael gwared â glwcos
Inswlin
Gormod o glwcos
Chwistrellir inswlin gan y pancreas
ond inswlin hefyd

Lefel glwcos gwaed *YN RHY ISEL* — *NI CHAIFF* inswlin ei *YCHWANEGU*

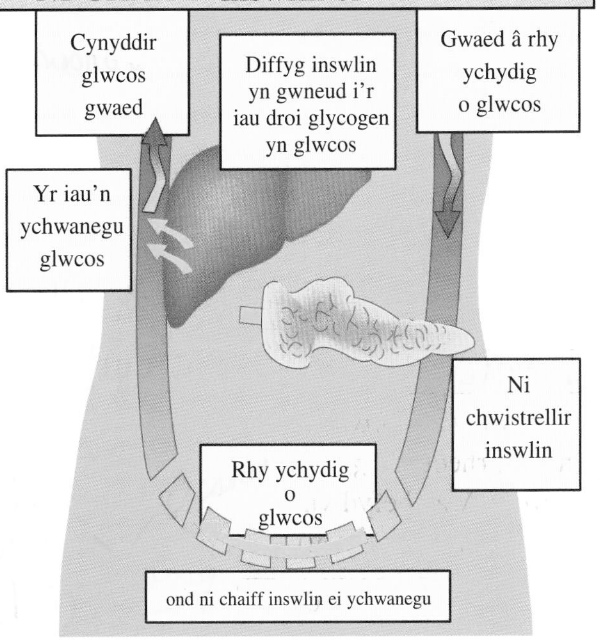
Cynyddir glwcos gwaed
Diffyg inswlin yn gwneud i'r iau droi glycogen yn glwcos
Gwaed â rhy ychydig o glwcos
Yr iau'n ychwanegu glwcos
Ni chwistrellir inswlin
Rhy ychydig o glwcos
ond ni chaiff inswlin ei ychwanegu

Cofiwch fod *ychwanegu* inswlin yn *gostwng* lefel siwgr gwaed.

(Ar gyfer rhai meysydd llafur rhaid gwybod hyn hefyd: pan fydd siwgr gwaed yn *rhy isel*, ychwanegir hormon arall, *glwcagon*, yn hytrach nag inswlin. Mae glwcagon yn gwneud i'r iau *ryddhau glwcos* i'r gwaed.)

Clefyd Siwgr – Y Pancreas yn Methu Gwneud Digon o Inswlin

1) Golyga *clefyd siwgr (diabetes) nad yw'r pancreas yn cynhyrchu digon o inswlin.*
2) O ganlyniad *gall siwgr gwaed yr unigolyn godi i lefel a all ei ladd.*
3) Gellir *rheoli'r* broblem mewn *dwy ffordd*:
   A) *Osgoi bwydydd sy'n llawn carbohydrad* (sy'n troi'n glwcos wrth gael ei dreulio). Gall hefyd fod yn ddefnyddiol i *ymarfer* ar ôl bwyta carbohydradau... h.y. ceisio *defnyddio'r glwcos ychwanegol* drwy wneud *gweithgaredd corfforol*, ond nid yw'n ymarferol iawn fel rheol.
   B) *CHWISTRELLU INSWLIN I'R GWAED* cyn prydau (yn enwedig os ydynt yn llawn carbohydradau). Bydd hyn yn gwneud i'r iau *gael gwared â'r glwcos* o'r gwaed *cyn gynted ag y bydd yn mynd i mewn iddo* o'r coludd, pan gaiff y bwyd (sy'n llawn carbohydradau) ei *dreulio*. Bydd hyn yn cadw lefel y glwcos yn y gwaed rhag mynd yn rhy uchel. Mae'n *driniaeth effeithiol iawn*.

Dysgwch yr holl waith hwn ynglŷn â siwgr gwaed a chlefyd siwgr...

Gall y gwaith hwn ar siwgr gwaed ac inswlin eich drysu ar y cychwyn. Ond os dysgwch y ddau ddiagram, daw'r gwaith yn haws. Cofiwch mai bwydydd carbohydrad yn unig sy'n gwthio lefelau siwgr gwaed i fyny. *Dysgwch y gwaith*, *cuddiwch y dudalen* ac *ysgrifennwch y cyfan*.

Cylchred Fislifol Merched

Mae *Pedwar Cam* i'r *Gylchred Fislifol*

CAM 1 *Ar ddiwrnod 1 mae'r gwaedu'n dechrau.* Mae leinin y groth yn ymddatod am ryw bedwar diwrnod.

CAM 2 *Mae leinin y groth yn cynyddu eto*, o ddiwrnod 4 i ddiwrnod 14, i fod yn haen sbwngaidd drwchus o bibellau gwaed yn barod i dderbyn wy wedi'i ffrwythloni.

CAM 3 *Fe gaiff wy ei ddatblygu ac yna ei ryddhau* o'r ofari ar ddiwrnod 14.

CAM 4 *Yna fe gaiff y mur ei gynnal* am tua 14 diwrnod hyd at ddiwrnod 28. Os na fydd wy sydd wedi'i ffrwythloni wedi glanio ar fur y groth erbyn diwrnod 28, bydd yr haen sbwngaidd yn dechrau ymddatod eto a bydd y gylchred yn ailgychwyn. Mae'r diagram isod yn dangos hyn.

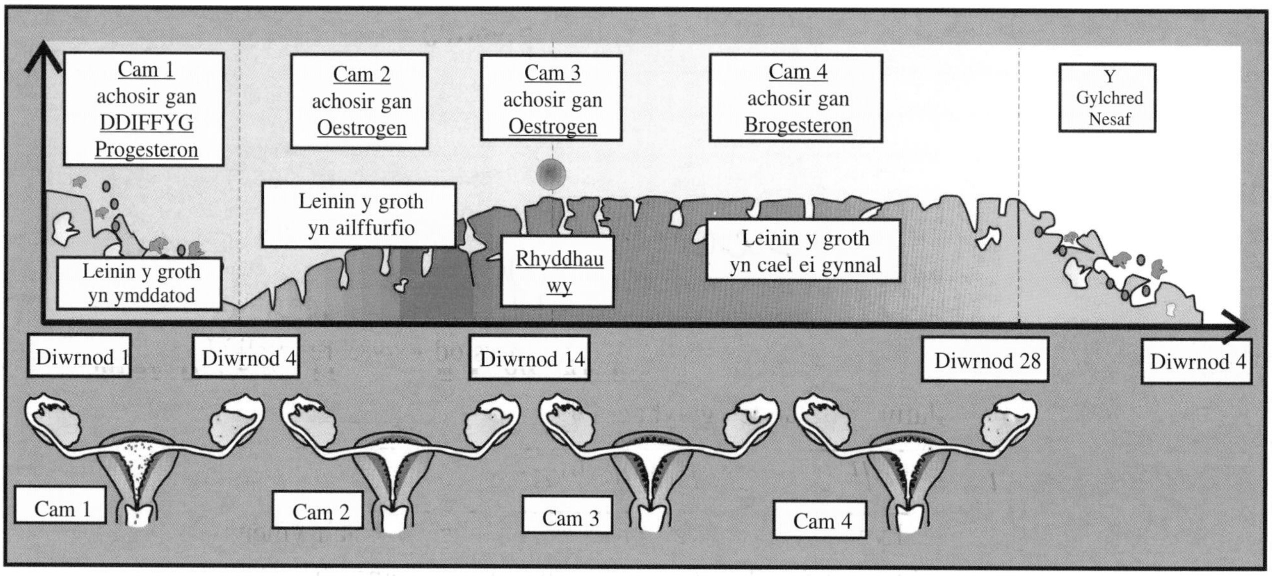
Cam 1 achosir gan DDIFFYG Progesteron
Cam 2 achosir gan Oestrogen
Cam 3 achosir gan Oestrogen
Cam 4 achosir gan Brogesteron
Y Gylchred Nesaf
Leinin y groth yn ailffurfio
Leinin y groth yn ymddatod
Rhyddhau wy
Leinin y groth yn cael ei gynnal
Diwrnod 1
Diwrnod 4
Diwrnod 14
Diwrnod 28
Diwrnod 4
Cam 1
Cam 2
Cam 3
Cam 4

Defnyddir Hormonau Merched i Reoli Babanod

Defnyddir *FSH* i *Symbylu* Cynhyrchu Wyau yn rhan o *Driniaeth Ffrwythloni*

1) Gall merched gymryd hormon a elwir yn *FSH* i symbylu *cynhyrchu wyau* yn yr *ofarïau*.
2) Mewn gwirionedd mae *FSH* (Hormon Symbylu Ffoliglau) yn symbylu'r *ofarïau* i gynhyrchu *oestrogen* sydd wedyn yn symbylu *rhyddhau wy*.
3) Ond rhaid *gofalu* ynglŷn â'r *dos* oherwydd gall gormod o wyau arwain at *enedigaethau lluosol* (*multiple births*).

Defnyddir *Oestrogen* i *Atal* Cynhyrchu Wyau yn *'Y BILSEN'*

1) Mae'r '*BILSEN*' yn cynnwys *progesteron* ac *oestrogen*.
2) Er bod oestrogen yn symbylu *rhyddhau* wyau, os cymerir oestrogen *bob dydd* i gadw'r lefel yn *uchel yn barhaol*, bydd hynny'n *atal* cynhyrchu *FSH* ac *ymhen ychydig* ni chaiff wyau eu cynhyrchu mwyach.

Merched neu beidio, rhaid i chi ddysgu hyn...

Dyma'r agweddau cymharol syml ar y gylchred fislifol ac mae'n bendant yn werth eu dysgu. Gwnewch yn siŵr y gwyddoch am y pedwar cam a pha hormonau sy'n gyfrifol amdanynt, a hefyd pa hormonau a ddefnyddir i reoli babanod. *Dysgwch a mwynhewch.*

Hormonau yn y Gylchred Fislifol

Oestrogen a Phrogesteron yw'r Ddau Brif Hormon

Cynhyrchir y ddau hormon hyn yn yr *ofarïau*. Nhw sy'n rheoli'r hyn sy'n digwydd yn ystod y gylchred:

1) OESTROGEN:
1) Mae'n achosi i *leinin y groth fynd yn fwy trwchus* a *thyfu*.
2) Mae'n symbylu'r broses lle caiff *wy ei ryddhau* ar ddiwrnod 14.

2) PROGESTERON:
1) Mae'n *cynnal leinin* y groth.
Pan fydd lefel y progesteron yn *gostwng*, bydd y leinin yn *ymddatod*.

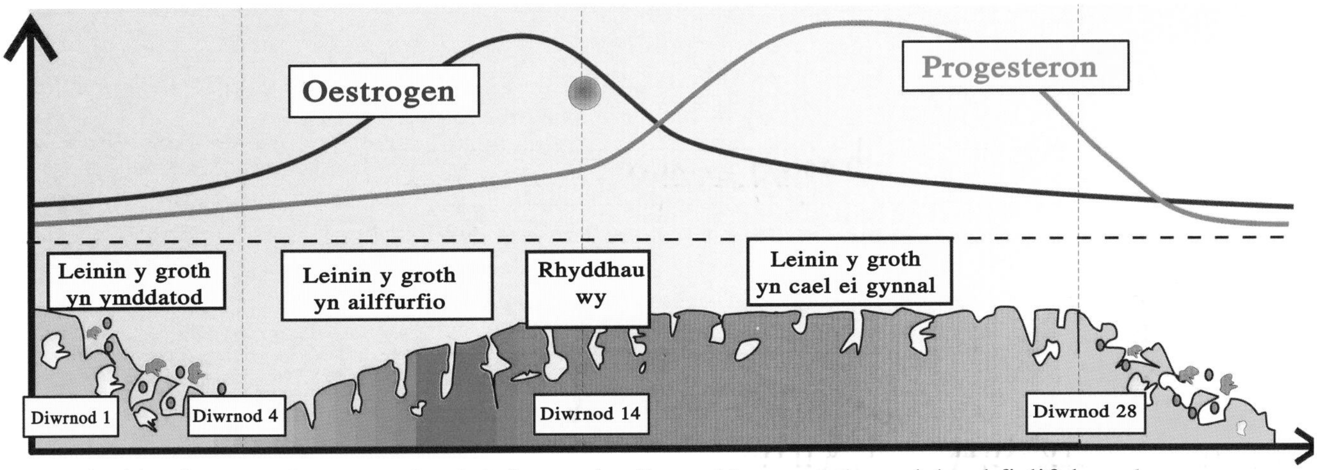
Oestrogen
Progesteron
Leinin y groth yn ymddatod
Leinin y groth yn ailffurfio
Rhyddhau wy
Leinin y groth yn cael ei gynnal
Diwrnod 1
Diwrnod 4
Diwrnod 14
Diwrnod 28

Mae'r ddau hormon hyn yn *esbonio'r* hyn sy'n digwydd yn ystod y gylchred fislifol, ond...

...ar gyfer rhai meysydd llafur bydd angen gwybod hefyd am *ddau hormon arall*:

Mae Dau Hormon Arall ynghlwm wrth hyn: LH ac FSH

Cynhyrchir y ddau hormon hyn yn y *Chwarren Bitwidol* ychydig yn is na'r ymennydd.

Cânt eu cludo gan y gwaed i'r *ofarïau* lle maen nhw'n gwneud i'r pethau hyn ddigwydd:

FSH (Hormon Symbylu Ffoliglau):
1) Mae'n achosi i *wy ddatblygu yn un o'r ofarïau*.
2) Mae'n symbylu'r *ofarïau i gynhyrchu oestrogen*.

LH (Hormon Lwteneiddio):
1) Mae'n symbylu'r broses lle caiff *wy ei ryddhau* ar ddiwrnod 14.

(Mewn gwirionedd LH sy'n gyfrifol am symbylu'r broses lle caiff wy ei ryddhau ac nid oestrogen [fel y nodwyd uchod], ond oestrogen sy'n gyfrifol am gynhyrchu LH yn y lle cyntaf!)

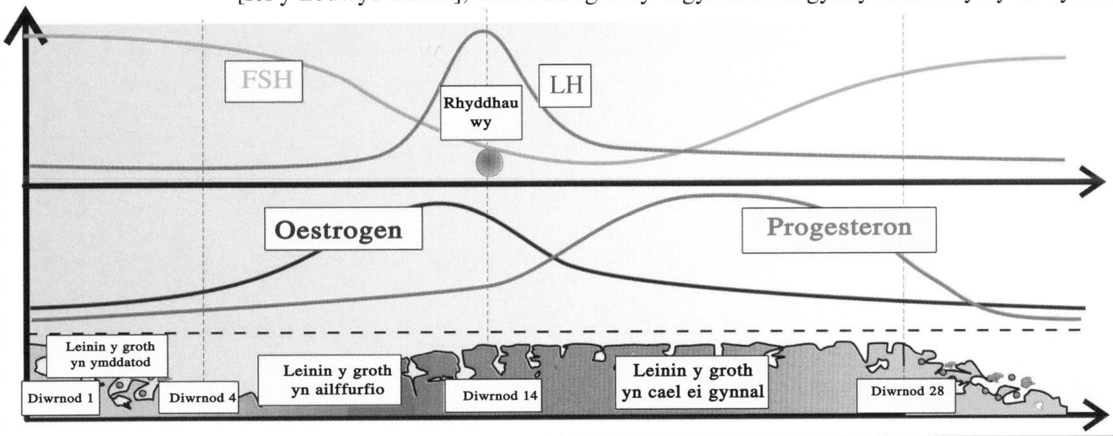
FSH
LH
Rhyddhau wy
Oestrogen
Progesteron
Leinin y groth yn ymddatod
Leinin y groth yn ailffurfio
Leinin y groth yn cael ei gynnal
Diwrnod 1
Diwrnod 4
Diwrnod 14
Diwrnod 28

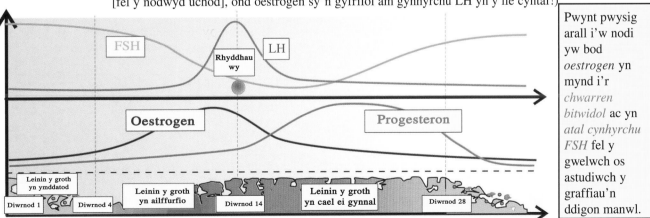

Pwynt pwysig arall i'w nodi yw bod *oestrogen* yn mynd i'r *chwarren bitwidol* ac yn *atal cynhyrchu FSH* fel y gwelwch os astudiwch y graffiau'n ddigon manwl.

Well i chi gael meddwl clir i ddysgu hyn i gyd!

Mae'n anodd deall yn fanwl sut y mae'r pedwar hormon hyn yn rhyngweithio â'i gilydd fel bo'r mislif yn digwydd bob mis. Yn syml, mae *cynnydd* mewn un hormon yn achosi ymateb sydd, *ar yr un pryd*, yn *symbylu* cynhyrchu un o'r hormonau eraill neu'n ei *atal* rhag cael ei gynhyrchu. Dyna sut mae'r cyfan yn troi mewn cylch.

Clefyd mewn Bodau Dynol

Mae Dau Fath o Ficrobau: Bacteria a Firysau

Organebau sy'n mynd y tu mewn i chi ac yn gwneud i chi deimlo'n sâl yw microbau. Mae dau brif fath:

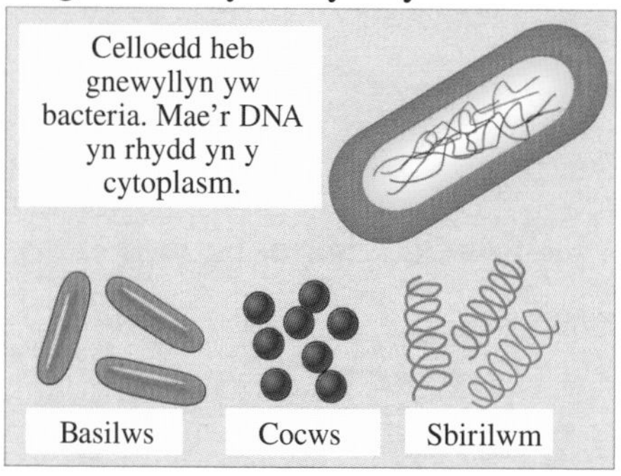

Celloedd heb gnewyllyn yw bacteria. Mae'r DNA yn rhydd yn y cytoplasm.
Basilws
Cocws
Sbirilwm

Celloedd Byw Bach Iawn yw Bacteria

1) Mae'r rhain yn *gelloedd bach iawn*, (tua chanfed ran o faint eich corffgelloedd chi), sy'n atgynhyrchu'n gyflym y tu mewn i'ch corff.
2) Maen nhw'n gwneud i chi *deimlo'n sâl* drwy wneud *dau* beth:
   a) *niweidio eich celloedd*, b) *cynhyrchu tocsinau.*
3) Cofiwch fod rhai bacteria'n *ddefnyddiol* os byddant yn y *man iawn*, e.e. eich system dreulio.

Nid celloedd mo firysau – maen nhw'n llai o lawer

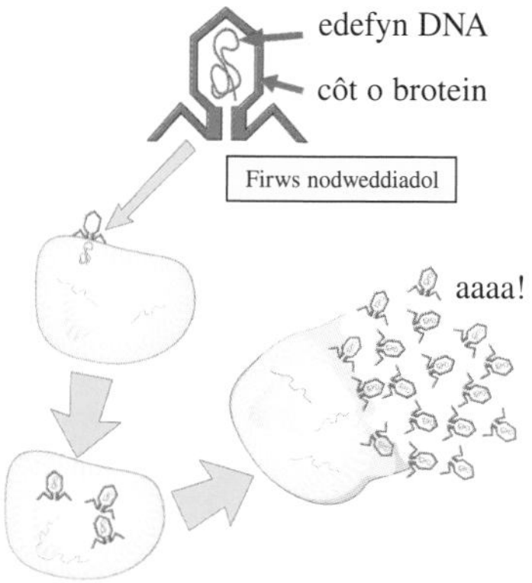

edefyn DNA
côt o brotein
Firws nodweddiadol
aaaa!

1) *Nid celloedd* mo'r rhain. Maen nhw'n *fach iawn iawn*, tua chanfed ran o faint bacteriwm.
2) Dydyn nhw'n ddim mwy na *chôt o brotein* o amgylch *edefyn DNA*.
3) Maen nhw'n gwneud i chi deimlo'n sâl drwy *niweidio eich celloedd.*
4) Maen nhw'n *dyblygu eu hunain* drwy ymwthio i *gnewyllyn* cell a defnyddio'r *DNA* sydd ynddo i gynhyrchu *copïau* ohonynt eu hunain.
5) Yna bydd y gell yn *ffrwydro*, gan ryddhau'r holl firysau newydd.
6) Yn y modd hwn gallan nhw atgynhyrchu'n *gyflym iawn.*

Pum ffordd y gall microbau ddod i mewn i'n cyrff

Gall microbau ddod i mewn i'n cyrff mewn pum ffordd, ond mae gennym *amddiffynfeydd.*

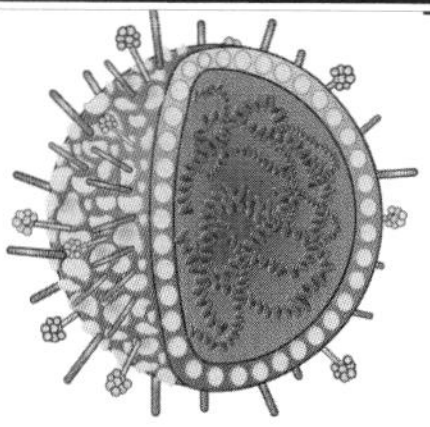

Firws y Ffliw

1) Trwy'r Croen a'r Llygaid

Mae croen *sydd heb ei niweidio* yn rhwystr effeithiol iawn rhag microbau.
Os caiff ei niweidio, bydd y gwaed yn *ceulo* yn gyflym iawn i *selio toriadau* a chadw'r microbau allan. Mae'r *llygaid* yn cynhyrchu cemegyn sy'n *lladd bacteria* ar wyneb y llygad.

2) Trwy'r System Dreulio

Gall microbau fynd i mewn i'ch corff os byddwch yn bwyta *bwyd sydd wedi'i halogi* ac yn yfed *dŵr budr*. Mae'r stumog yn cynhyrchu *asid hydroclorig* cryf sy'n *lladd* y rhan fwyaf o'r microbau a ddaw i mewn fel hyn.

3) Trwy'r System Anadlu

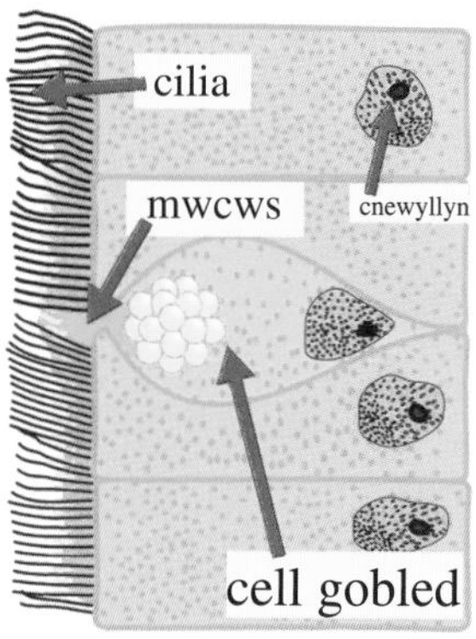

cilia
mwcws
cnewyllyn
cell gobled

Mae'r holl *bibellau anadlu* (y pibellau trwynol, y tracea a'r ysgyfaint) wedi'u leinio â *mwcws* a *chilia* sy'n dal *llwch* a *bacteria* cyn iddynt gyrraedd yr ysgyfaint.

4) Trwy'r System Atgenhedlu

Gellir dal sawl clefyd yn ystod cyfathrach rywiol. *Ychydig* y gall y corff ei wneud i'w *amddiffyn* ei hun rhag heintiadau o'r math yma.

5) Trwy Fectorau (e.e. mosgitos, chwain)

Organebau sy'n *cludo clefyd* o'r naill berson i'r llall yw *fectorau*. Er enghraifft, bydd y *mosgito* yn cludo *malaria* o *berson i berson* pan fydd yn aros i sugno'u *gwaed.* Yn anffodus *nid oes* gennym *amddiffyniad naturiol* rhag pryfed yn *poeri* i mewn i *lif ein gwaed*. Lladdodd *y Pla Du* chwarter poblogaeth *Ewrop* yn yr 1300au. Fe'i cludwyd o *berson i berson* gan y *chwain* sy'n byw ar *lygod Ffrengig.* Dydy hi ddim yn syndod felly fod ofn llygod Ffrengig arnom hyd heddiw.

(Heblaw am rai anwes Mari)

Ymladd Clefyd

Unwaith y bydd y microbau yn ein cyrff byddan nhw'n *atgynhyrchu'n gyflym* os na chânt eu *dinistrio*. Eich '*system imiwn*' fydd yn gwneud hynny. *Celloedd gwyn y gwaed* yw'r rhan bwysicaf o'r system honno.

Eich System Imiwn: Celloedd Gwyn y Gwaed

Cânt eu cludo gan y gwaed *i bob rhan o'ch corff*, yn *chwilio* am ficrobau. Pan fyddant yn taro ar *ficrob* sydd wedi treiddio i mewn i'ch corff, gallant ddefnyddio *tri dull i ymosod arnynt*:

1) Eu Treulio

Gall celloedd gwyn y gwaed *amlyncu* celloedd dieithr a'u *treulio*.

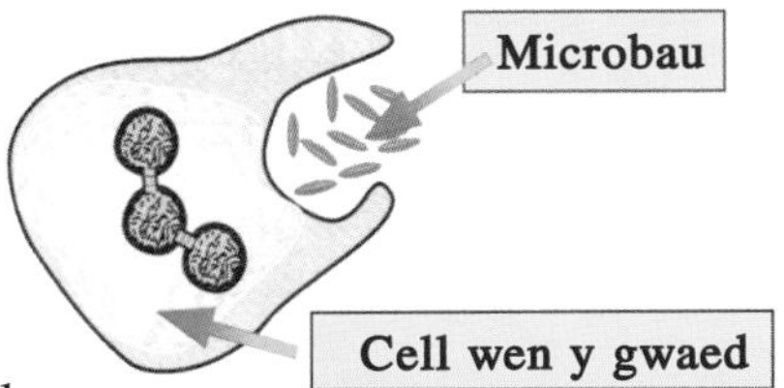
Microbau
Cell wen y gwaed

2) Cynhyrchu Gwrthgyrff

Pan fydd celloedd gwyn y gwaed yn taro ar *gell ddieithr*, byddant yn *dechrau cynhyrchu* cemegau, sef *gwrthgyrff*, i ladd y celloedd ymwthiol newydd. Yna cynhyrchir y gwrthgyrff yn *gyflym* a byddant yn llifo *drwy'r corff* i ladd pob bacteriwm neu firws *tebyg*.

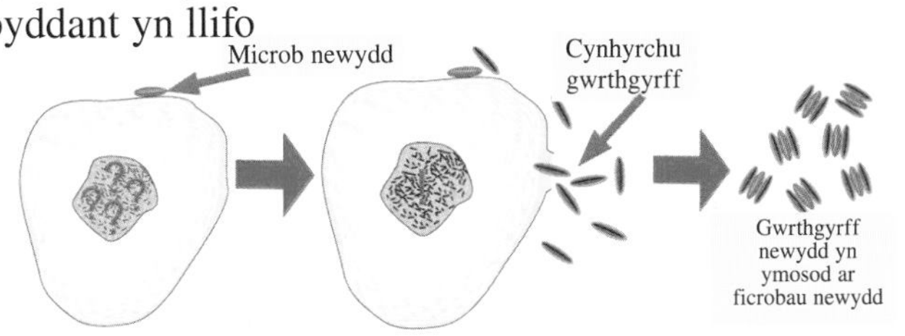
Microb newydd
Cynhyrchu gwrthgyrff
Gwrthgyrff newydd yn ymosod ar ficrobau newydd

3) Cynhyrchu Gwrthdocsinau

Mae *gwrthdocsinau'n* gwrthsefyll effaith unrhyw *wenwynau* (tocsinau) a gynhyrchir gan y *bacteria sy'n ymwthio i'ch corff*.

Imiwneiddio – cynhyrchu gwrthgyrff ymlaen llaw

1) Wedi i'ch *celloedd gwyn* gynhyrchu *gwrthgyrff* i ymdrin â *hil newydd* o facteria neu firws, dywedir eich bod wedi datblygu '*imiwnedd naturiol*' iddi.
2) O ganlyniad os cewch eich heintio gan *yr un microbau* yn y dyfodol fe gânt eu lladd *ar unwaith* gan y *gwrthgyrff* sydd gennych eisoes ar eu cyfer, ac *ni fyddwch yn sâl*.
3) Ond pan fydd microb *newydd* yn ymddangos, mae'n cymryd *ychydig ddiwrnodau* i'ch celloedd gwyn gynhyrchu'r gwrthgyrff i ymdrin â nhw. Yn yr amser hwnnw gallech fod yn *sâl iawn*.
4) Mae *sawl clefyd* sy'n gallu gwneud i chi fod yn *wirioneddol sâl* (e.e. polio, tetanws, y frech goch). Dim ond *imiwneiddio* all eich cadw rhag eu cael.
5) Mae imiwneiddio'n golygu chwistrellu *microbau meirw* i mewn i chi. Mae hyn yn achosi i'ch corff gynhyrchu *gwrthgyrff* er mai microbau meirw ydynt. *Ni allant wneud niwed* i chi am eu bod wedi marw.
6) Ond os bydd *microbau byw o'r un fath* yn ymddangos *ar ôl hynny*, fe gânt eu *lladd ar unwaith* cyn gallu gwneud niwed i chi.

Mae Gwrthfiotigau'n lladd *Bacteria* ond *NID* Firysau

1) *Cyffuriau* sy'n lladd *bacteria* heb ladd eich corffgelloedd chi yw *gwrthfiotigau*.
2) Maen nhw'n *ddefnyddiol iawn* ar gyfer clirio heintiau sy'n creu trafferth i'ch corff.
3) Fodd bynnag, nid ydynt yn lladd *firysau*. Achosir *y ffliw ac anwydau* gan *firysau*, felly *rydych ar eich pen eich hun*.
4) Does *dim cyffuriau* i ladd *firysau*. Rhaid i chi *aros* i'ch corff ymdrin â'r broblem a *dioddef* yn y cyfamser.
5) Ond mae hynny'n well na chael eich cnoi gan chwain llygoden Ffrengig.

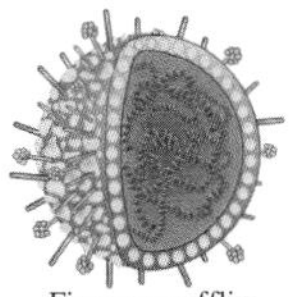
Firws cas y ffliw

Chwain llygoden Ffrengig sy'n fwy cas

Rhaid cael hyn imiwn i'ch cof...

Dwy dudalen y tro hwn sy'n bendant yn ddeunydd 'traethawd byr'. Pedair adran a sawl isadran Ysgrifennwch *draethawd byr* am bob isadran, yna *edrychwch* i weld a anghofioch rywbeth.

Cyffuriau

1) Sylweddau sy'n newid y ffordd y mae'r corff yn gweithio yw cyffuriau. Wrth gwrs, mae rhai cyffuriau'n ddefnyddiol, e.e. gwrthfiotigau fel penisilin. Ond mae llawer o gyffuriau sy'n *beryglus* os cânt eu camddefnyddio a bydd llawer ohonynt yn achosi i'r sawl sy'n eu cymryd fynd yn '*gaeth*' iddynt, h.y. gorfod eu cymryd yn rheolaidd.
2) Mae llawer o gyffuriau'n achosi i berson golli rheolaeth a'r gallu i farnu'n iawn. Gall hynny arwain at *farwolaeth* o ganlyniad i ffactorau eraill, e.e. tagu ar chŵyd, cwympo i lawr y grisiau, mynd dan gerbydau, ayb.

Mae dau fath o Gaethiwed - Cemegol a Seicolegol

1) Mae gwahaniaeth rhwng gwir gaethiwed cemegol a chaethiwed seicolegol.
2) Yn achos *caethiwed cemegol* mae'r corff yn addasu ei hun i bresenoldeb cyson y cyffur yn y system. Os cymerir y cyffur ymaith, bydd yr unigolyn yn dioddef o wahanol *symptomau diddyfnu corfforol amhleserus*: twymyn, rhithweledigaethau, cyfog a chrynu mawr.
3) Yn achos *caethiwed seicolegol* mae'r person yn 'teimlo'r angen' i barhau i gymryd y cyffur.

Symbylyddion

1) Mae symbylyddion yn tueddu i wneud i'r system nerfol fod yn fwy effro yn gyffredinol.
2) Mae caffein yn symbylydd gwan a geir mewn te a choffi. Mae'n eithaf diniwed. Ychydig o fywydau a gaiff eu dinistrio o yfed te yn obsesiynol.
3) Fodd bynnag, mae amffetamin a methedrin hefyd yn symbylyddion.
4) Bydd symbylyddion cryf fel y rhain yn creu'r ymdeimlad fod gan yr unigolyn sy'n eu cymryd egni diddiwedd. Gall peidio â'u cymryd, fodd bynnag, arwain at *iselder difrifol*. Fel hyn felly, yn rhy hawdd o lawer, y bydd *dibyniaeth* afiach yn datblygu. Gall parhau i'w ddefnyddio achosi rhithweledigaethau a *newidiadau personoliaeth*.

Rhithbeiriau (Hallucinogens) — LSD ac Ecstasi

1) Rhithbair yw LSD, h.y. mae'n achosi rhithweledigaethau.
2) Mae dos uchel o ecstasi'n rhithbair hefyd, ond creu ymdeimlad o egni diddiwedd wna dos yn llai, yn debyg i'r hyn a roddir gan amffetaminau, ynghyd â'r un *broblem ddifrifol* o *ddibyniaeth* gynyddol.
3) Oherwydd yr ymdeimlad yma o egni, mae perygl y gall y corff *orgynhesu* a *llewygu* oherwydd *diffyg hylif*.

Mae Tawelyddion yn arafu eich ymatebion - Alcohol a Barbitwradau

Mae tawelyddion yn tueddu i arafu ymateb y system nerfol, gan achosi i'r unigolyn *adweithio'n araf* a chamfarnu cyflymder, pellter, ayb. Gweler 'Alcohol' ar y dudalen nesaf.

Cyffuriau Lleddfu Poen - Asbrin, Heroin a Morffin

1) Mae heroin yn gyffur *arbennig o gas*. Mae'n achosi *dirywiad* difrifol ym mhersonoliaeth yr unigolyn. Wrth i'r caethiwed gynyddu bydd holl fywyd yr unigolyn yn *dirywio'n un ymdrech fawr* i gael arian i sicrhau digon o heroin bob dydd. Y canlyniad yn aml fydd *troseddu'n gyson* i dalu amdano.
2) Mae morffin hefyd yn *gaethiwus* iawn.
3) Mae asbrin yn ddefnyddiol ar gyfer sawl mân anhwylder ond, o'i orddefnyddio, bydd yr *effeithiau'n niweidiol*.

Hydoddyddion

1) Fe geir hydoddyddion mewn amryw o bethau o gwmpas y cartref, e.e. glud, paent ayb.
2) Maen nhw'n *beryglus* ac yn *niweidiol* i'ch corff a'ch personoliaeth.
3) Maen nhw'n achosi rhithweledigaethau ac yn effeithio'n andwyol ar bersonoliaeth ac ymddygiad.
4) Maen nhw'n achosi *niwed* i'r *ysgyfaint*, *yr ymennydd*, *yr iau* a'r *arennau*.

Dysgwch am y cyffuriau hyn ac yna anghofiwch amdanynt...

Bydd unrhyw un sydd â hanner ymennydd yn osgoi'r cyffuriau hyn fel y pla.
Mwynhewch eich bywyd. Peidiwch â rhoi unrhyw gyfle i'r cyffuriau hyn gael gafael arnoch.

Alcohol a Thybaco

1) Alcohol a thybaco yw'r ddau brif gyffur (nad ydynt yn feddygol) sy'n gyfreithlon yn y wlad hon.
2) Ond peidiwch â chael eich twyllo. Gallant wneud llawer o *niwed* i chi yn union fel cyffuriau eraill.

Alcohol

1) Prif effaith alcohol yw lleihau gweithgaredd y system nerfol. Yr agwedd gadarnhaol ar hyn yw ei fod yn gwneud i berson deimlo'n llai swil. O'i gymryd yn gymedrol mae alcohol yn helpu pobl i gymdeithasu ac ymlacio gyda'i gilydd.
2) Fodd bynnag, os gadewch i alcohol eich meddiannu, *gall ddinistrio'ch bywyd*. Mae wedi gwneud hynny i fywydau llawer o bobl. Mae'n rhaid i'r unigolyn ei reoli.
3) Pan fydd alcohol yn dechrau meddiannu bywyd unigolyn, bydd llawer o *effeithiau niweidiol*:
   a) Yn y bôn mae alcohol yn *wenwynig*. Bydd yfed gormod ohono'n achosi *niwed difrifol* i'r *iau* a'r *ymennydd* gan achosi *clefyd yr iau* a *gostyngiad* sylweddol yng ngweithrediad yr ymennydd.
   b) Bydd gormod o alcohol yn *amharu ar y gallu i farnu*. Gall hynny achosi damweiniau. Gall hefyd effeithio'n ddifrifol ar fywyd yr unigolyn yn ei waith ac yn y cartref.
   c) Gall *dibynnu'n ormodol ar alcohol* arwain yn y pen draw at *golli swydd*, *colli incwm* a *throedio llwybr ar i lawr*.

Ysmygu Tybaco

Dydy ysmygu ddim yn gwneud lles i neb. Does dim manteision cymdeithasol positif iddo a, *heb unrhyw amheuaeth o gwbl, gall achosi salwch difrifol iawn*.

Unwaith i chi ddechrau ysmygu, *does dim troi'n ôl*. Taith unffordd yw hi.

Fe sylwch hefyd, *dydy ysmygwyr ddim mymryn yn hapusach* na phobl nad ydynt yn ysmygu, *hyd yn oed pan fyddant yn ysmygu*. Gall ddechrau fel rhywbeth 'gwahanol' i'w wneud, ond buan iawn y daw'n rhywbeth y bydd yn *rhaid* iddynt ei wneud, er mwyn teimlo'n iawn. Ond mae pobl nad ydynt yn ysmygu yn teimlo llawn cystal *heb* wario £20 neu fwy bob wythnos a *dinistrio'u hiechyd* hefyd.

Pam y mae pobl yn dechrau ysmygu? Er mwyn creu delwedd arbennig ac mae'n ymddangos fod ysmygu'n *ategolyn ffasiynol delfrydol*.

Wel, cofiwch hyn – *does dim troi'n ôl*. Mae'n bosib y byddwch yn credu eich bod yn edrych yn cŵl yn ysmygu'n 16 oed, ond meddyliwch amdanoch chi'ch hun yn 20 oed gyda grŵp newydd o ffrindiau na fyddant yn ysmygu. A fyddwch am newid? Rhy hwyr. Byddwch yn gaeth iddo.

Erbyn y byddwch yn 60 oed bydd ysmygu wedi costio mwy na £40,000 i chi. Digon i brynu Ferrari neu dŷ newydd. Ategolyn ffasiynol go ddrud!!

Ysmygu? Gwych? Dim o bell ffordd.

O, gyda llaw...

Mae tybaco'n gwneud hyn y tu mewn i'ch corff chi:
1) Mae'n gollwng *haen* o dar y *tu mewn i'ch ysgyfaint* a fydd yn eu gwneud nhw'n *hollol aneffeithlon*.
2) Mae'n gorchuddio'r cilia â *thar* gan eu rhwystro rhag cael bacteria allan o'ch ysgyfaint.
3) Mae'n achosi *clefyd* yn y *galon* a'r *pibellau gwaed*, gan arwain at *drawiad ar y galon* a *strôc*.
4) Mae'n achosi *canser yr ysgyfaint*. O bob *deg* claf sydd â'r clefyd hwn, mae *naw'n* ysmysgu.
5) Mae'n achosi gostyngiad *difrifol* yng ngweithrediad yr ysgyfaint, gan arwain at glefydau fel *emffysema* a *broncitis*. Mae'r rhain fwy neu lai'n *dinistrio'r* tu mewn i'r ysgyfaint. Ni all pobl sydd â broncitis hyd yn oed gerdded yn sionc, am na all eu hysgyfaint lwyddo i gael digon o ocsigen i mewn i'r gwaed. Yn y pen draw mae'n *lladd* mwy nag *20,000 o bobl* ym Mhrydain bob blwyddyn.
6) Ond dyma'r rhan orau. Ychydig o effaith a gaiff y *nicotin* arnoch – ar wahân i'ch gwneud chi'n *gaeth* iddo, yn *ddibynnol* arno. Chwarae teg.

Dysgwch y Pwyntiau sydd wedi'u Rhifo ar gyfer eich Arholiad...

Mae'r Arholiad yn canolbwyntio ar y rhannau ynglŷn â chlefydau. Dysgwch y gweddill i fyw'n iach.

Homeostasis

Mae *homeostasis* yn ymwneud â holl weithrediadau eich corff sy'n ceisio cynnal '*amgylchedd mewnol cyson*'. Dysgwch y diffiniad:

HOMEOSTASIS— CYNNAL AMGYLCHEDD MEWNOL CYSON

Mae *chwe lefel gorfforol wahanol* y mae angen eu rheoli:

1) CAEL GWARED Â CO_2
2) CAEL GWARED AG *WREA*

Dyma'r *GWASTRAFF*. Fe'u cynhyrchir yn gyson yn y corff a *rhaid cael gwared â nhw*.

3) Faint o *ÏONAU*
4) Faint o *DDŴR*
5) Faint o SIWGR
6) *TYMHEREDD*

Dyma'r '*PETHAU DA*' ac mae arnom eu hangen, *OND AR Y LEFEL GYWIR* – dim gormod na rhy ychydig.

Mae holl *gelloedd eich corff MEWN HYLIF MEINWEOL*, sef *plasma'r gwaed* sydd wedi gollwng o'r capilarïau (yn fwriadol). I sicrhau bod eich holl gelloedd yn gweithio'n iawn, *rhaid i'r hylif hwn fod yn union gywir* – hynny yw, rhaid i'r *CHWE PHETH UCHOD* gael eu *CADW AR Y LEFEL GYWIR* – heb fod yn rhy uchel nac yn rhy isel.

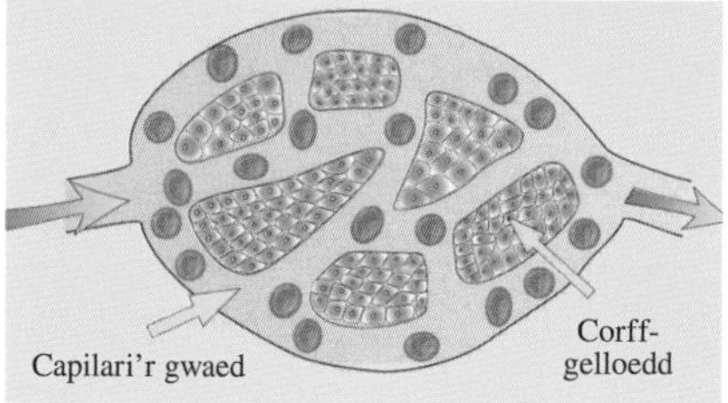
Capilari'r gwaed
Corff-gelloedd

Dysgwch yr Organau sy'n ymwneud â Homeostasis:

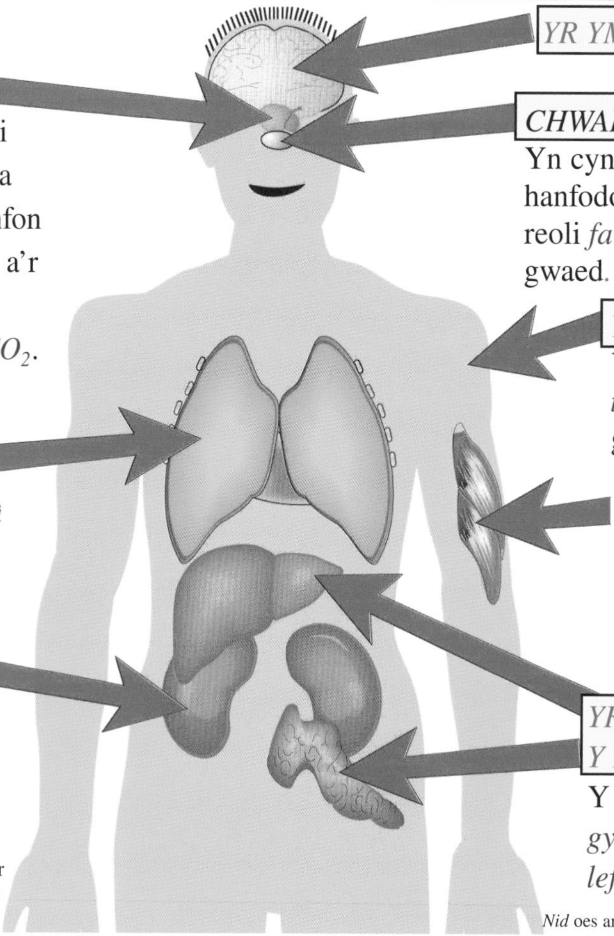

YR YMENNYDD

HYPOTHALAMWS

1) Yn cynnwys derbynyddion i fonitro *tymheredd y gwaed* a *faint o ddŵr* sydd ac yna anfon *ysgogiadau nerfol* i'r *croen* a'r *chwarren bitwidol*.
2) Hefyd yn *monitro lefelau CO_2*.

CHWARREN BITWIDOL

Yn cynhyrchu sawl hormon hanfodol, yn cynnwys *ADH*, i reoli *faint o ddŵr* sydd yn y gwaed.

Y CROEN

Yn addasu *tymheredd y corff* gyda chymorth....

YR YSGYFAINT

Yn cael *gwared â CO_2*.

Y CYHYRAU

a all gynhyrchu *gwres* os oes angen (drwy *grynu*).

YR ARENNAU

Yn cael *gwared ag wrea*. Hefyd yn addasu faint o *ïonau* a *dŵr* sydd yn y gwaed.

YR IAU
Y PANCREAS

Y ddau'n *gweithio gyda'i gilydd* i addasu *lefel y siwgr gwaed*.

Cofiwch fod y diagram hwn yn wahanol i'r un ar dud. 38. Mae hwnnw'n ymwneud â *hormonau* – mae hwn yn ymwneud â *homeostasis*.

Nid oes angen y bysedd ar gyfer homeostasis.

Dysgwch am Homeostasis - heb gynhyrfu...

Mae hyn i gyd braidd yn dechnegol. Mae homeostasis yn fater cymhleth. Mae'n beth da bod y corff yn ei wneud yn awtomatig. Ond rhaid i chi ei *ddysgu* ar gyfer eich Arholiad.

Y Croen

Byddai cynnal *amgylchedd mewnol cyson braidd* yn anodd heb eich *croen*.

Mae'r Croen yn gwneud Tri Pheth yn bennaf ar eich cyfer:

1) Mae'n eich cadw rhag *SYCHU (DADHYDRADU).*
2) Mae'n cadw *GERMAU ALLAN.*
3) Mae'n helpu i reoli eich *TYMHEREDD.*

Mae'r ddau gyntaf yn weddol amlwg. Mae'r croen yn haen wrth-ddŵr, wrth-germau a gwrth-bron-popeth-nad-yw'n-rhy-llym-nac-yn-rhy-boeth-nac-yn-rhy-gyflym. Mae'n cadw gweddill y byd allan ac felly yn cynnal '*amgylchedd mewnol cyson*' fel y bydd eich celloedd bach i gyd yn gynnes ac yn gysurus yn gwneud eu gwaith bob dydd.

(Mae hyn yn fy atgoffa o ysgol. Chi yw'r celloedd, yn cael cynhesrwydd, bwyd a diod a digon o'r hyn y mae arnoch ei angen i gyflawni eich 'gwaith' bob dydd.)

Mae gan y Croen Dri Thric ar gyfer Newid Tymheredd y Corff

1) Mae'r *ENSYMAU* yng nghelloedd y corff dynol yn gweithio orau ar y tymheredd *37°C*.
2) Mae'r *HYPOTHALAMWS* yn synhwyro newidiadau ac yn anfon *YSGOGIADAU NERFOL* i'r croen.
3) Yna mae gan *Y CROEN dri thric* ar gyfer *rheoli tymheredd y corff*:

Pan fyddwch yn *RHY DWYM*:

1) Bydd y *BLEW* yn gorwedd yn wastad.
2) Cynhyrchir *CHWYS* i'ch oeri.
3) Bydd y *CYFLENWAD GWAED* i'r croen yn ymledu i ryddhau gwres y corff. Gelwir hyn yn *fasoymledu*.

Pan fyddwch yn *RHY OER*:

1) Bydd y *BLEW* yn codi i'ch cadw'n gynnes.
2) *NI* chynhyrchir *CHWYS*.
3) *CYFYNGIR AR Y CYFLENWAD GWAED* i'r croen. Gelwir hyn yn fasogyfyngu.

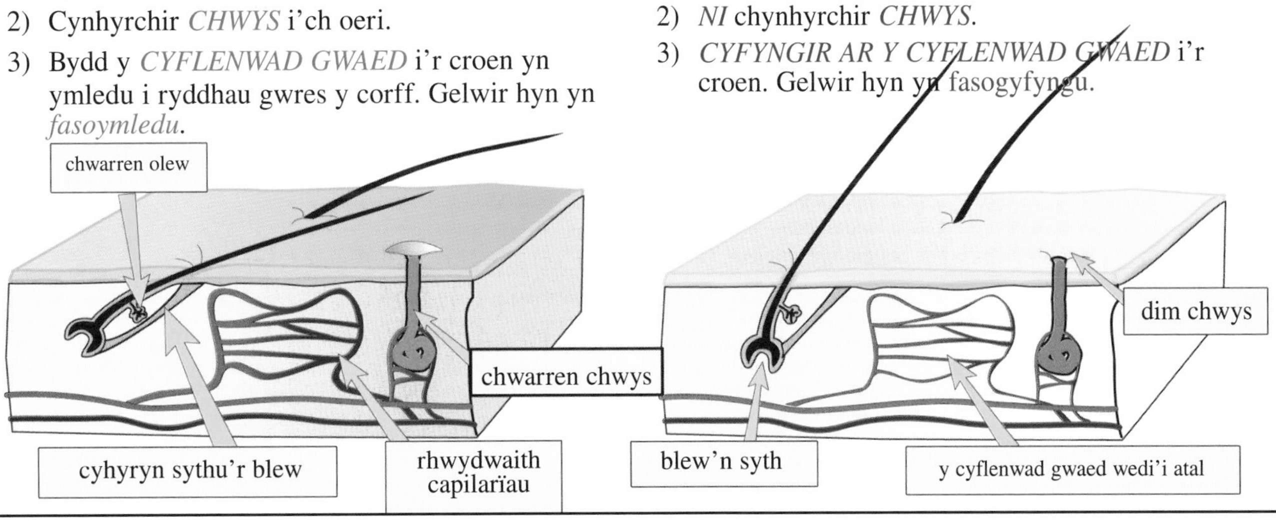
chwarren olew
chwarren chwys
cyhyryn sythu'r blew
rhwydwaith capilarïau
dim chwys
blew'n syth
y cyflenwad gwaed wedi'i atal

Pan fyddwch yn *oer* bydd eich corff hefyd yn *cynyddu metabolaeth* i gynhyrchu *gwres*

Mae'n gwneud hyn mewn dwy ffordd. 1) *CYNYDDU GWEITHGAREDD YR IAU* 2) *CRYNU*
Mae'r ddau'n *CYNHYRCHU GWRES* y tu mewn i ni drwy *gynyddu metabolaeth* (h.y. trawsnewid mwy o egni).
Yn realistig dydy blew'n sythu yn gwneud *dim gwahaniaeth* i fodau dynol. Mae'n deillio o'r adeg pan oedd gennym gyrff blewog. Ond *yn yr Arholiad* dylech ei nodi i *ennill y marciau*.
Y dyddiau hyn byddwn yn rhoi *mwy o haenau o ddillad amdanom*, i *ddal mwy o haenau o aer*, am fod *aer yn gweithredu fel ynysydd* os caiff ei *ddal i mewn* heb allu symud – *DYSGWCH y manylion hyn.*

Cymaint i'w ddysgu - peidiwch â gadael iddo fynd dan eich croen...

Mae tua 17 o ffeithiau pwysig i'w dysgu ar y dudalen hon, ynghyd â dau ddiagram rhagorol.
Dysgwch benawdau pob adran, *cuddiwch y dudalen* ac *ysgrifennwch* y manylion.

Yr Arennau

Mae'r arennau'n gweithredu fel hidlenni i 'lanhau'r gwaed'

Mae'r *arennau'n* cyflawni *tair prif swyddogaeth*:

1) Cael *gwared ag wrea* o'r gwaed.
2) *Addasu'r ïonau* yn y gwaed.
3) *Addasu faint o ddŵr* sydd yn y gwaed.

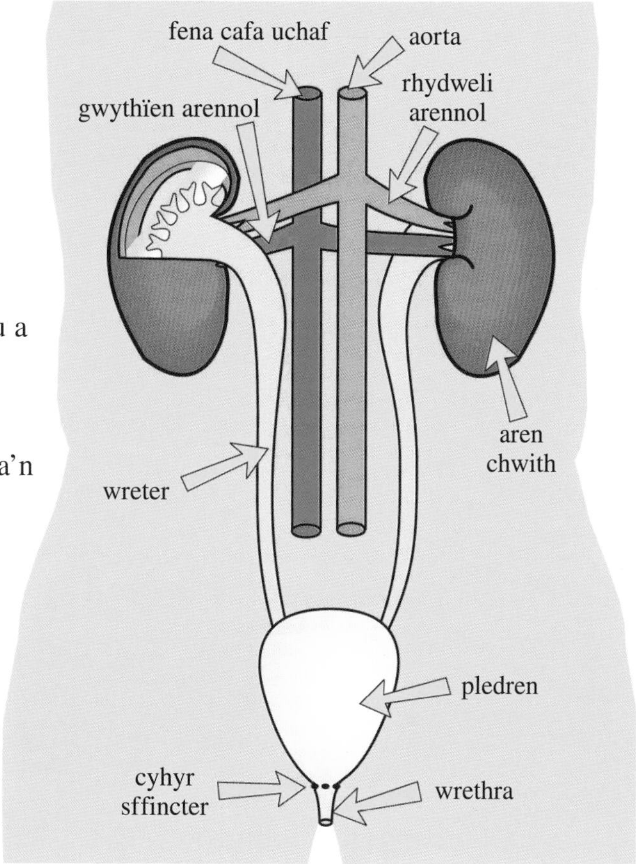
fena cafa uchaf
aorta
gwythïen arennol
rhydweli arennol
aren chwith
wreter
pledren
cyhyr sffincter
wrethra

1) Cael Gwared ag Wrea

1) Cynhyrchir *wrea* yn yr *iau*.
2) Ni all y corff *storio* proteinau, felly mae'r iau'n *ymddatod yr asidau amino sydd dros ben* yn frasterau a charbohydradau.
3) *Wrea* yw'r *isgynnyrch diwerth*. Fe'i trosglwyddir i'r gwaed i gael ei *hidlo allan* gan yr *arennau*. Hefyd fe gaiff wrea ei golli yn rhannol mewn *chwys*. Mae wrea'n *wenwynig*.

2) Addasu Faint o Ïonau

1) Cymerir *ïonau* megis sodiwm (Na^+) i mewn i'r corff mewn *bwyd*, ac yna fe'u hamsugnir i'r gwaed.
2) Os bydd y bwyd yn cynnwys *gormod* o unrhyw ïonau, bydd yr arennau'n cael *gwared* â'r ïonau sydd dros ben. Er enghraifft, bydd pryd hallt yn cynnwys llawer gormod o Na^+ a bydd yr arennau'n cael *gwared â'r gormodedd* o'r gwaed.
3) Hefyd collir rhai ïonau mewn *chwys* (sy'n blasu'n hallt, fel y byddwch wedi'i sylwi).
4) Ond y peth pwysig i'w gofio yw bod y *cydbwysedd* yn cael ei gynnal drwy'r amser gan yr *arennau*.

3) Addasu Faint o Ddŵr

Cymerir dŵr i mewn i'r corff fel *bwyd a diod* ac fe'i *collir* o'r corff mewn *pedair ffordd*:
1) yn *Y TROETH* 2) yn *YR YMGARTHION* 3) mewn *CHWYS* 4) mewn *ANADL*
Eto mae angen i'r corff *gydbwyso'n gyson* y dŵr sy'n dod i mewn a'r dŵr sy'n mynd allan. Mae dau beth i'w nodi yma:

1) Mae faint o ddŵr sydd yn yr *ymgarthion* yn weddol *gyson*.
2) Mae'r dŵr a ddaw allan *yn yr anadl* yn cael ei *gynhyrchu* yn y corff yn ystod *resbiradaeth*: (glwcos + ocsigen → carbon deuocsid + *DŴR*), felly *nid yw'n effeithio* ar y cydbwysedd dŵr.

Mae hynny'n golygu bod y *cydbwysedd dŵr y rhan fwyaf o'r amser* (h.y. mewn cwestiynau Arholiad) rhwng:
1) Hylifau a *dreulir* 2) Faint gaiff ei *chwysu allan* 3) Faint gaiff ei *ollwng gan yr arennau* yn y *troeth*.
AR DDIWRNOD OER, os *na fyddwch yn chwysu*, byddwch yn cynhyrchu *mwy o droeth* a fydd yn *olau a gwanedig*.
AR DDIWRNOD TWYM, byddwch yn *chwysu llawer*, bydd eich *troeth yn dywyll a chrynodedig* ac *ni fydd llawer ohono*.
Mae hyn yn tybio na fyddwch yn *yfed* yn wahanol. Mae effaith yfed yn ddigon amlwg.

Faint wyddoch chi am yr arennau? - Mae arna i angen gwybod...

Mae llawer i'w ddysgu ar y dudalen hon. Dysgwch y tri phennawd, yna *cuddiwch y dudalen*, ysgrifennwch nhw ar bapur a *gwnewch draethawd byr* am bob un. Yna edrychwch ar y dudalen i weld a anghofioch chi rywbeth. *Gwnewch hyn eto*. Dysgwch y diagram hefyd yn yr un modd.

Uwch-hidlo a'r Neffron

Yr Unedau Hidlo yn yr Arennau yw Neffronau

1) Uwch-hidlo:

1) Mae *gwasgedd uchel* yn cael ei greu sy'n *gwasgu dŵr*, *wrea*, *ïonau* a *glwcos* allan o'r gwaed ac i mewn i'r *cwpan Bowman*.

2) Ond ni chaiff *moleciwlau mawr* fel proteinau eu *gwasgu allan*. Maen nhw'n aros yn y gwaed.

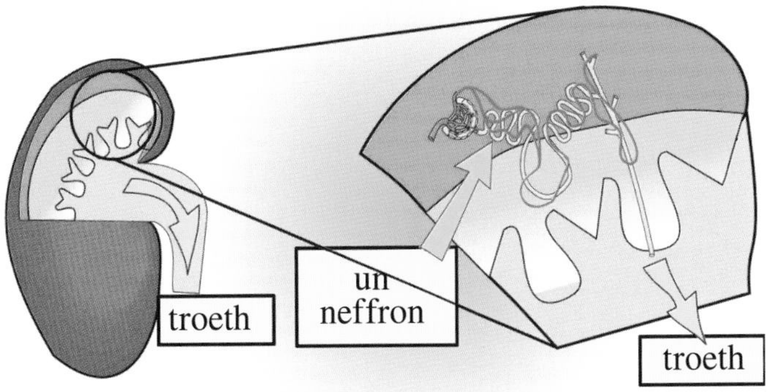
troeth
un neffron
troeth

Golwg Fwy ar Un Neffron

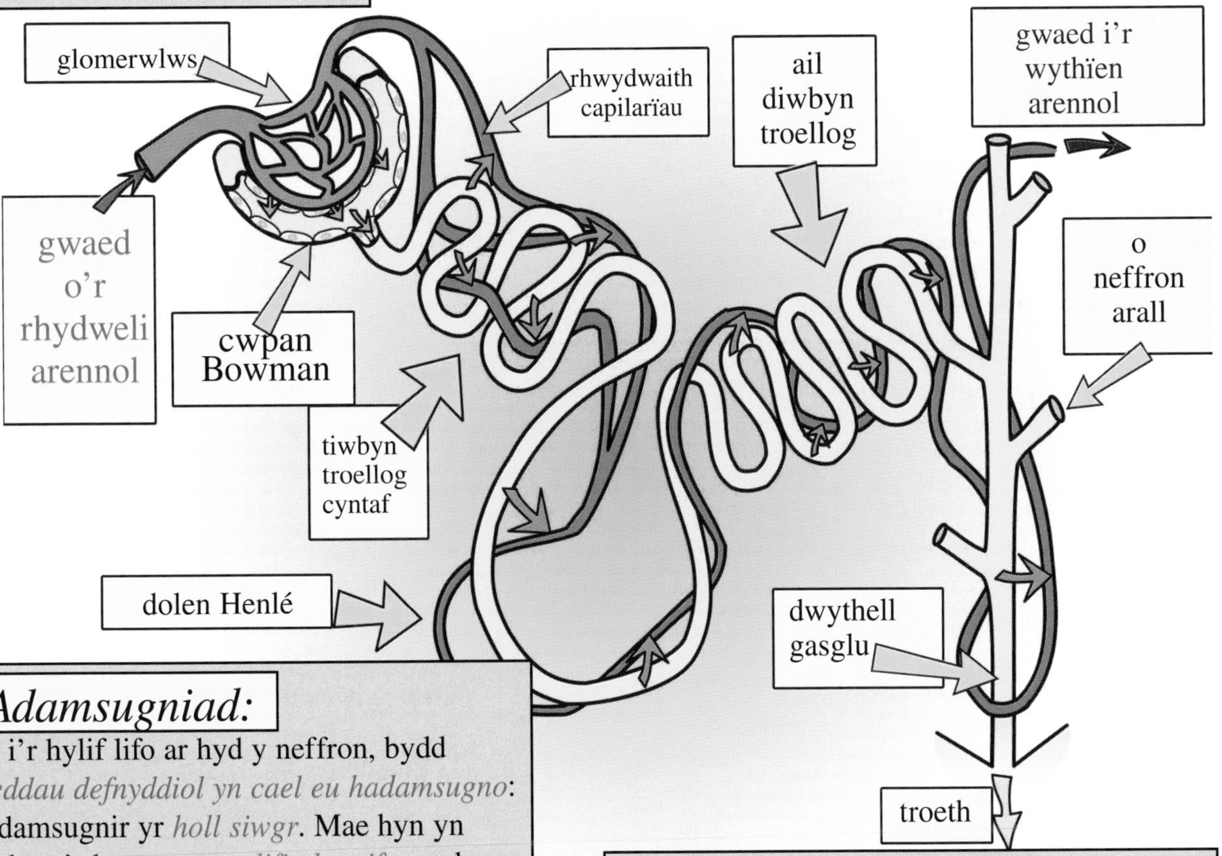
glomerwlws
rhwydwaith capilarïau
ail diwbyn troellog
gwaed i'r wythïen arennol
gwaed o'r rhydweli arennol
cwpan Bowman
o neffron arall
tiwbyn troellog cyntaf
dolen Henlé
dwythell gasglu
troeth

2) Adamsugniad:

Wrth i'r hylif lifo ar hyd y neffron, bydd *sylweddau defnyddiol yn cael eu hadamsugno*:

1) Adamsugnir yr *holl siwgr*. Mae hyn yn golygu'r broses *mewnlifiad actif* yn erbyn y graddiant crynodiad.

2) Adamsugnir *digon o ïonau* – ond nid ïonau gormodol. Mae angen *mewnlifiad actif*.

3) Adamsugnir *digon o ddŵr*, yn ôl lefel yr hormon *ADH*.

3) Gollwng gwastraff:

Ni chaiff unrhyw *wrea* nac *ïonau na dŵr gormodol* eu hadamsugno.

Bydd y rhain yn *mynd allan o'r neffron*, i mewn i'r wreter ac i lawr i'r *bledren* fel *troeth*.

Gadewch i ni weld faint o hyn yr ydych wedi'i amsugno...

Dilynwch yr un drefn ag arfer – *dysgwch* y gwaith, yna *cuddiwch y dudalen*, *brasluniwch y diagramau* ac *ysgrifennwch* yr holl fanylion pwysig. Gwnewch hyn dro ar ôl tro nes y byddwch yn cofio'r cyfan. Dim ond diagramau bras iawn y mae angen eu llunio – i ddangos y manylion.

ADH - Hormon Gwrthdroethol

Mae'r *HYPOTHALAMWS* yn yr ymennydd yn *monitro faint o ddŵr sydd yn y gwaed* ac yn cyfarwyddo'r *CHWARREN BITWIDOL* i ryddhau *ADH* i'r gwaed *yn unol â hynny*, fel y gwelir isod:

Rhy Ychydig o Ddŵr yn y Gwaed

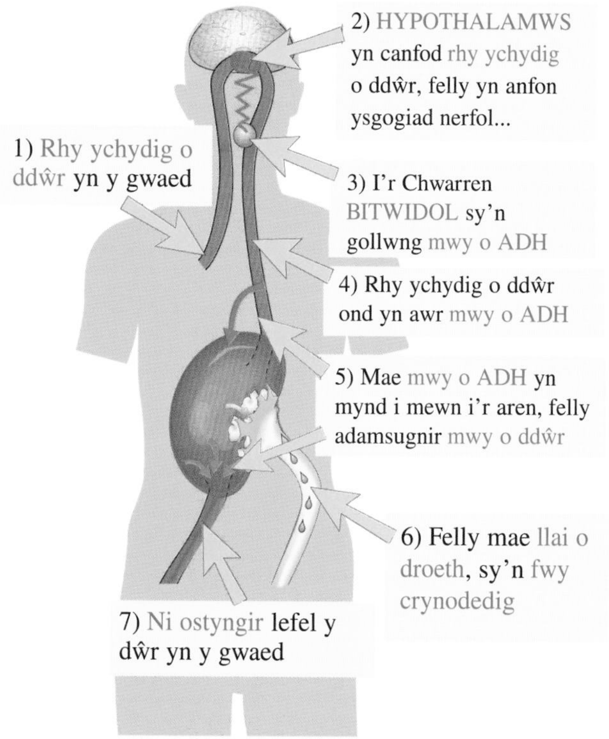
2) HYPOTHALAMWS yn canfod rhy ychydig o ddŵr, felly yn anfon ysgogiad nerfol...
1) Rhy ychydig o ddŵr yn y gwaed
3) I'r Chwarren BITWIDOL sy'n gollwng mwy o ADH
4) Rhy ychydig o ddŵr ond yn awr mwy o ADH
5) Mae mwy o ADH yn mynd i mewn i'r aren, felly adamsugnir mwy o ddŵr
6) Felly mae llai o droeth, sy'n fwy crynodedig
7) Ni ostyngir lefel y dŵr yn y gwaed

Gormod o Ddŵr yn y Gwaed

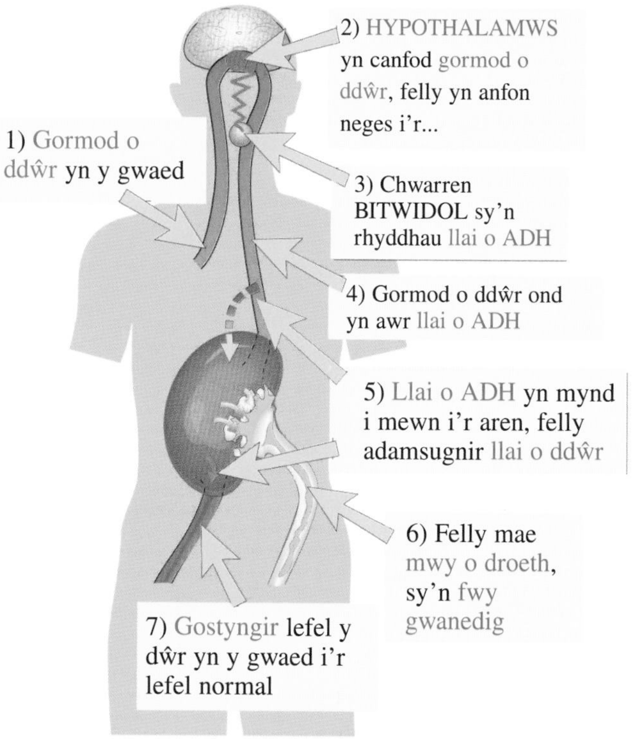
2) HYPOTHALAMWS yn canfod gormod o ddŵr, felly yn anfon neges i'r...
1) Gormod o ddŵr yn y gwaed
3) Chwarren BITWIDOL sy'n rhyddhau llai o ADH
4) Gormod o ddŵr ond yn awr llai o ADH
5) Llai o ADH yn mynd i mewn i'r aren, felly adamsugnir llai o ddŵr
6) Felly mae mwy o droeth, sy'n fwy gwanedig
7) Gostyngir lefel y dŵr yn y gwaed i'r lefel normal

Methiant yr Arennau: Y Ddwy Driniaeth

1) Dialysis gan Beiriant Arennau

1) Mae gwaed yn cael ei *gymryd o'r fraich* a'i roi drwy diwb sydd *mewn hylif* tebyg i *blasma'r gwaed*.
2) Yna bydd wrea a gwastraff arall yn *tryledu* allan o'r gwaed, a fydd wedyn yn *dychwelyd i'r fraich*.
3) Rhaid gwneud hyn am *12-18 awr bob wythnos*.
4) Mae'r driniaeth yn *ddrud*.

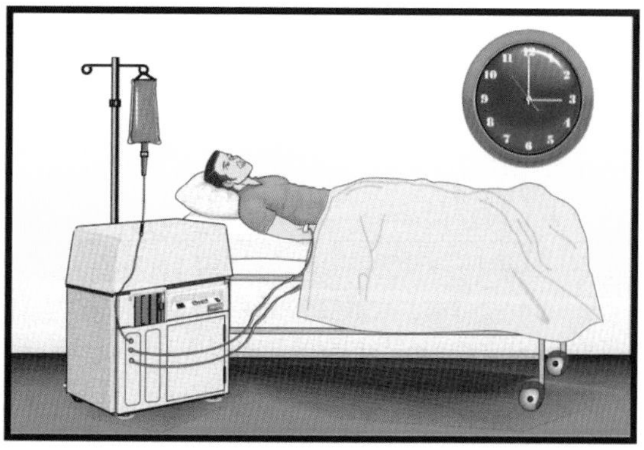

2) Trawsblannu Aren

1) Mae *aren iach* o berson a *fu farw'n ddiweddar* neu *berthynas byw* yn cael ei 'phlymio i mewn'.
2) Rhaid i *grwpiau gwaed* y ddau berson fod yr *un fath*.
3) Yn ddelfrydol dylai'r *mathau o feinweoedd* hefyd fod yr un fath – os felly, *80% yw'r gyfradd llwyddo*.
4) Rhaid cymryd *cyffuriau gwrthwrthod* a *gwrthfiotigau* am *weddill ei oes*.

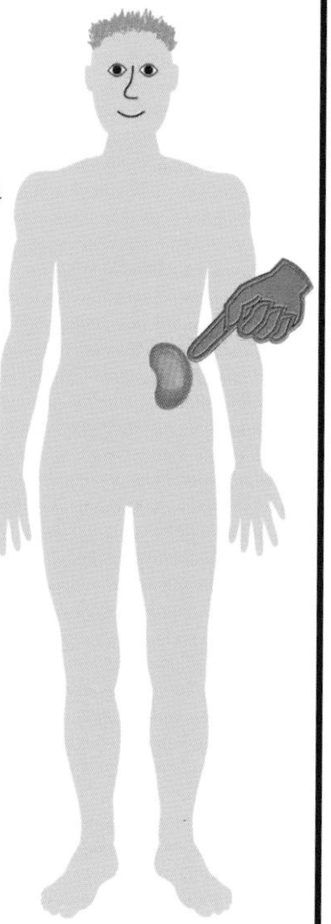

Angen Dysgu Hyn A Dyna Hi am yr Adran Ddiddorol Hon...

Newyddion da. Dyma'r dudalen olaf am fodau dynol a'u problemau iechyd. Tybed pam y mae hwyaid yn fwy iach? Beth bynnag, does gennych ddim amser i boeni am bethau felly – rhaid paratoi ar gyfer yr Arholiad. *Dysgwch ac ysgrifennwch...*

Crynodeb Adolygu ar gyfer Adran 3

Gall rhannau o Adran 3 fod yn anodd eu deall. Ond mae'n werth eu dysgu er mwyn ennill marciau yn yr Arholiad. Lluniwyd y cwestiynau canlynol i brofi'r hyn a wyddoch. Maen nhw'n go anodd, ond mae'n ffordd dda o adolygu. Rhowch gynnig ar y cwestiynau dro ar ôl tro. Os cewch drafferth, edrychwch eto ar y rhan berthnasol o Adran 3 a dysgwch yr atebion ar gyfer y tro nesaf.

1) Lluniwch ddiagram o'r corff a labelwch y pum man lle y cynhyrchir hormonau. Rhowch fanylion am yr hyn a wneir gan bob hormon.
2) Diffiniwch hormonau yn gywir. Beth yw chwarren endocrin?
3) Rhowch bedwar o fanylion i gymharu nerfau â hormonau.
4) Beth sy'n digwydd gydag inswlin pan fydd siwgr gwaed yn rhy uchel ac yn rhy isel?
5) Lluniwch ddiagramau i ddangos beth yn union sy'n digwydd yn y ddau achos.
6) Beth sy'n digwydd gyda chlefyd siwgr? Beth yw'r ddau fath o driniaeth? Cymharwch nhw.
7) Rhowch fanylion cryno am y pedwar cam yng nghylchred fislifol benywod.
8) Brasluniwch y diagram sy'n dangos cyflwr leinin y groth yn ystod pob cam.
9) Rhowch fanylion llawn am yr hormonau a ddefnyddir: a) i hybu ffrwythlondeb b) yn 'y bilsen'.
10) Beth yw'r ddau brif hormon sy'n ymwneud â chylchred fislifol benywod?
11) Brasluniwch y diagram sy'n dangos leinin y groth a lefelau'r ddau dros y 28 diwrnod.
12) <u>RHAI BYRDDAU ARHOLI YN UNIG</u>: Pa ddau hormon arall sy'n ymwneud â hyn? Ble maen nhw'n tarddu? Lluniwch graffiau yn dangos lefelau'r ddau ac eglurwch yr hyn a wnânt.
13) Beth yw'r ddau fath o ficrobau? Pa mor fawr ydynt o'u cymharu â chell bod dynol?
14) Sut y mae bacteria'n eich gwneud chi'n sâl? Brasluniwch dri bacteriwm cyffredin.
15) Beth y mae firysau'n ei wneud y tu mewn i chi i atgynhyrchu? Defnyddiwch frasluniau.
16) Beth yw'r pum ffordd y gall microbau ddod i mewn i'n cyrff?
17) Rhowch fanylion am yr amddiffynfeydd sydd gennym rhag y pum ffordd hyn o ddod i mewn.
18) Beth yw ystyr eich 'system imiwn'? Beth yw'r rhan bwysicaf ohoni?
19) Rhestrwch y tair ffordd y gall celloedd gwyn y gwaed ymdrin â microbau sy'n ymwthio i'ch corff.
20) Rhowch fanylion llawn am y broses imiwneiddio. Sut y mae'n gweithio?
21) Beth yw gwrthfiotigau? Ar beth y byddant yn gweithio? Ar beth na fyddant yn gweithio?
22) Beth yw'r ddau fath o gaethiwed i gyffuriau?
23) Rhestrwch y pum math gwahanol o 'gyffur' gydag enghreifftiau o bob un. Rhestrwch beryglon pob math.
24) Eglurwch beryglon yfed alcohol. Eglurwch pam nad yw ysmygu'n beth gwych.
25) Rhestrwch yn fanwl y pum problem iechyd mawr sy'n deillio o ysmygu.
26) Diffiniwch homeostasis yn gywir. Beth yw'r chwe lefel gorfforol sy'n ymwneud â hyn?
27) Lluniwch ddiagram o'r corff yn dangos yr wyth organ sy'n ymwneud â homeostasis.
28) Beth yn union y mae pob un o'r organau hyn yn ei wneud i helpu?
29) Beth yw'r tri phrif beth y mae'r croen yn ei wneud ar eich cyfer?
30) Pa dymheredd y mae ein hensymau corfforol yn ei hoffi?
31) Pa organ sy'n canfod tymheredd y corff? Sut y mae'n dweud wrth y croen amdano?
32) Lluniwch ddiagramau yn dangos y tri pheth a wna'r croen pan fyddwn a) yn rhy dwym b) yn rhy oer.
33) Beth yw swyddogaeth sylfaenol yr arennau? Pa dri pheth penodol y byddant yn ymdrin â nhw?
34) Eglurwch yn fanwl yr hyn y mae'r aren yn ei wneud ynglŷn â'r tri pheth hyn.
35) Brasluniwch aren i ddangos lle mae neffron. Yna lluniwch yn fras ddiagram mwy o neffron.
36) Labelwch y prif rannau ohono a disgrifiwch y tair prif broses a lle maen nhw'n digwydd.
37) Beth yw ADH? Ble mae'n cael ei gynhyrchu?
38) Lluniwch ddiagramau i egluro sut y mae ADH yn ymwneud â rheoli faint o ddŵr sydd yn y gwaed.
39) Beth yw'r ddwy driniaeth ar gyfer methiant yr arennau? Rhowch fanteision ac anfanteision y ddwy.

Amrywiadau mewn Planhigion ac Anifeiliad

Ystyr y gair '*AMRYWIAD*' yw sut y mae anifeiliaid neu blanhigion o'r un rhywogaeth yn *edrych neu'n ymddwyn yn wahanol i'w gilydd*. Hynny yw, ychydig yn *dalach* neu ychydig yn *dewach* neu ychydig yn fwy *dychrynllyd i edrych arno* ac yn y blaen.
Mae *dau* ffactor sy'n achosi amrywiad: *Amrywiadau Genetig* ac *Amrywiadau Amgylcheddol*.

1) Amrywiadau Genetig

Byddwch yn gwybod hyn eisoes. Mae *pob anifail* (gan gynnwys bodau dynol) yn siŵr o fod *ychydig yn wahanol* i'w gilydd am fod eu *GENYNNAU* ychydig yn wahanol.Genynnau yw'r cod sydd ym mhob un o'ch celloedd a fydd yn pennu'r math o gorff fydd gennych. Mae gan bawb set o enynnau sydd ychydig yn wahanol.
Yr *eithriadau* i'r rheol hon yw *efeilliaid unfath*, am fod eu genynnau nhw yn *union yr un fath*. Ond dyw hyd yn oed efeilliaid unfath ddim yn *gwbl unfath* – a hynny oherwydd y ffactor arall:

2) Amrywiadau Amgylcheddol a welir mewn Efeilliaid

Os nad ydych yn siŵr o ystyr '*amgylchedd*', cofiwch y term '*magwraeth*' – sydd fwy neu lai yr un peth - sut a ble y cawsoch eich magu.
Rydym yn gwybod bod *genynnau'r efeilliaid* yr *un fath*. Felly, *rhaid* bod unrhyw wahaniaethau rhyngddynt yn cael eu hachosi gan wahaniaethau bach *yn eu hamgylchedd* drwy gydol eu hoes.
Mae efeilliaid yn rhoi syniad go dda i ni o bwysigrwydd y *ddau ffactor* (genynnau ac amgylchedd), o'u *cymharu â'i gilydd*, ar gyfer anifeiliaid o leiaf – mae planhigion bob amser yn dangos *llawer mwy o amrywiadau* o ganlyniad i wahaniaethau yn eu hamgylchedd nag y gwna anifeiliaid, fel yr eglurwn isod.

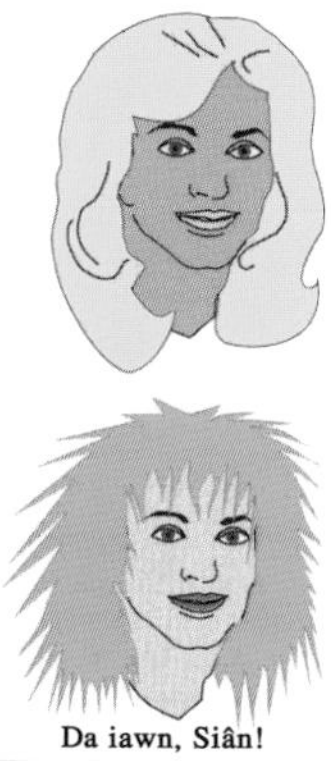
Da iawn, Siân!

Mae Amrywiadau Amgylcheddol mewn Planhigion yn Fwy o Lawer

Mae'r canlynol yn *effeithio'n helaeth* ar *BLANHIGION*:
1) *Tymheredd* 2) *Golau haul* 3) *Lefel y lleithder* 4) *Cyfansoddiad y pridd*
Er enghraifft, gall planhigion dyfu *ddwywaith gymaint* neu *ddwywaith mor gyflym* o ganlyniad i newidiadau *gweddol ddi-nod* yn yr amgylchedd, megis faint o *olau haul* neu faint o *law* a gânt, neu pa mor *gynnes* yw hi neu pa fath o *bridd* sydd yno.
Ar y llaw arall, gallai cath a anwyd ac a fagwyd yng ngogledd Cymru, er enghraifft, gael ei hanfon i fyw ger y cyhydedd yn Affrica ac ni fyddai'n dangos unrhyw newidiadau sylweddol - byddai'n edrych yr un fath, yn bwyta'r un fath ac yn y blaen.

Profi am Effeithiau'r Amgylchedd ar Blanhigion

Ai oherwydd eu hamgylchedd y maent yn wahanol?

Mewn sawl math o blanhigyn mae'n bosibl cynhyrchu *clonau*, sy'n *genetig unfath* â'i gilydd, yn debyg i efeilliaid.
Yna gallwch roi planhigion fel hyn o dan wahanol amodau i weld yr effaith arnynt, gan wybod y bydd *unrhyw wahaniaethau yn eu hymddangosiad* yn gyfan gwbl yn ganlyniad *i'r amgylchedd*.
Gyda *phlanhigion cyffredin* (*NAD* ydynt yn glonau) rhaid *arbrofi* i weld faint mae'r amgylchedd yn effeithio arnynt. Felly, gall cwestiynau Arholiad am blanhigion fod yn ddigon anodd:

> '*Os yw dau blanhigyn tebyg sy'n tyfu nesaf at ei gilydd o faint gwahanol, beth yw'r rheswm dros hyn – amrywiad genetig neu wahaniaethau yn yr amgylchedd?*'

Yr ateb yw y gallai fod y naill neu'r llall! I wybod, rhaid cynnal un o'r ddau *BRAWF* canlynol:

1) *PLANNU DAU BLANHIGYN NEWYDD* o'r *un rhywogaeth* yn yr *un safle* a gweld a fydd yr *un peth* yn digwydd. Os ydy'r un lle yn rhoi planhigyn llai *eto*, mae'n *debyg* bod y gwahaniaeth mewn maint yn ganlyniad i wahaniaethau yn yr amgylchedd rhwng y ddau safle.
2) Plannu'r *DDAU BLANHIGYN GWREIDDIOL* mewn *man arall* a gweld a fyddant yn tyfu'n fwy tebyg i'w gilydd. Os byddant, mae'n awgrymu mai gwahaniaethau yn yr *amgylchedd* a achosodd y gwahaniaethau yn eu twf.

Amrywiadau mewn Planhigion ac Anifeiliaid

Amrywiadau Amgylcheddol mewn Anifeiliaid

Maen nhw'n hoffi holi cwestiynau am *effeithiau'r amgylchedd ar anifeiliaid* mewn Arholiadau.
Yn aml byddan nhw'n gofyn *pa rai o nodweddion* bod dynol neu anifail anwes y GALLAI eu hamgylchedd (h.y. y ffordd y cawson nhw eu 'magu') effeithio arnynt.
Mewn gwirionedd bydd *magwraeth* yn effeithio ar *bron pob agwedd* ar fod dynol (neu anifail) mewn rhyw fodd, pa mor fach bynnag y bo. Mae'n haws rhestru'r ychydig ffactorau *na fydd* yr amgylchedd yn effeithio arnynt:

Nodweddion Anifeiliaid NA FYDD yr Amgylchedd yn Effeithio arnynt *o gwbl:*

1) *LLIW'R LLYGAID*
2) *LLIW'R GWALLT* yn y rhan fwyaf o anifeiliad (ond nid bodau dynol lle mae balchder yn chwarae rhan fawr)
3) *CLEFYDAU ETIFEDDOL* fel haemoffilia, ffibrosis y bledren, etc.
4) *GRŴP GWAED*

A dyna ni! *Dysgwch y pedwar hyn* rhag ofn iddyn nhw ofyn i chi.

Mae *POPETH ARALL* yn cael ei benderfynu gan *GYMYSGEDD* o ffactorau *genetig* ac *amgylcheddol*:
Pwysau'r corff, taldra, lliw'r croen, cyflwr y dannedd, gallu academaidd neu athletaidd, ayb.

Y *peth anodd* yw gweld *pa mor bwysig* y mae ffactorau amgylcheddol ar gyfer y nodweddion eraill hyn. Er enghraifft, dychmygwch fod yr ysbyty wedi gwneud camgymeriad ac y cawsoch eich magu mewn cartref cwbl wahanol i'ch cartref chi. Pa mor wahanol fyddech chi'n awr? Nid yw'n hawdd dweud faint o'ch corffoledd ac (yn bwysicach) faint o'ch personoliaeth sy'n ganlyniad i enynnau a faint sy'n ganlyniad i fagwraeth (amgylchedd).

Amrywiadau Parhaol ac Amharhaol:

AMRYWIADAU PARHAOL: Gall y nodwedd amrywio o fewn *amrediad parhaol o werthoedd*.

Mae amrywiadau parhaol yn cyfeirio at bethau fel *taldra* neu *bwysau* neu *liw'r croen*, lle gall fod iddo *unrhyw werth* (o fewn rheswm).
Er enghraifft, gallai pwysau ci fod yn *unrhyw beth* rhwng, dyweder, 2kg a 60 kg:
5.3kg, 24.2kg, 24.23kg, 24.233kg, 35.1kg, etc.

AMRYWIADAU AMHARHAOL: Dim ond *un o sawl dewis* y gall y nodwedd ei gymryd.

Mae amrywiadau amharhaol yn cyfeirio at bethau fel *lliw'r llygaid* neu'r *grŵp gwaed,* sydd ag *ychydig yn unig o ddewisiadau pendant*, yn hytrach nag amrediad parhaol o bosibiliadau.
Er enghraifft, dim ond *glas neu frown neu wyrdd neu winau* (*hazel*) y gall llygaid fod. Allan nhw ddim fod yn frownlas neu'n wyrddlas, ac yn y blaen.

Dwy enghraifft arall yw *GWRTHIANT I GLEFYD MEWN DAIL* ac *ARWYNEBEDD DAIL*. Mae'r naill yn dangos amrywiad parhaol a'r llall yn dangos amrywiad amharhaol. P'un yw p'un?

Mewn amgylchedd pleserus dysgwch y ffeithiau...

Mae chwe adran ar y ddwy dudalen hyn. Pan gredwch eich bod wedi dysgu'r cyfan, *cuddiwch y tudalennau* a lluniwch *draethawd byr* am bob adran. Yna *edrychwch* i weld pa bwyntiau pwysig a anghofiwyd. Mae'r inc lliw'n amlygu'r darnau pwysig.

Geneteg: Gormod o Eiriau Ffansi

Dyma restr o eiriau ffansi a ddefnyddir mewn *geneteg* ynghyd â'u hystyr. Mae'n anodd iawn dysgu *unrhyw beth* ynglŷn â geneteg os nad ydych yn gwybod ystyr y geiriau a ddefnyddir. Felly, *dysgwch* ystyr y geiriau hyn gyntaf. *Bydd hynny'n gwneud gwahaniaeth mawr.*

DNA — y *moleciwl* sy'n cynnwys *genynnau*. Siâp tebyg i *helics dwbl* (sbiral) sydd iddo.

Cromosomau — y pethau ar *siâp X* a geir yng *nghnewyllyn y gell*. Mae'r breichiau'n cynnwys *torchau hir iawn o DNA*, felly mae cromosomau hefyd yn cynnwys *genynnau*.

Cromatidau — *breichiau gwahanol* y *cromosomau* ar siâp X.

Sentromer — y darn yng *nghanol* y cromosomau lle mae'r breichiau'n *uno*.

Genyn — *darn o foleciwl DNA*. Mae hefyd yn rhan o *fraich* cromosom.

Alel — *genyn* yw hwn hefyd. Pan fydd gennych *ddau fersiwn gwahanol* o'r un genyn, rhaid eu galw'n *alelau* yn hytrach na genynnau. (Mae hyn yn synhwyrol.)

Trechol — mae hyn yn cyfeirio at *alel* neu *genyn*. Yr alel trechol yw'r alel fydd yn *pennu'r* nodwedd fydd yn ymddangos. Mae'n *drech na'r alel enciliol* ar y cromosom arall.

Enciliol — yr *alel na fydd* fel rheol yn effeithio ar sut olwg fydd ar yr organeb am fod yr alel trechol yn *drech* nag ef.

Homosygaidd — unigolyn sydd â *dau alel yr un fath* ar gyfer y genyn arbennig hwnnw, e.e. *HH* neu *hh*.

Heterosygaidd — unigolyn sydd â dau *alel gwahanol* ar gyfer y genyn arbennig hwnnw, e.e. *Hh*.

Genoteip — *disgrifiad* o'r *genynnau* sydd gennych, e.e. *Mm* neu *RR*.

Ffenoteip — y disgrifiad o'ch *priodoleddau corfforol* o ganlyniad i'r genynnau dan sylw, h.y. mae eich *ffenoteip* yn disgrifio *canlyniad corfforol* (e.e. 'Moel') eich *genoteip* (e.e. 'bb').

Mitosis — y broses o *gellrannu* lle mae un gell yn ymrannu'n *ddwy gell unfath*.

Meiosis — y broses arall o *gellrannu* sy'n *creu sberm neu gelloedd wyau*. Dim ond yn yr *ofarïau* neu'r *ceilliau* y mae meisosis yn digwydd.

Diploid — y disgrifiad o *gelloedd* sydd â'r 46 cromosom *i gyd*, h.y. y *DDWY* set o 23.

Haploid — y disgrifiad o gelloedd sydd â *hanner* y cromosomau yn unig, h.y. 23.

Gamet — naill ai *cell sberm* neu *gell wy*.

Mae pob *gamet* yn *haploid* – dim ond 23 cromosom sydd ganddynt.

Sygot — yr enw a roddir ar bob bywyd dynol sydd newydd gael ei ffurfio, yn union ar ôl i'r gametau *ymasu â'i gilydd* adeg ffrwythloni.

Gormod o eiriau ffansi, ond rhaid i chi eu dysgu...

Cuddiwch y rhan dde o'r dudalen ac ysgrifennwch ddisgrifiad ar gyfer pob gair. Yna gwiriwch eich atebion a daliwch ati i ymarfer hyd nes y gallwch gael y cyfan yn gywir.

Genynnau, Cromosomau a DNA

I lwyddo gyda'r pwnc hwn rhaid dysgu'r geiriau hyn a'u hystyr. *Rhaid i chi sicrhau eich bod yn gwybod* beth yn union yw *DNA*, beth yw *cromosomau* a ble maen nhw, a beth yw *genyn* a ble mae *genyn*. Os na wnewch chi hynny, wnewch chi ddim deall gweddill y wybodaeth a gewch amdanynt.

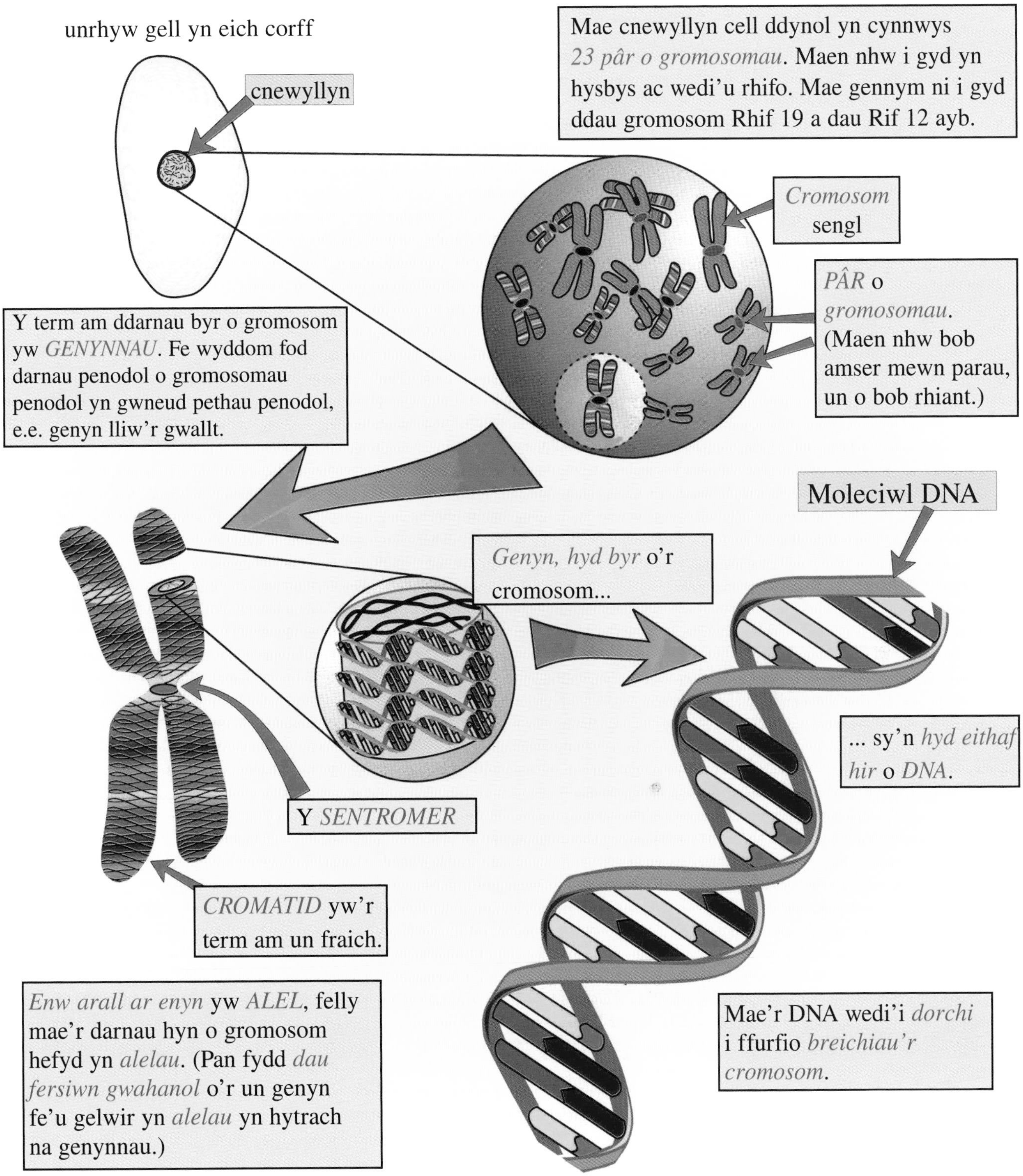

unrhyw gell yn eich corff
cnewyllyn
Mae cnewyllyn cell ddynol yn cynnwys 23 pâr o gromosomau. Maen nhw i gyd yn hysbys ac wedi'u rhifo. Mae gennym ni i gyd ddau gromosom Rhif 19 a dau Rif 12 ayb.
Cromosom sengl
PÂR o gromosomau. (Maen nhw bob amser mewn parau, un o bob rhiant.)
Y term am ddarnau byr o gromosom yw GENYNNAU. Fe wyddom fod darnau penodol o gromosomau penodol yn gwneud pethau penodol, e.e. genyn lliw'r gwallt.
Moleciwl DNA
Genyn, hyd byr o'r cromosom...
... sy'n hyd eithaf hir o DNA.
Y SENTROMER
CROMATID yw'r term am un fraich.
Mae'r DNA wedi'i dorchi i ffurfio breichiau'r cromosom.
Enw arall ar enyn yw ALEL, felly mae'r darnau hyn o gromosom hefyd yn alelau. (Pan fydd dau fersiwn gwahanol o'r un genyn fe'u gelwir yn alelau yn hytrach na genynnau.)

Ni fydd dysgu hyn yn anodD NA fydd wir...

Rydych yn gwybod y drefn. *Cuddiwch y dudalen* a *nodwch ar bapur* y diagramau a'r manylion.

Cellraniad Cyffredin: Mitosis

'Ystyr MITOSIS yw cell yn ei hatgynhyrchu ei hun drwy *ymrannu* i ffurfio *dwy epilgell unfath*.'

Mae'r modd y mae'r cromosomau'n ymrannu o fewn y gell yn ddiddorol tu hwnt...

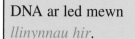

DNA ar led mewn *llinynnau hir*.

Mae'r DNA yn ffurfio cromosomau. Cofiwch fod y *breichiau dwbl* eisoes wedi'u dyblygu eu hunain, h.y. yn *ddyblygebau*.

Mae'r cromosomau'n mynd mewn rhes yn y canol ac yna mae *ffibrau'r gell yn eu tynnu ar wahân*.

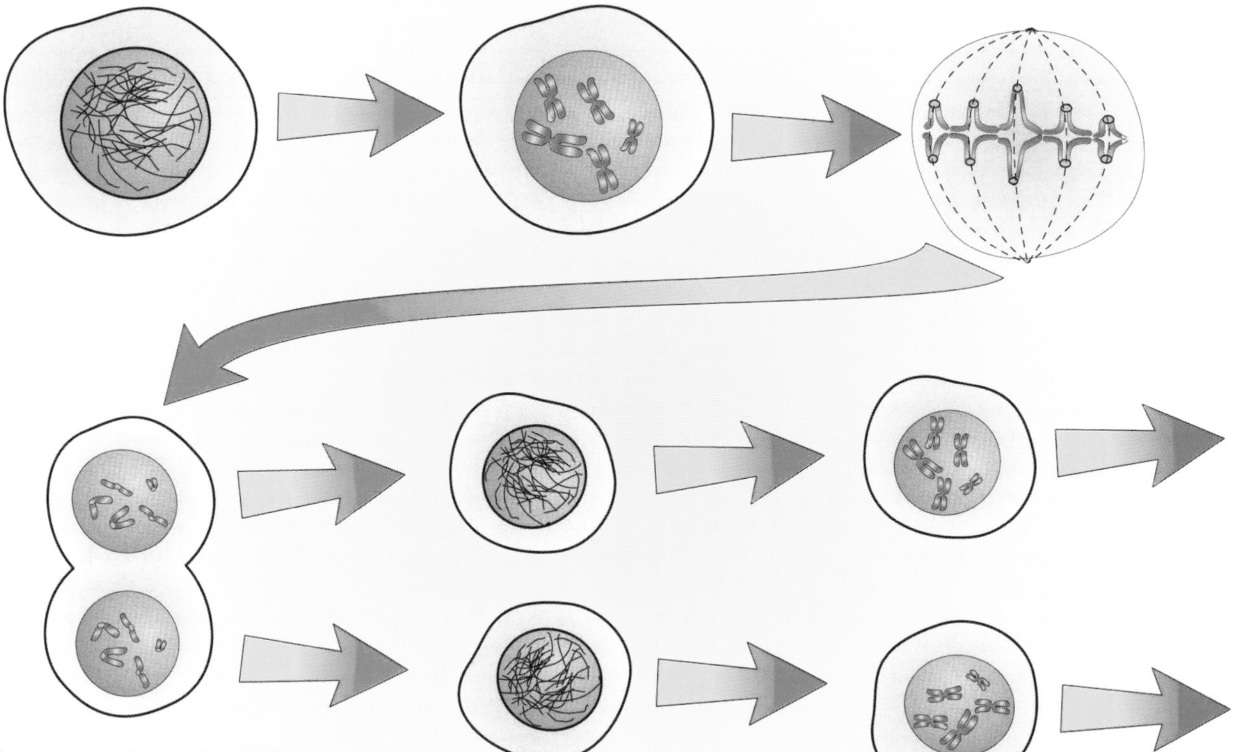

Mae *pilenni'n ffurfio* o amgylch y ddwy set o edafedd cromosomau. Y rhain fydd *cnewyll* y ddwy epilgell.

Mae'r edafedd yn *dad-ddirwyn* yn llinynnau hir o DNA ac yna mae'r broses yn ailgychwyn.

(Sylwch fod yr edafedd cromosomau sengl erbyn hyn wedi eu dyblygu eu hunain — gweler y dudalen nesaf.)

Mitosis ac *Atgynhyrchu Anrhywiol*

Mae *MITOSIS* yn cynhyrchu celloedd newydd sydd *yr un fath* â'r gell wreiddiol.
Dyma sut y mae pob anifail a phlanhigyn yn *tyfu*. Mae eu celloedd yn *ymrannu* ac yn lluosi drwy'r broses *mitosis*. Ond mae rhai organebau hefyd yn *atgynhyrchu* gan ddefnyddio mitosis. Enghraifft dda yw *bacteria*. Gelwir hyn yn atgynhyrchu anrhywiol. Dyma *DDIFFINIAD* ohono i chi ei ddysgu:

Gydag *ATGYNHYRCHU ANRHYWIOL* dim ond *UN* rhiant sydd, ac felly mae gan yr epil yr *un genynnau yn union* â'r rhiant (h.y. clonau ydynt — gweler tud. 70).

Y rheswm dros hyn yw bod yr holl gelloedd *yn y rhiant a'r epil* wedi'u cynhyrchu o'i gilydd drwy *fitosis*, felly rhaid bod *genynnau unfath* ganddynt i gyd yng nghnewyll eu celloedd.
Mae rhai *planhigion* yn atgynhyrchu'n anrhywiol, e.e. tatws, mefus a chennin Pedr (gweler tud. 70).

Mae angen dysgu'r gwaith a'i atgynhyrchu...

Mae angen *dysgu* diffiniad mitosis a'r gyfres o ddiagramau a diffiniad *atgynhyrchu anrhywiol. Cuddiwch y dudalen*, *ysgrifennwch* y diffiniadau a brasluniwch y diagramau. *Peidiwch â phoeni* am daclusrwydd yn awr. Rhaid gweld a ydych wedi *dysgu'r cyfan*.

Dyblygiad DNA mewn Mitosis

Cyfarwyddiadau Cemegol yw Genynnau

1) *Hyd o DNA yw genyn.*
2) Rhestr hir o *gyfarwyddiadau* ynglŷn â sut i roi'r organeb at ei gilydd a *gwneud iddi weithio* yw DNA.
3) Mae pob *genyn gwahanol* yn *gyfarwyddyd cemegol* gwahanol i fath arbennig o gell.
4. Mae celloedd yn gwneud *proteinau* drwy gydio *asidau amino* wrth ei gilydd mewn trefn arbennig.
5) Dim ond tua *20 asid amino gwahanol* sydd, ond maen nhw'n ffurfio *miloedd* o *broteinau* gwahanol.
6) Mae genynnau'n dweud wrth gelloedd *ym mha drefn* i roi'r asidau amino at ei gilydd.
7) Mae hynny'n pennu pa *broteinau* y bydd y gell yn eu cynhyrchu, e.e. haemoglobin, ceratin, ayb.
8) Mae hynny yn ei dro yn pennu *pa fath o gell* yw, e.e. cell goch y gwaed, cell y croen, ayb.

Mae DNA yn ei Ddyblygu ei Hun i ffurfio Cromosomau

Ar ôl mitosis, mae'r hanner cromosomau'n *dad-ddirwyn* yn llinynnau hir iawn o DNA...

... sydd wedyn yn mynd ati i'w *dyblygu* eu hunain:

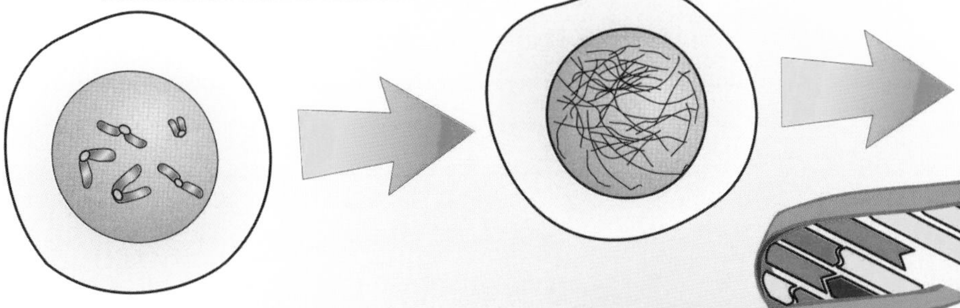

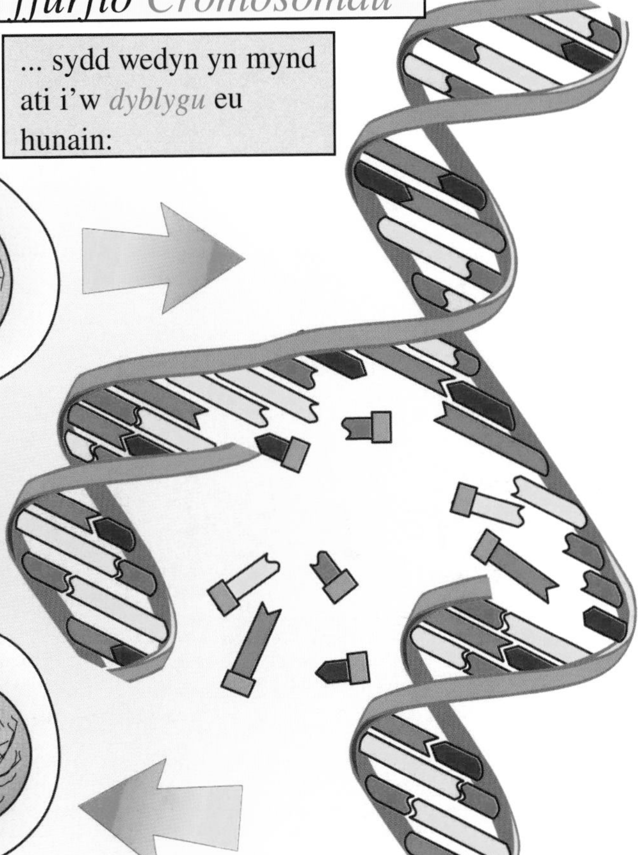

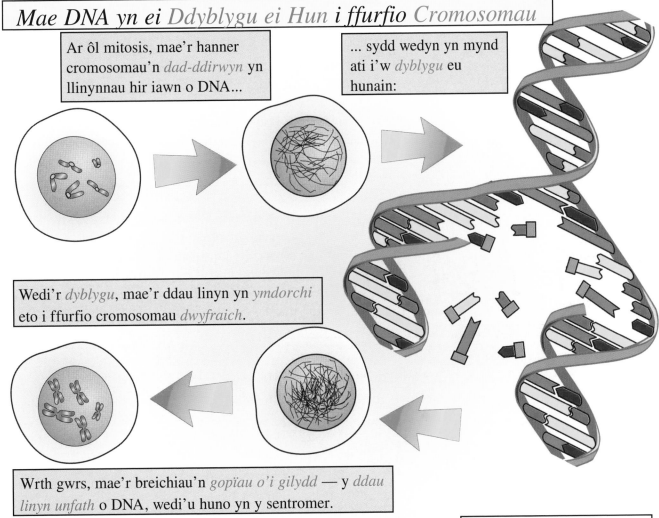

Wedi'r *dyblygu*, mae'r ddau linyn yn *ymdorchi* eto i ffurfio cromosomau *dwyfraich*.

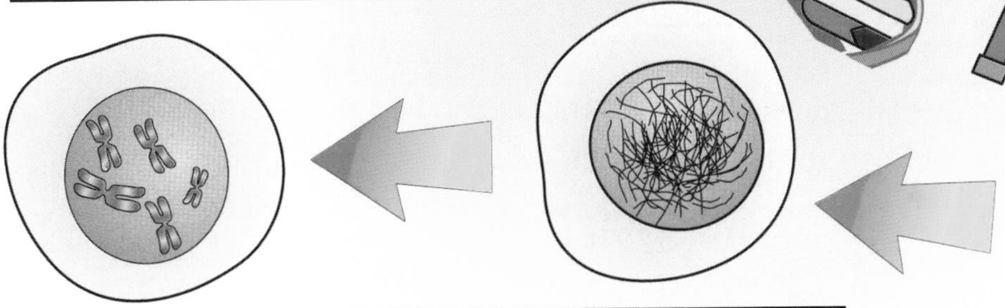

Wrth gwrs, mae'r breichiau'n *gopïau o'i gilydd* — y *ddau linyn unfath* o DNA, wedi'u huno yn y sentromer.

Y Basau Pâr sy'n gwneud i'r cyfan weithio

Fel y gwelir yn y diagram, mae helics dwbl y DNA wedi'i ffurfio o *bedwar 'bas'* gwahanol yn unig. Mae'r basau hyn *BOB AMSER* yn gorfod paru'n ***A-T*** ac ***S-G***. Felly, wrth i'r DNA ddad-ddirwyn, ni fydd basau newydd (sy'n nofio yn y cnewyllyn) yn ymgydio *ond lle byddan nhw'n ffitio* ac (fel y gwelir yn y diagram) mae hyn yn sicrhau y bydd y llinynnau DNA newydd yn *cyfateb yn union i'r gwreiddiol*.

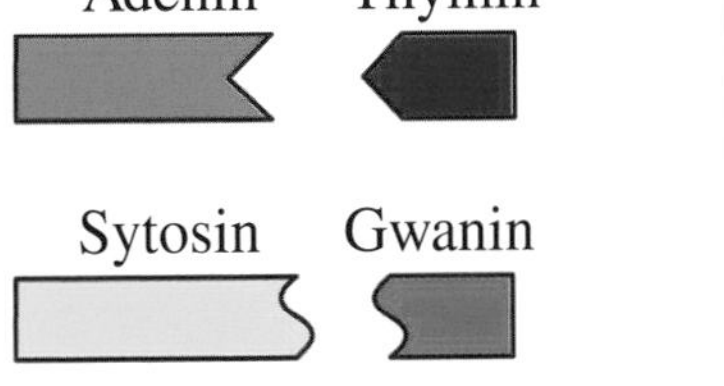
Adenin
Thymin
Sytosin
Gwanin
(Yn aml: A, T, S a G)

Mwy o wybodaeth a diagramau i'w cofio a'u dyblygu...

Mae'r diagramau'n gwneud y gwaith hwn yn hawdd ei gofio.

Yr un yw'r drefn. *Cuddiwch y dudalen* ac *ysgrifennwch* fanylion y tair adran.

Cynhyrchu Gametau: Meiosis

Y math arall o gellraniad yw *meiosis*. Dim ond yn yr *organau atgenhedlu* (yr ofarïau a'r ceilliau) y mae hyn yn digwydd.

> Mae *MEIOSIS* yn cynhyrchu *'celloedd sydd â hanner y nifer priodol o gromosomau'*.
> Term arall am gelloedd fel hyn yw *'gametau haploid'*.

Mae'r celloedd hyn yn 'enetig wahanol' i'w gilydd am fod *y genynnau i gyd yn cael eu cymysgu* yn ystod meiosis a bod pob gamet yn cael *hanner ohonynt* yn unig, wedi'u dewis ar hap.
Bydd y diagramau isod yn gwneud hyn yn gliriach - ond rhaid eu *hastudio'n* fanwl.

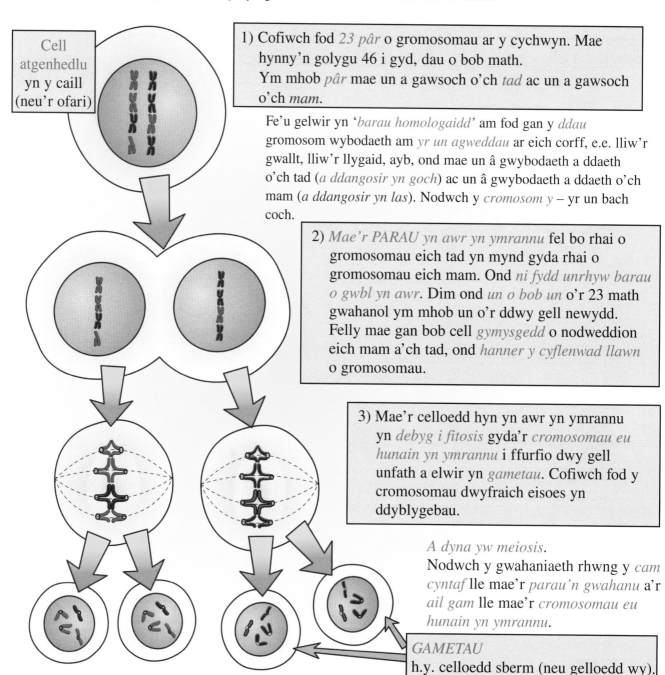

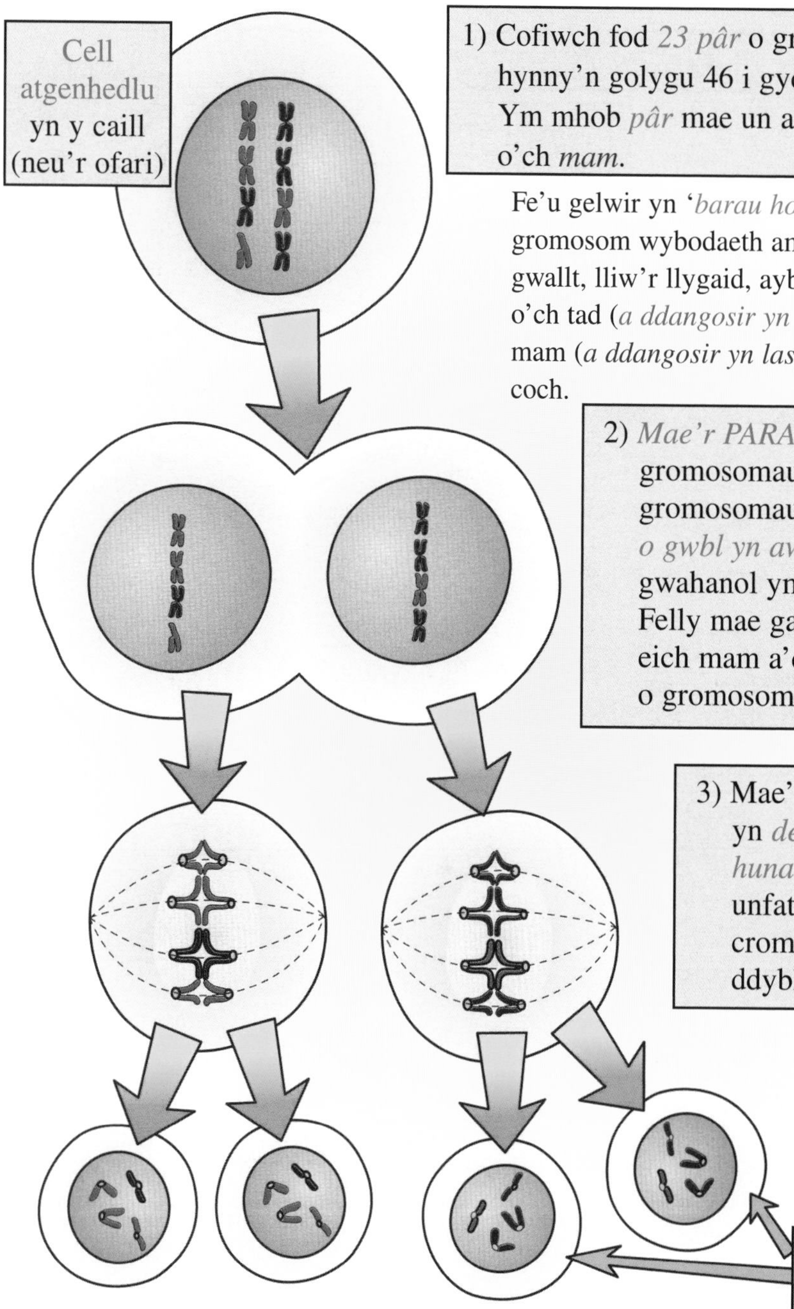
Cell atgenhedlu yn y caill (neu'r ofari)

1) Cofiwch fod *23 pâr* o gromosomau ar y cychwyn. Mae hynny'n golygu 46 i gyd, dau o bob math. Ym mhob *pâr* mae un a gawsoch o'ch *tad* ac un a gawsoch o'ch *mam*.

Fe'u gelwir yn '*barau homologaidd*' am fod gan y *ddau* gromosom wybodaeth am *yr un agweddau* ar eich corff, e.e. lliw'r gwallt, lliw'r llygaid, ayb, ond mae un â gwybodaeth a ddaeth o'ch tad (*a ddangosir yn goch*) ac un â gwybodaeth a ddaeth o'ch mam (*a ddangosir yn las*). Nodwch y *cromosom y* – yr un bach coch.

2) *Mae'r PARAU yn awr yn ymrannu* fel bo rhai o gromosomau eich tad yn mynd gyda rhai o gromosomau eich mam. Ond *ni fydd unrhyw barau o gwbl yn awr*. Dim ond *un o bob un* o'r 23 math gwahanol ym mhob un o'r ddwy gell newydd. Felly mae gan bob cell *gymysgedd* o nodweddion eich mam a'ch tad, ond *hanner y cyflenwad llawn* o gromosomau.

3) Mae'r celloedd hyn yn awr yn ymrannu yn *debyg i fitosis* gyda'r *cromosomau eu hunain yn ymrannu* i ffurfio dwy gell unfath a elwir yn *gametau*. Cofiwch fod y cromosomau dwyfraich eisoes yn ddyblygebau.

A dyna yw meiosis.
Nodwch y gwahaniaeth rhwng y *cam cyntaf* lle mae'r *parau'n gwahanu* a'r *ail gam* lle mae'r *cromosomau eu hunain yn ymrannu.*

GAMETAU
h.y. celloedd sberm (neu gelloedd wy).

Meiosis? Meio braidd yn anodd, ond does dim angen pryderu...

Yr unig ffordd i ddysgu'r dudalen hon yw drwy gyfeirio'n gyson at y diagram. Gwnewch yn siŵr y gallwch fraslunio pob rhan ohono o'ch cof. Ysgrifennwch nodiadau i egluro pob cam. Daliwch ati nes i chi lwyddo.

Ffrwythloni: Gametau'n Cyfarfod

Mae 23 Pâr o Gromosomau Dynol

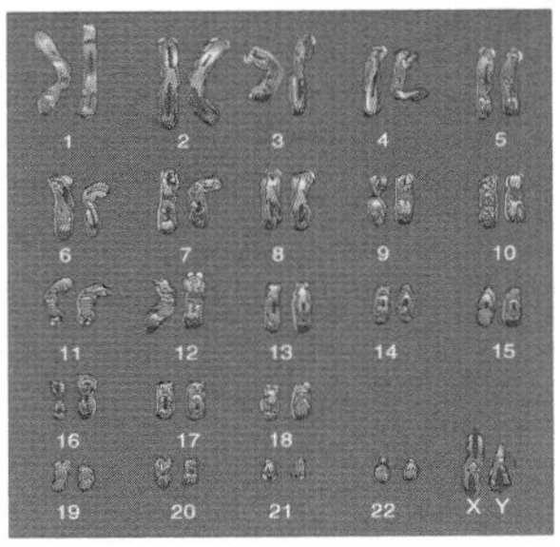
1
2
3
4
5
6
7
8
9
10
11
12
13
14
15
16
17
18
19
20
21
22
X Y

Maen nhw'n hysbys ac wedi'u rhifo. Yng *nghnewyllyn pob cell* mae gennym *ddau o bob math*. Mae'r diagram yn dangos y 23 pâr o gromosomau o gell bod dynol. Mae *un* cromosom ym *mhob pâr* wedi'i etifeddu o *bob rhiant*. Mae gan gorffgelloedd normal 46 cromosom, sef *23 pâr homologaidd*.

Ystyr '*homologaidd*' yw bod y ddau gromosom ym mhob pâr yn *cyfateb* i'w gilydd. Hynny yw, mae'r cromosomau rhif 19 o'ch ddau riant yn *paru â'i gilydd*, fel y gwna'r cromosomau rhif 17 ayb. Yr hyn *na chewch* yw'r cromosom rhif 12 o'r naill riant yn paru â, dyweder, y cromosom rhif 5 o'r llall.

Mae Celloedd Atgenhedlu yn mynd trwy Feiosis i Gynhyrchu Gametau:

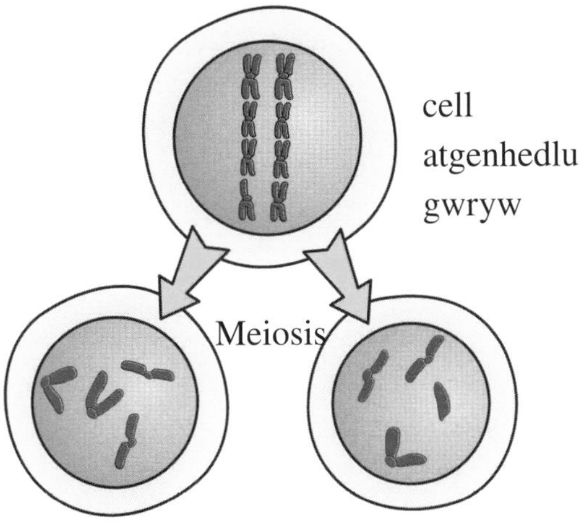
cell
atgenhedlu
gwryw
Meiosis

gametau gwryw - h.y. sberm

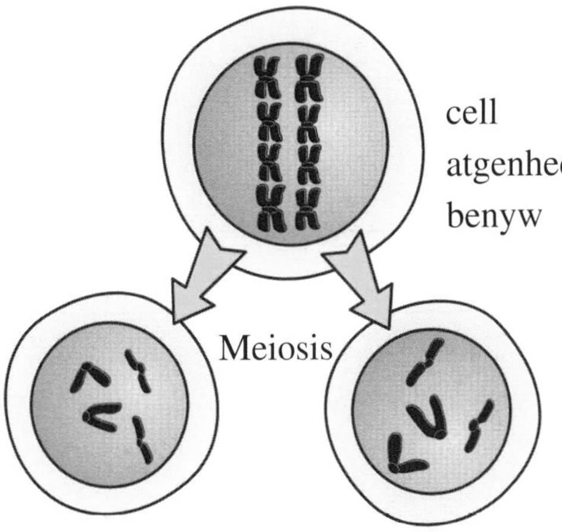
cell
atgenhedlu
benyw
Meiosis

gametau benyw - h.y. wyau

Cofiwch fod gan y *gametau un cromosom* yn unig i ddisgrifio pob darn ohonoch, *un copi* o bob un o'r cromosomau wedi'u rhifo 1 i 23. Ond mae angen dau gromosom o bob math ar *gell normal* – un o *bob rhiant*, felly...

Ffrwythloni:

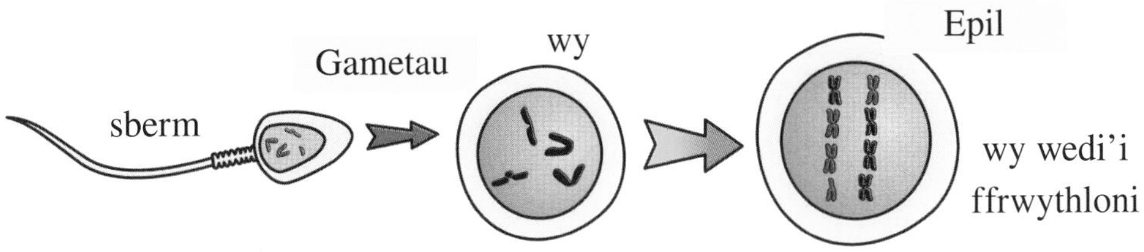
Gametau
sberm
wy
Epil
wy wedi'i
ffrwythloni

PAN FYDD Y GAMETAU'N CYFARFOD yn ystod ffrwythloni, bydd y 23 cromosom sengl mewn un gamet yn *paru* â'u 'partner gromosomau' priodol o'r gamet arall i ffurfio'r 23 pâr cyflawn eto, Rhif 4 gyda Rhif 4, Rhif 13 gyda Rhif 13, ayb.

Cofiwch fod y ddau gromosom mewn pâr yn *cynnwys yr un genynnau sylfaenol*, e.e. ar gyfer lliw'r gwallt, ayb. Pan fydd y cromosomau sengl yn *cyfarfod* yn ystod ffrwythloni, bydd pob un yn *chwilio* am yr un sy'n cyfateb iddo o'r gamet arall.

Yna bydd yr epil sy'n deillio o hyn yn derbyn ei *nodweddion allanol* fel *cymysgedd* o'r *ddwy* set o gromosomau. Felly bydd yn *etifeddu nodweddion* o'r *ddau riant*.

Dylai'r cyfan ddechrau dod at ei gilydd erbyn hyn...

O ddarllen y ddwy dudalen ddiwethaf fe ddylech weld sut y mae'r ddwy broses, meiosis a ffrwythloni, yn wrthgyferbyniol. Dylech *ymarfer braslunio'r* diagramau, ynghyd â nodiadau, ar gyfer y ddwy dudalen er mwyn deall a chofio'r cyfan.

Atgenhedlu Dynol

Rhaid i chi wybod enwau'r holl rannau a'r hyn y maent yn ei wneud.

Organau Atgenhedlu'r Fenyw

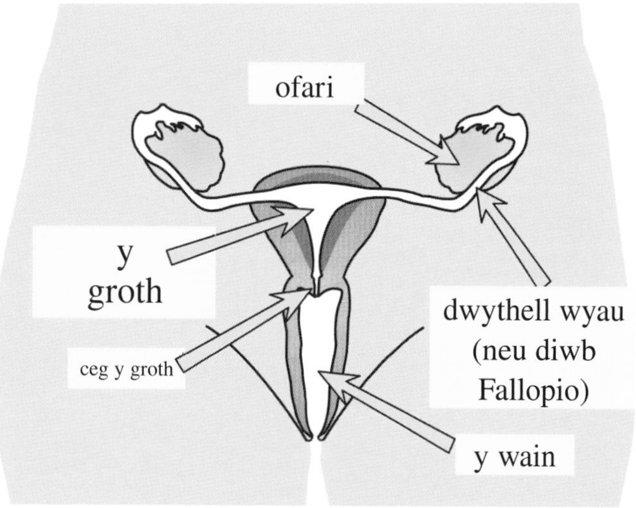
ofari
y groth
ceg y groth
dwythell wyau (neu diwb Fallopio)
y wain

1) Yn y *GROTH* y bydd y baban yn tyfu.

2) Mae'r *OFARIAU* yn cynhyrchu *wyau*, un bob mis. Maen nhw hefyd yn cynhyrchu'r *hormonau* sy'n rheoli'r *gylchred fislifol*.

3) Mae'r wyau'n mynd i lawr y *DDWYTHELL WYAU* i gyrraedd y groth. Os caiff wy ei *ffrwythloni* ar ei ffordd i lawr, bydd yn *glynu wrth leinin* y groth ac yn tyfu'n *ffoetws*.

4) *CEG Y GROTH* (*cervix*) yw'r fynedfa i'r groth.

Mae'r Gylchred Fislifol yn Digwydd Unwaith y Mis

Mae'r gylchred hon yn digwydd unwaith bob mis.
Diben y gylchred yw paratoi'r groth ar gyfer derbyn wy wedi'i ffrwythloni.
Rhoddir manylion llawn ar dud. 40 a 41, ond yn syml dyma sy'n digwydd:

1) Mae corff y fenyw yn *paratoi leinin y groth* i dderbyn wy wedi'i ffrwythloni (os bydd yna un), ac mae *wy'n cael ei ryddhau* o un o'r ofarïau.
2) Os *na* chaiff yr wy ei ffrwythloni, bydd leinin y groth yn *ymddatod* ac yn achosi 'gwaedu' am sawl diwrnod, cyn i'r gylchred ailddechrau.

Organau Atgenhedlu'r Gwryw

1) Mae'r *SBERM* yn cael ei wneud yn y *ceilliau*.

2) Mae'r *chwarren brostad* a'r *fesigl semenol* yn gwneud hylif i'r sberm nofio ynddo sy'n cynnwys 'egni' ar eu cyfer. Fe gaiff yr hylif hwn ei gymysgu â'r sberm wrth iddynt fynd heibio. Y term am y cymysgedd yma o sberm a hylif yw *semen*.

3) O dan rai 'amgylchiadau' bydd y semen yn mynd allan drwy'r *wrethra*.

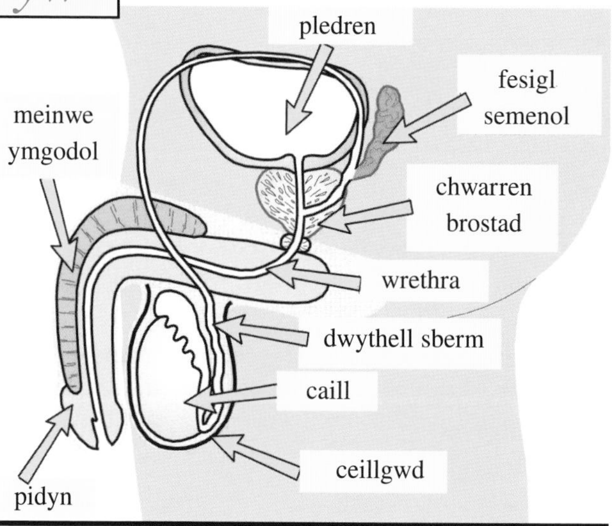
pledren
fesigl semenol
meinwe ymgodol
chwarren brostad
wrethra
dwythell sberm
caill
ceillgwd
pidyn

Gwybodaeth am atgenhedlu – yn awr yr atgynhyrchu...

FE WYDDOCH Y DREFN. Dysgwch y wybodaeth, cuddiwch y dudalen ac ysgrifennwch gymaint ag y medrwch ei gofio. Mae rhai darnau'n fwy anodd eu dysgu na'i gilydd. Dyna pam mae'r dull hwn o adolygu yn dda – mae'n canolbwyntio'r ymdrech ar y mannau *lle mae ei hangen*.

Ffrwythloni a'r Embryo

Ffrwythloni

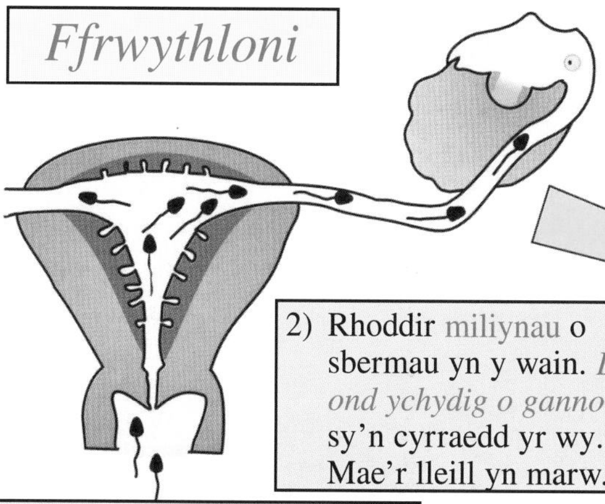

1) Mae *sbermau'n cael eu rhoi* yn y wain gan wryw ac maen nhw'n *nofio* i fyny drwy geg y groth ac i mewn i'r *dwythellau* wyau.

2) Rhoddir miliynau o sbermau yn y wain. *Dim ond ychydig o gannoedd* sy'n cyrraedd yr wy. Mae'r lleill yn marw.

3) Rhaid i ffrwythloni ddigwydd yn weddol bell i fyny'r ddwythell wyau, am nad yw'r wy ond yn goroesi am tua diwrnod.

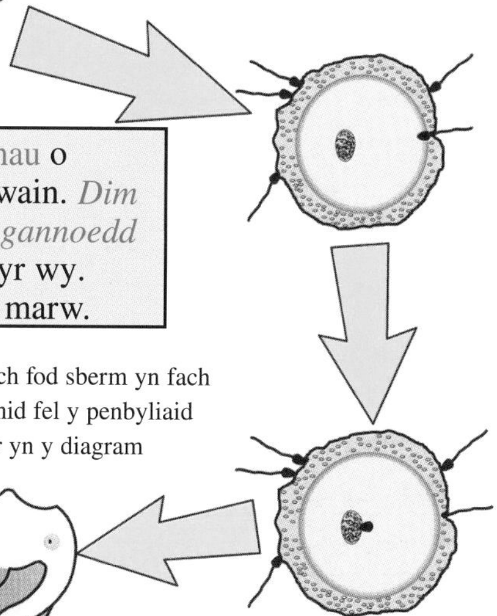

Cofiwch fod sberm yn fach iawn, nid fel y penbyliaid enfawr yn y diagram

4) Pan fydd y sbermau'n cyrraedd yr wy, byddan nhw'n *clystyru o'i amgylch* ac yn y pen draw bydd *un* ohonynt yn mynd trwy *bilen* yr wy.

5) Bydd pilen yr wy yn *newid ar unwaith* i atal rhagor o sbermau rhag mynd i mewn.

6) Pan fydd *cnewyllyn* y sberm llwyddiannus yn *ymasu* â chnewyllyn yr wy, bydd *ffrwythloni* wedi digwydd. Yna bydd *sygot* wedi'i gynhyrchu.

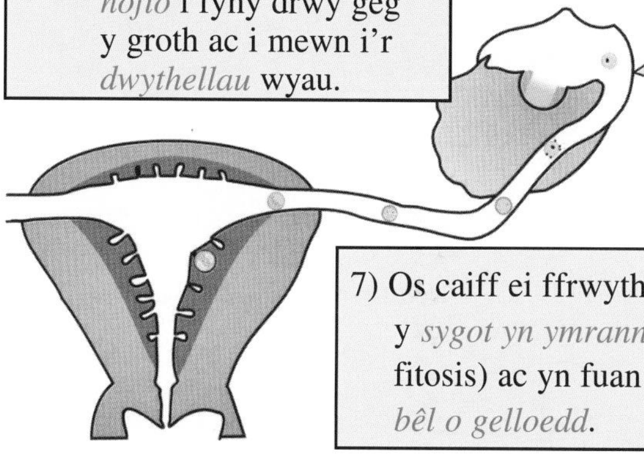

7) Os caiff ei ffrwythloni, bydd y *sygot yn ymrannu* (drwy fitosis) ac yn fuan fe ddaw'n *bêl o gelloedd*.

8) Ar ôl tua *saith diwrnod*, bydd y bêl o gelloedd yn cyrraedd y groth, lle bydd yn ei *fewnblannu ei hun yn y leinin*. Yn awr gelwir y bêl o gelloedd yn *EMBRYO*.

Fe geir efeilliaid NAD YDYNT YN UNFATH os caiff dau wy gwahanol eu ffrwythloni, efallai un o bob ofari. Bydd efeilliaid UNFATH yn ffurfio os bydd y bêl newydd o gelloedd rywfodd yn ymrannu'n ddwy yn fuan — yna bydd y ddau hanner yn tyfu'n embryonau llawn.

Yr Embryo

Bydd y bêl o gelloedd yn parhau i ymrannu a lluosi. Pan fydd yr holl *organau* wedi datblygu, fe'i gelwir yn *ffoetws*. Mae hyn yn cymryd tua *11 wythnos*.

Mae'r *BRYCH* yn gweithredu fel *arwyneb cyfnewid* mawr rhwng y fam a'r baban, gyda *chapilarïau gwaed* yn ei lenwi o'r *naill ochr a'r llall*.

Bydd *BWYD AC OCSIGEN* yn tryledu drosodd o waed y fam a bydd *GWASTRAFF* yn cael ei gludo ymaith ganddo. Yn anffodus, gall *SYLWEDDAU NIWEIDIOL* hefyd drosglwyddo o'r fam, megis *alcohol, bacteria, firysau a chyffuriau,* a *charbon monocsid* o ysmygu sigaréts.

Dyna pam y mae angen i *ferched beichiog* fod yn *ofalus iawn* yn yr hyn a wnânt. Mae'r embryo sy'n tyfu yn *EIDDIL IAWN* ac mae'n hawdd ei *niweidio* gan bethau niweidiol yng *ngwaed y fam*.

Gelwir y bag sy'n dal y ffoetws yn *AMNION*. Mae'n llawn *hylif amniotig*, sy'n *diogelu'r* ffoetws rhag *ergydion*.

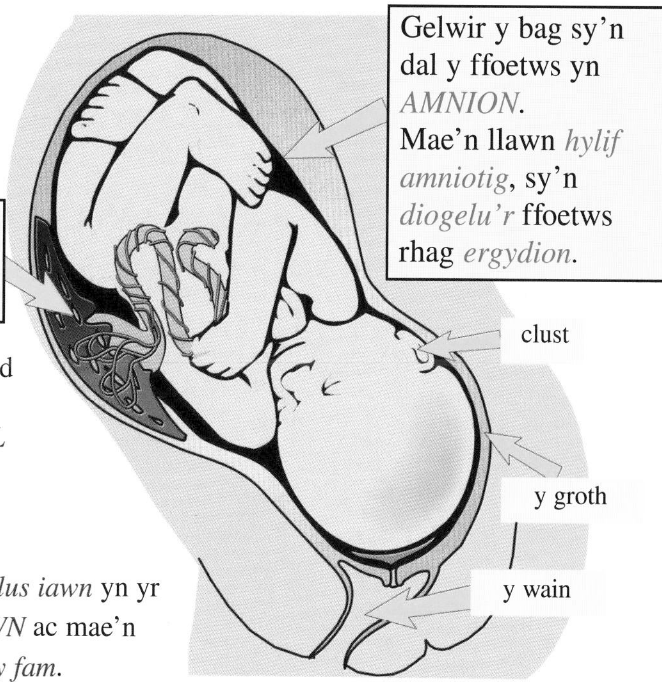
clust
y groth
y wain

Ydych chi wedi dysgu'r cyfan eto...

Dilynwch yr un drefn. Ond canolbwyntiwch ar y darnau dydych chi DDIM yn eu gwybod.

Mwtaniadau

Fe geir *MWTANIAD* pan fydd organeb yn datblygu â rhyw *nodwedd newydd ryfedd* na fu gan unrhyw aelod arall o'r rhywogaeth erioed o'r blaen. Pe bai rhywun yn cael ei eni â gwallt glas byddai hynny wedi'i achosi gan fwtaniad. Mae rhai mwtaniadau'n fuddiol, ond mae'r *rhan fwyaf yn drychinebus* (e.e. gwallt glas).

Achosir Mwtaniadau gan Ddiffygion yn y DNA

Mae *sawl ffordd* y gall mwtaniadau ddigwydd, ond yn y pen draw maen nhw i gyd yn ganlyniad i *DNA diffygiol*. Fel rheol fe geir mwtaniadau pan fydd y DNA yn ei *ddyblygu ei hun* a bydd rhywbeth yn mynd o'i le. Am mai *DNA* sy'n ffurfio *genynnau* a hefyd yn ffurfio *cromosomau*, mae sawl *diffiniad* gwahanol o fwtaniad:

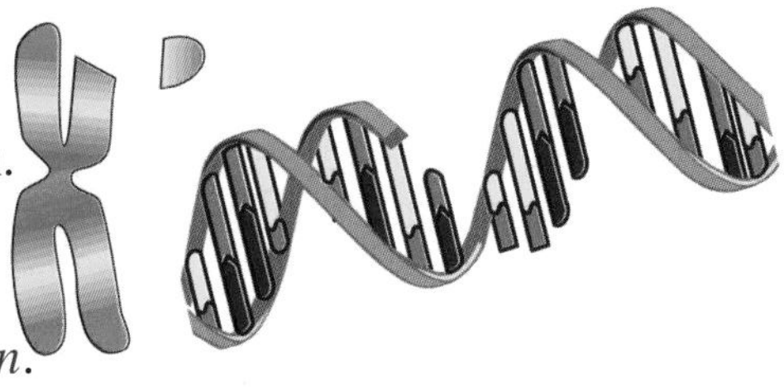

1) Ystyr mwtaniad yw *DNA diffygiol*, neu newid yn y DNA.
2) Ystyr mwtaniad yw *newid mewn genyn* neu mewn sawl genyn.
3) Ystyr mwtaniad yw *newid* mewn un *cromosom* neu fwy.
4) Mae mwtaniad yn *dechrau yng nghnewyllyn* un gell arbennig.
5) Mae mwtaniad yn digwydd *pan na chaiff DNA ei gopïo'n iawn*.
6) Achosir mwtaniad gan *newidiadau cemegol* mewn genyn, neu yn y DNA, neu mewn cromosom.

Mae Pelydriad a Rhai Cemegau'n achosi Mwtaniadau

Mae *mwtaniadau'n digwydd 'yn naturiol'*, wedi'u hachosi fwy na thebyg gan belydriad cefndirol 'naturiol' (o'r haul a chreigiau, ayb.) neu ar hap o bryd i'w gilydd pan na fydd y DNA yn ei gopïo ei hun yn iawn. Ond rydych yn *cynyddu'r siawns o fwtaniad* drwy eich rhoi eich hun yn agored i'r canlynol:

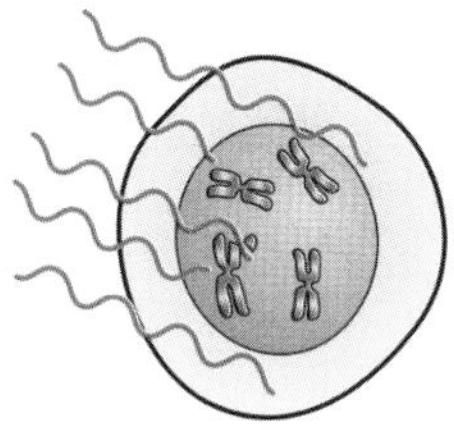

1) *ymbelydredd niwclear*, h.y. pelydriad alffa, beta a gama. Weithiau defnyddir y term *pelydriad ïoneiddio* am hyn am ei fod yn creu ïonau (gronynnau wedi'u gwefru) wrth iddo fynd drwy rywbeth. (Gweler y Llyfr Adolygu Ffiseg.)
2) *pelydrau X* a *golau uwchfioled*, sef y rhannau o'r *sbectrwm EM* sydd â'r *amledd uchaf* (ynghyd â *phelydrau gama*).
3) rhai *cemegau* y gwyddom eu bod yn achosi mwtaniadau. Yr enw ar *gemegau* fel hyn yw *mwtagenau*! Os bydd y mwtaniadau'n achosi canser defnyddir y term *carsinogenau* am y cemegau. Mae mwg sigaréts yn cynnwys mwtagenau cemegol (neu garsinogenau)... (Cofiwch dud. 45).

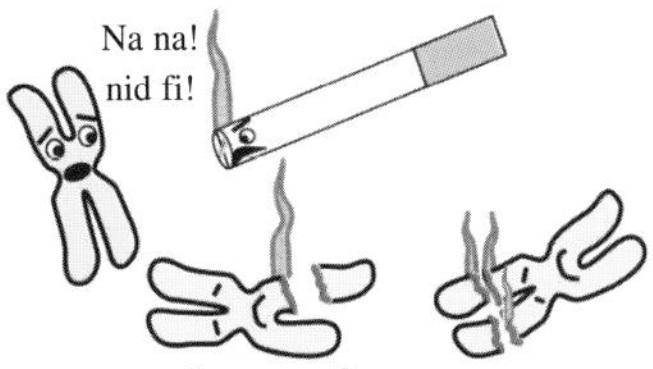
Na na!
nid fi!

Mae'r Rhan Fwyaf o Fwtaniadau'n Niweidiol

1) Os ceir mwtaniad mewn *celloedd atgenhedlu*, gall yr ifanc *ddatblygu'n annormal* neu *farw* yn gynnar yn eu datblygiad.
2) Os ceir mwtaniad mewn corffgelloedd, gallai'r celloedd mwtan ddechrau *lluosi* yn *ddireolaeth* ac *ymwthio* i rannau eraill o'r corff. Dyma yw *CANSER*.

Mae Rhai Mwtaniadau'n Fuddiol, gan roi i ni 'ESBLYGIAD'

1) Ymddangosodd *byjis glas* yn sydyn fel mwtaniad ymhlith byjis melyn. Dyma enghraifft dda o *effaith niwtral*. Ni wnaeth unrhyw niwed i'w gobaith am oroesi ac felly fe'u gwelwyd yn ffynnu.
2) *Yn achlysurol iawn*, bydd mwtaniad yn rhoi *mantais* i organeb o ran goroesi o'i chymharu â'i pherthnasau. Dyma *ddethol naturiol* ac *esblygiad* ar waith. Enghraifft dda yw mwtaniad mewn bacteria sy'n eu *galluogi i wrthsefyll gwrthfiotigau*, felly mae'r genyn yn *parhau i fyw*, yn yr epil, gan greu *'rhywogaeth' wrthiannol* o facteria.

Peidiwch â phoeni, mae'r gwaith hwn yn ddigon hawdd...

Mae pedair adran gyda phwyntiau wedi'u rhifo ym mhob un. *Dysgwch* y penawdau a'r pwyntiau wedi'u rhifo, yna *cuddiwch y dudalen* ac *ysgrifennwch* y cwbl y medrwch ei gofio. Daliwch ati! Bob tro y gwnewch hyn bydd mwy'n cael ei gofio - a chi fydd ar eich ennill.

Merch ynteu Bachgen? — *Cromosomau X ac Y*

Mae *23 pâr o gromosomau cyfatebol* ym mhob cell ddynol. Mae'r trydydd pâr ar hugain wedi'i labelu'n XY. Dyma'r ddau gromosom sy'n *penderfynu a fyddwch yn wryw neu'n fenyw*. Fe'u gelwir yn gromosomau X ac Y am eu bod yn edrych yn debyg i X ac Y.

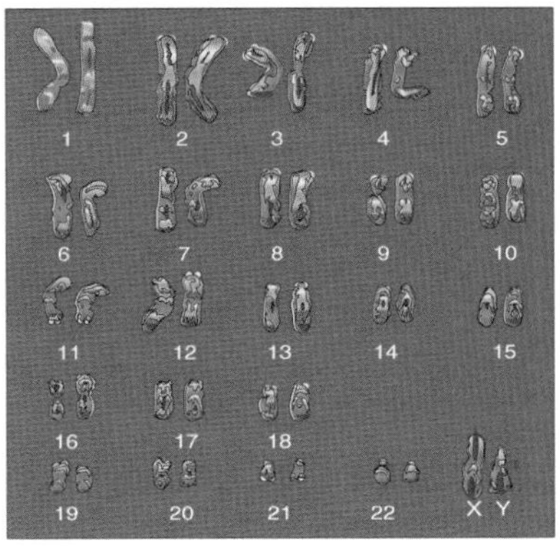
1 2 3 4 5
6 7 8 9 10
11 12 13 14 15
16 17 18
19 20 21 22 X Y

Mae gan *BOB DYN* gromosom *X* a chromosom *Y:* *XY*
Mae'r cromosom *Y* yn *DRECHOL* ac mae'n achosi *nodweddion gwryw.*

Mae gan *BOB MERCH ddau gromosom X:* *XX*
Mae'r cyfuniad XX yn caniatáu i *nodweddion benyw* ddatblygu.

Mae'r diagram isod yn dangos sut y mae cromosomau *XY* gwryw a chromosomau *XX* benyw yn *ymrannu i ffurfio'r gametau* (wyau neu sbermau), ac yna'n *cyfuno â'i gilydd adeg ffrwythloni.* Mae'r llinellau sy'n croesi ei gilydd yn dangos yr holl ffyrdd *posibl* y *gallai'r* cromosomau X ac Y gyfuno. Cofiwch mai *un yn unig o'r rhain* fyddai'n digwydd ar gyfer unrhyw epil. Yr hyn a ddangosir yw'r *TEBYGOLRWYDD CYMHAROL* o gael pob math o sygot (epil).

(Rhaid dysgu'r geiriau hyn i gyd.)

FFENOTEIPIAU'R RHIENI: (h.y. y nodweddion corfforol sydd ganddynt — gweler tud. 54)

GENOTEIPIAU'R RHIENI: (h.y. y genynnau sydd ganddynt)

GENOTEIPIAU'R GAMETAU

GENOTEIPIAU'R SYGOTAU

FFENOTEIPIAU'R SYGOTAU

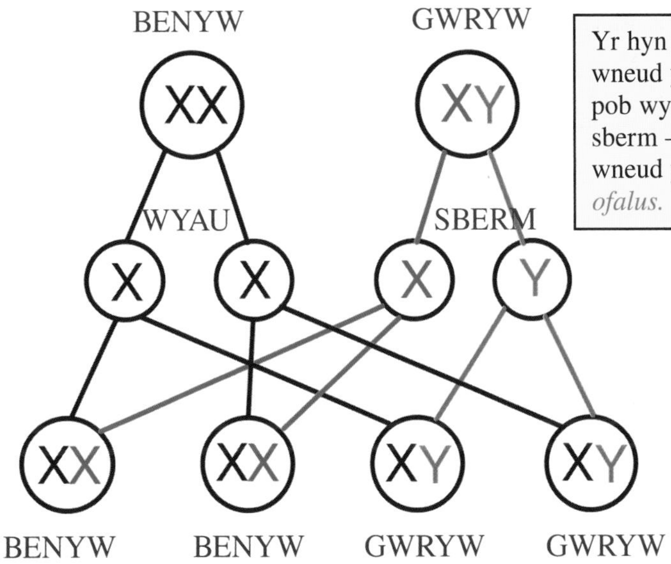
BENYW
GWRYW
XX
XY
WYAU
SBERM
X
X
X
Y
XX
XX
XY
XY
BENYW
BENYW
GWRYW
GWRYW

Yr hyn i'w wneud yw uno pob wy â phob sberm – a'i wneud yn *ofalus.*

Y ffordd arall o wneud hyn yw â *diagram sgwariau.* Os nad ydych yn ei ddeall, holwch eich athro/athrawes. Mae'r *parau o lythrennau* yn y canol yn dangos *genoteipiau'r* epil posibl.

Mae'r ddau ddiagram yn dangos y bydd yr un *gyfran* o *epil gwrywaidd a benywaidd*, am fod *dau ganlyniad XX* a *dau ganlyniad XY.*

Cofiwch mai tebygolrwydd yn unig yw'r *gymhareb 50:50*. Pe baech yn cael pedwar plentyn *gallai* pob un fod yn *fachgen.*

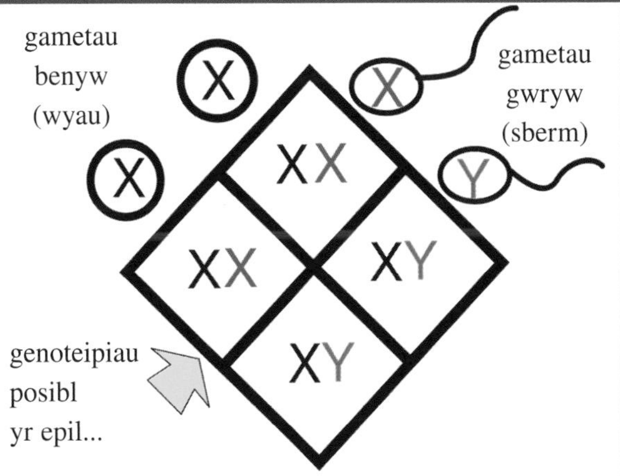
gametau benyw (wyau)
gametau gwryw (sberm)
X
X
X
Y
XX
XX
XY
XY
genoteipiau posibl yr epil...

... dau wryw (XY) a dwy fenyw (XX).

Hyn i gyd i ddangos mai 50:50 yw'r siawns...

Dysgwch y wybodaeth am y cromosomau X ac Y a phwy sydd â pha gyfuniad.
Mae'r diagramau'n bwysig iawn. Gwnewch nhw dro ar ôl tro nes y medrwch eu hatgynhyrchu'n *ddiymdrech.*

Croesiadau Monocroesryw: Termau

Beth yw ystyr croesiadau monocroesryw?

Bridio *dau blanhigyn* neu *ddau anifail*, sydd ag *un genyn yn wahanol*, i weld beth *gewch* chi.

Gallech ddefnyddio'r naill neu'r llall o'r diagramau hyn:

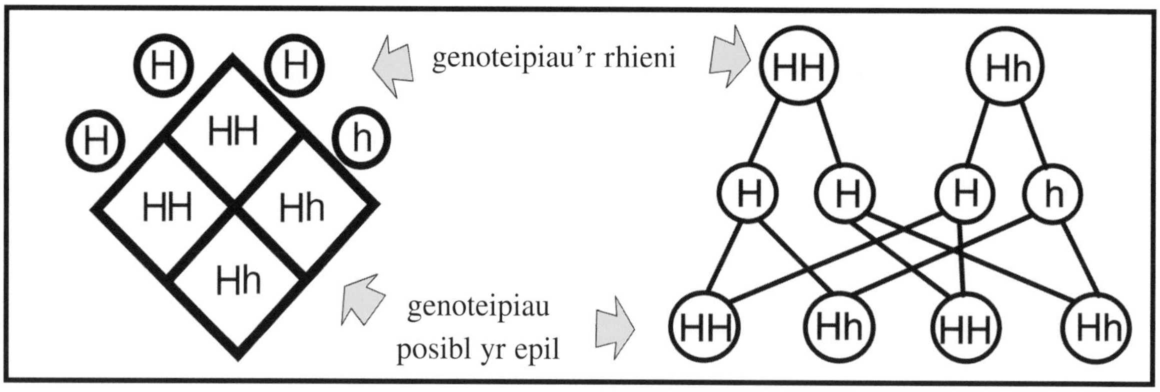

H
H
H
h
HH
HH
Hh
Hh
genoteipiau'r rhieni
genoteipiau posibl yr epil
HH
Hh
H
H
H
h
HH
Hh
HH
Hh

Ond yn gyntaf dysgwch y termau technegol hyn — bydd hi'n anodd deall y gwaith heb wneud hynny:

1) ALEL

— gair arall am *GENYN*. Os oes gennych *ddau fersiwn gwahanol o enyn*, fel H a h, rhaid eu galw'n *ALELAU* yn hytrach na genynnau.

2) TRECHOL AC ENCILIOL

— eu hystyr yn amlwg. Mae alel trechol yn *DRECH* nag alel enciliol.

3) GENOTEIP A FFENOTEIP

— ystyr *genoteip* yw'r *'math o enynnau'* sydd gennych, e.e. HH. Hh neu hh.
Mae *FFENOTEIP* yn swnio'n debyg i genoteip, ond mae'n gwbl wahanol.
Mae genoteip bob amser yn bâr o lythrennau, ond ystyr *FFENOTEIP* yw'r *nodweddion corfforol* sy'n ganlyniad i'r genoteip, fel 'gwallt glas' neu 'dail mawr' neu 'gwrywdod'.

4) CENEDLAETHAU 'RHIENI', 'F1' AC 'F2'

— yn go amlwg. Y ddau *wreiddiol* a groesir yw *cenhedlaeth y rhieni*, eu *plant* yw'r *genhedlaeth F1* a'u *'hwyrion a'u hwyresau'* yw'r *genhedlaeth F2*.

5) HOMOSYGAIDD A HETEROSYGAIDD

— "Ystyr *'homo-'* yw *'yr un math o bethau'*; ystyr *'hetero-'* yw *'pethau gwahanol'*.
Rhoddir '*-sygaidd*' ar y diwedd i ddangos ein bod yn trafod *genynnau* (yn hytrach nag agwedd arall ar Fioleg). Felly...

'HOMOSYGAIDD ENCILIOL' yw'r disgrifiad llaw-fer ar gyfer hyn:	*hh*
'HOMOSYGAIDD TRECHOL' yw'r 'llaw-fer' ar gyfer	*HH*
'HETEROSYGAIDD' yw'r llaw-fer ar gyfer	*Hh*
'HOMOSYGOT' neu *'HETEROSYGOT'* yw'r termau am bobl sydd â genynnau o'r fath.	

Gadewch i ni ystyried enghraifft o'r llaw-fer yma:
'Mae Alun yn homosygaidd enciliol o ran genyn moelni.'
Dyma ffordd arall o ddweud hyn: 'Mae Alun yn bb.'

Peidiwch â gadael i'r termau hyn fynd yn drech na chi...

Mae'r termau'n anodd, ond byddwch yn ennill marciau am eu gwybod, *felly daliwch ati a dysgwch nhw!*

Croesiadau Monocroesryw: Bochdewion

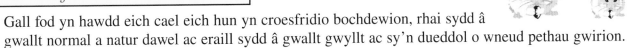

Croesfridio Bochdewion

Gall fod yn hawdd eich cael eich hun yn croesfridio bochdewion, rhai sydd â gwallt normal a natur dawel ac eraill sydd â gwallt gwyllt ac sy'n dueddol o wneud pethau gwirion.

Tybiwn fod y genyn sy'n achosi'r natur wyllt yn *enciliol*, felly defnyddiwn *'h' fach* ar ei gyfer. Tybiwn fod ymddygiad normal (tawel) yn ganlyniad i *enyn trechol* a defnyddiwn *'H' fawr* ar ei gyfer.

1) Rhaid bod gan y *bochdew gwirion* y *GENOTEIP*: *hh*.
2) Fodd bynnag, gall *BOCHDEW NORMAL* fod â *DAU ENOTEIP POSIBL*: *HH* neu *Hh*.
   Mae hyn yn bwysig – dyma'r gwahaniaeth sylfaenol rhwng genynnau trechol ac enciliol.

> I arddangos *NODWEDDION ENCILIOL* rhaid i chi fod â'r *DDAU ALEL YN ENCILIOL*, hh, (h.y. bod yn 'homosygaidd enciliol').
>
> Ond i arddangos *NODWEDDION TRECHOL* gallwch fod *NAILL AI yn HH* ('homosygaidd drechol') neu'n *Hh* ('heterosygaidd').

Dim ond y gwahaniaeth hwnnw sy'n gwneud croesiadau monocroesryw yn ddiddorol o gwbl.

Enghraifft i'ch diddanu

Gadewch i ni gymryd *bochdew pedigri gwirion*, genoteip *hh*, a *bochdew pedigri normal*, genoteip *HH*, a'u croesfridio. Rhaid dysgu'r diagram hwn yn drylwyr nes y gallwch ei wneud eich hun:

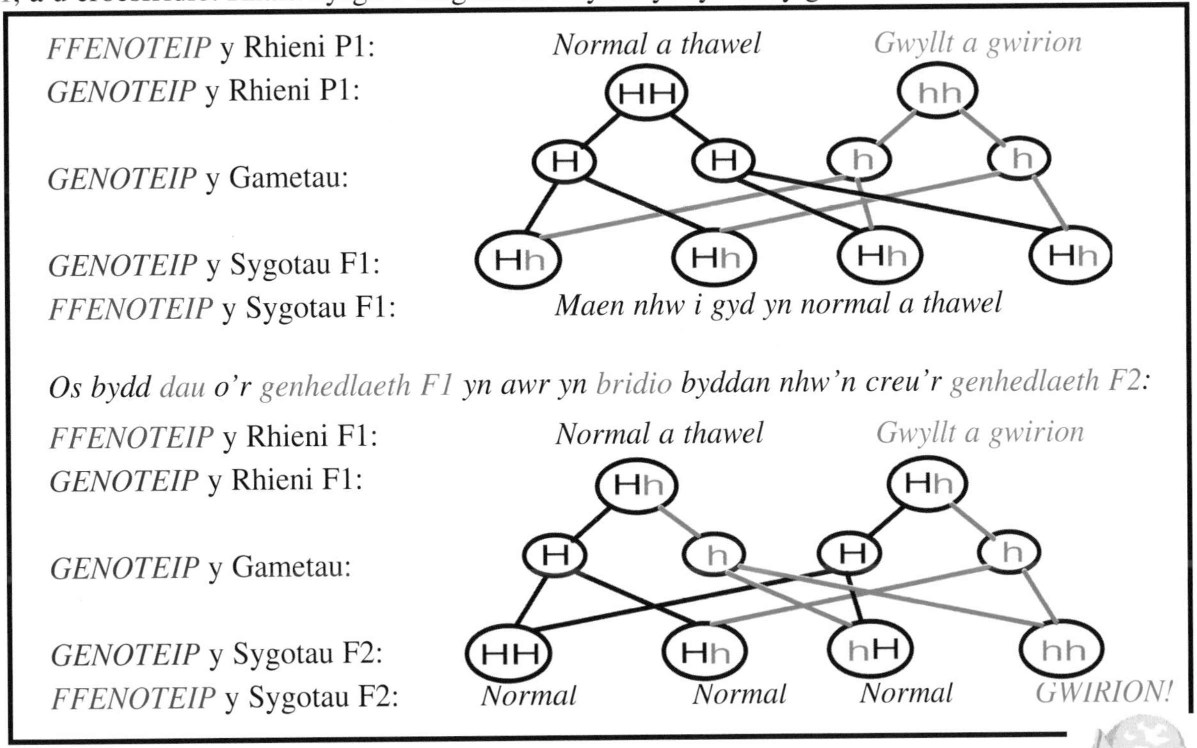
FFENOTEIP y Rhieni P1:
GENOTEIP y Rhieni P1:
GENOTEIP y Gametau:
GENOTEIP y Sygotau F1:
FFENOTEIP y Sygotau F1:
Normal a thawel
Gwyllt a gwirion
HH
hh
H
H
h
h
Hh
Hh
Hh
Hh
Maen nhw i gyd yn normal a thawel
Os bydd dau o'r genhedlaeth F1 yn awr yn bridio byddan nhw'n creu'r genhedlaeth F2:
FFENOTEIP y Rhieni F1:
GENOTEIP y Rhieni F1:
GENOTEIP y Gametau:
GENOTEIP y Sygotau F2:
FFENOTEIP y Sygotau F2:
Normal a thawel
Gwyllt a gwirion
Hh
Hh
H
h
H
h
HH
Hh
hH
hh
Normal
Normal
Normal
GWIRION!

Mae hyn yn rhoi *CYMHAREB 3 : 1* o epil Normal i epil Gwirion yn y genhedlaeth F2. Cofiwch mai *TEBYGOLRWYDD* yn unig yw *'canlyniadau'* fel hyn. Dydy hynny ddim yn golygu mai felly y bydd hi.

Peidiwch â mynd yn wyllt, cadwch yn dawel a dysgwch...

Rhaid dysgu'n drylwyr y diagram a'r holl dermau. Dylech ymarfer ysgrifennu'r cyfan *o'ch cof* nes i chi lwyddo. Os gallwch wneud un, *gallwch eu gwneud nhw i gyd.*

Ffibrosis y Bledren

Y Symptomau

1) *CLEFYD GENETIG* sy'n effeithio ar *1 ym mhob 1600* o bobl yn y Deyrnas Unedig yw *FFIBROSIS Y BLEDREN.*
2) *Genyn diffygiol* ar un o'r cromosomau y mae'r unigolyn yn eu hetifeddu o'i rieni sy'n *achosi'r* clefyd hwn. Hyd yma does *dim iachâd* na thriniaeth effeithiol ar ei gyfer.
3) Canlyniad y *genyn diffygiol* yw bod y corff yn cynhyrchu llawer o fwcws gludiog trwchus yn yr ysgyfaint. Rhaid cael gwared â hwn drwy *dylino'r corff.*
4) Mae gormod o fwcws hefyd yn y *pancreas*, sy'n achosi *problemau treulio.*
5) Ond yn fwy difrifol o lawer, mae'r *RHWYSTR YN Y PIBELLAU AER* yn yr ysgyfaint yn achosi llawer o *HEINTIAU AR Y FREST.*
6) Mae *ffisiotherapi a gwrthfiotigau* yn eu clirio ond yn raddol mae'r claf yn mynd yn fwyfwy sâl.

Achosir Ffibrosis y Bledren gan Enyn (Alel) Enciliol

Mae'r *eneteg* y tu ôl i ffibrosis y bledren yn syml iawn.

Genyn enciliol, c, yw'r genyn sy'n achosi ffibrosis y bledren. Mae'n cael ei gludo gan *1 unigolyn ym mhob 20*. Mae'r diagram arferol sy'n dangos y genynnau a etifeddir yn egluro'r hyn sy'n digwydd:

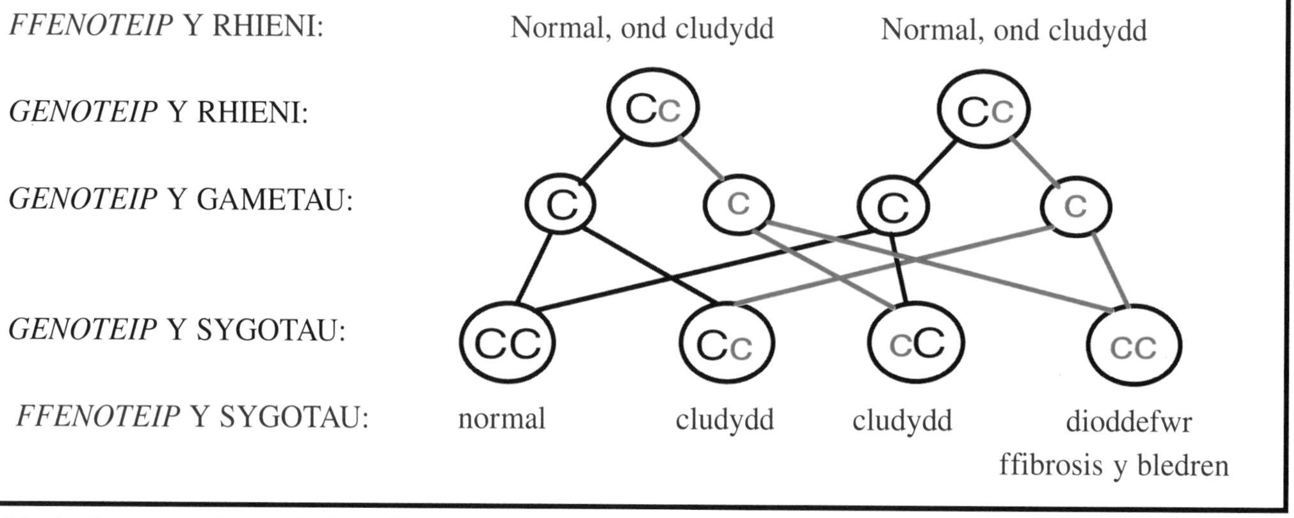

FFENOTEIP Y RHIENI:
Normal, ond cludydd
Normal, ond cludydd
GENOTEIP Y RHIENI:
Cc
Cc
GENOTEIP Y GAMETAU:
C
c
C
c
GENOTEIP Y SYGOTAU:
CC
Cc
cC
cc
FFENOTEIP Y SYGOTAU:
normal
cludydd
cludydd
dioddefwr ffibrosis y bledren

Mae'r diagram yn dangos bod gan blentyn *1 siawns ym mhob 4* o gael y clefyd os yw'r *ddau riant yn gludyddion.*

Y Tebygolrwydd Cyffredinol yw tua 1 ym mhob 1600

1) Dim ond tuag *1 unigolyn ym mhob 20* sy'n cludo genyn ffibrosis y bledren. Felly dim ond *1 siawns ym mhob 400* sydd o ddau gludydd yn cael plant gyda'i gilydd.
2) Dim ond pan fydd y *DDAU RIANT* â'r genyn y bydd *unrhyw siawns* o'u plant yn datblygu'r clefyd, am fod yn rhaid i'r plentyn etifeddu'r *alel enciliol*, *c*, o'r *DDAU* riant.
3) Os yw'r ddau riant yn gludyddion, mae gan bob baban *1 SIAWNS YM MHOB 4* o gael ffibrosis y bledren.
4) Os *NAD* yw'r naill riant neu'r llall yn gludydd, does *dim perygl* o unrhyw blentyn yn cael y clefyd.

Dim ond yn *1989* y cafodd y *genyn* sy'n achosi ffibrosis y bledren ei *ddarganfod.*
Ers hynny bu o leia'n bosibl i rieni gael *profion* i weld a ydynt yn gludyddion.
Cyn hynny dim ond ar ôl i'r plentyn *gael ei eni* y câi'r clefyd ei ddarganfod.
Os yw'r *ddau* riant yn gwybod eu bod yn gludyddion, mae *penderfyniad anodd* i'w wneud ynglŷn â chael plant.

Dysgwch y gwaith cyn gweld faint y gallwch ei gofio...

Dylai fod yn gymharol hawdd dysgu'r symptomau a'r tebygolrwydd. Mae'r diagram hefyd yn ddigon syml wedi i chi ddod yn gyfarwydd ag ef. *Dysgwch y dudalen*, *cuddiwch hi* ac *ysgrifennwch y manylion.*

Haemoffilia

Y Symptomau

1) Prif symptom haemoffilia yw *NAD YW'R GWAED YN CEULO* yn iawn.
2) Felly gall hyd yn oed *archollion bach* a *thynnu dannedd* fod yn *FARWOL* am y bydd yr unigolyn yn colli llawer o waed.
3) Fe all ergydion bach achosi *gwaedu mewnol* a *chleisiau mawr* ac fe all *cymalau* hefyd *waedu*.
4) Y dyddiau hyn, fodd bynnag, fe all yr anhwylder gael ei *drin yn eithaf llwyddiannus* drwy chwistrellu'n rheolaidd y *ffactor ceulo*, *FFACTOR 8*.

Haemoffilia — y Genyn sy'n gysylltiedig â Rhyw

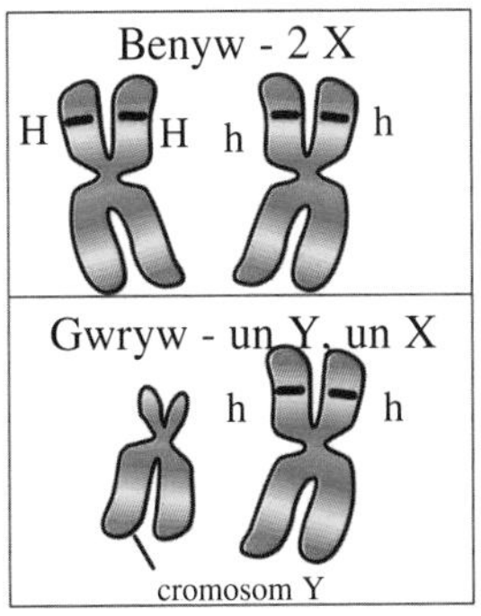
Benyw - 2 X
H
H
h
h
Gwryw - un Y, un X
h
h
cromosom Y

1) Ystyr anhwylder sy'n *GYSYLLTIEDIG Â RHYW* yw un sy'n *bresennol mewn gwrywod yn unig neu fenywod yn unig*.
2) Dim ond mewn *GWRYWOD* y ceir *HAEMOFFILIA*.
3) Fe geir anhwylderau sy'n gysylltiedig â rhyw pan fydd *alel diffygiol* ar y *cromosom X*.
4) Mae dyn yn etifeddu *un cromosom X yn unig* (ynghyd â chromosom Y).
5) Ond mae'r cromosom Y yn *FYRRACH* na'r cromosom X ac felly mae'n *BRIN* o lawer o enynnau.
6) Felly, bydd unrhyw enynnau *ENCILIOL* ar gromosom X y dyn yn eu *mynegi eu hunain* os *nad* yw'r genyn cyfatebol ar ei gromosom Y (gweler y diagram).
7) Yn achos haemoffilia mae'r *dyn yn cael yr alel enciliol h* ar y *cromosom X* y mae'n ei etifeddu *o'i fam* (yn hytrach na'r alel H a fyddai'n gorchymyn y celloedd i gynhyrchu'r ffactor ceulo). Mae'r alel h yn *enciliol*, ond am fod y cromosom Y byrrach (y mae'n ei gael o'i dad) *heb alel cyfatebol*, H neu h, *mae'r alel h enciliol yn gallu ei fynegi ei hun* (fel haemoffilia).

Geneteg Clefyd sy'n gysylltiedig â Rhyw

Ar gyfer *ALEL CEULO'R GWAED* (H neu h) mae *PUM CYFUNIAD POSIBL*:

1) GWRYW NORMAL:	X^HY
2) GWRYW HAEMOFFILIAIDD:	X^hY
3) BENYW NORMAL:	$X^H X^H$
4) BENYW SY'N GLUDYDD:	X^HX^h
5) Nid yw'r sygot yn datblygu –	X^hX^h

NODER:
1) Ni ellir cael *gwryw* sy'n gludydd heb fod *y clefyd arno ef*.
2) *Ni fydd benywod yn dioddef o'r clefyd* am na fydd *epil* X^hX^h *yn datblygu*.

I ysgrifennu'r genoteipiau ar gyfer *genynnau sy'n gysylltiedig â rhyw* rhaid *DANGOS Y CROMOSOMAU X AC Y* yn ogystal â'r alelau H a h, fel y dangosir uchod. *COFIWCH HYNNY!*

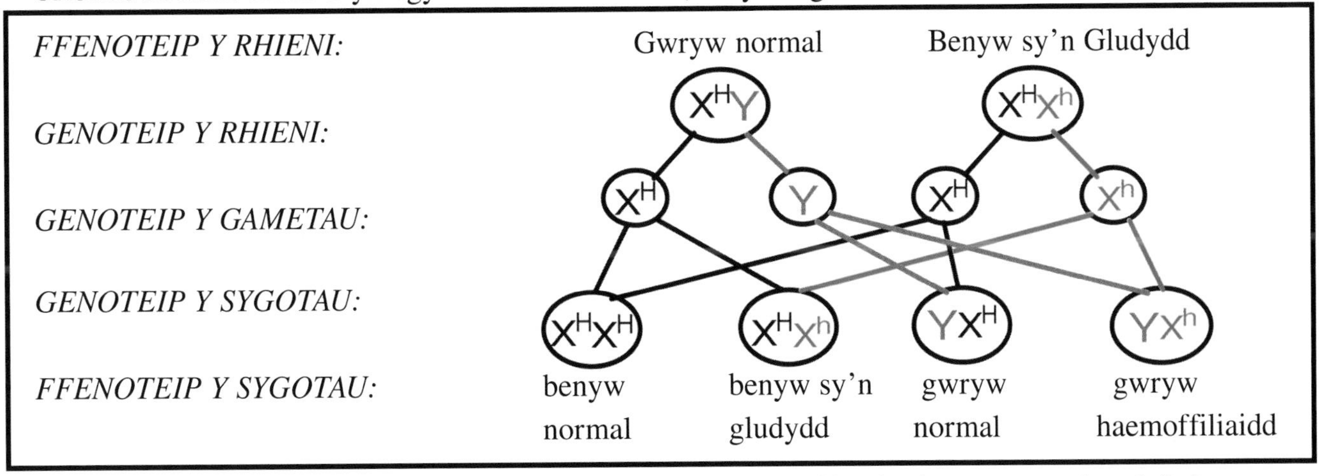
FFENOTEIP Y RHIENI:
GENOTEIP Y RHIENI:
GENOTEIP Y GAMETAU:
GENOTEIP Y SYGOTAU:
FFENOTEIP Y SYGOTAU:
Gwryw normal
Benyw sy'n Gludydd
X^H Y
X^H X^h
X^H
Y
X^H
X^h
X^H X^H
X^H X^h
Y X^H
Y X^h
benyw normal
benyw sy'n gludydd
gwryw normal
gwryw haemoffiliaidd

Noder: *Os* yw'r fam yn *gludydd*, mae *1 siawns ym mhob 4* y bydd pob plentyn yn cael y clefyd.

Dysgwch y gwaith cyn gweld faint y gallwch ei gofio...

Mae sawl ffordd y gallen nhw brofi'r hyn a wyddoch am haemoffilia yn yr Arholiad. Mae'r ffeithiau sydd wedi'u rhifo yn farciau cymharol hawdd. Ar gyfer cwestiynau anoddach bydd angen atgynhyrchu'r deunydd yn y bocsys lliw. Felly, dylech ei *ddysgu a'i ddeall*.

Clefydau Genetig Eraill

Anaemia Cryman-gell — Fe'i hachosir gan Alel Enciliol

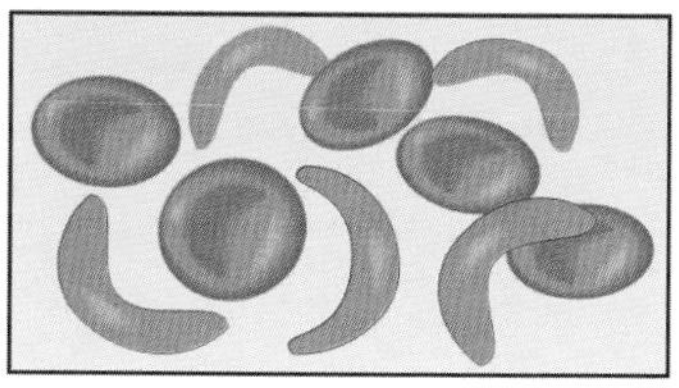

1) Mae'r clefyd hwn yn achosi i *GELLOEDD COCH Y GWAED* ffurfio'n siâp *CRYMANNAU* yn hytrach na'r siâp crwn normal.
2) Yna maen nhw'n mynd yn *sownd* yn y capilarïau sy'n *amddifadu'r corffgelloedd o ocsigen*.
3) Mae'n glefyd amhleserus a phoenus a bydd y rhai sy'n dioddef ohono'n marw'n ifanc.
4) Ond er y bydd dioddefwyr yn *marw cyn y gallan nhw atgenhedlu*, *ni fydd* y clefyd anaemia cryman-gell *yn diflannu* fel y byddech yn ei ddisgwyl, yn enwedig yn *Affrica*.
5) Y rheswm yw bod *cludyddion* yr alel enciliol sy'n ei achosi *YN FWY IMIWN I FALARIA*. Felly, mae bod yn gludydd yn *cynyddu* eu siawns o barhau i fyw mewn rhai rhannau o'r byd, er bod rhai o'u hepil yn mynd i farw'n ifanc o anaemia cryman-gell.
6) Mae'r eneteg *yr un fath* â *ffibrosis y bledren* gan mai *alel enciliol* sy'n achosi'r ddau glefyd. Felly, os yw'r *DDAU* riant yn gludyddion mae *1 siawns ym mhob 4* y bydd pob plentyn yn datblygu'r clefyd.

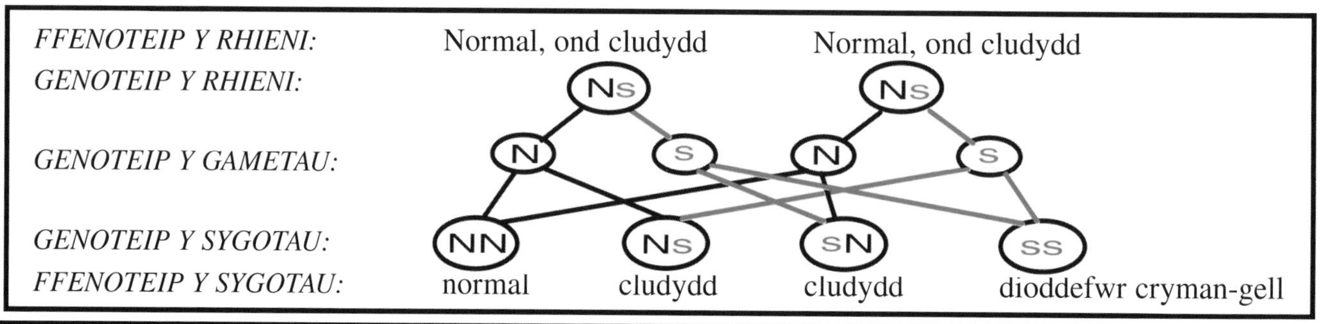
FFENOTEIP Y RHIENI:
GENOTEIP Y RHIENI:
GENOTEIP Y GAMETAU:
GENOTEIP Y SYGOTAU:
FFENOTEIP Y SYGOTAU:
Normal, ond cludydd
Normal, ond cludydd
Ns
Ns
N
s
N
s
NN
Ns
sN
ss
normal
cludydd
cludydd
dioddefwr cryman-gell

Achosir Corea Huntington gan Alel Trechol

1) YN WAHANOL i ffibrosis y bledren ac anaemia cryman-gell, alel TRECHOL sy'n achosi'r clefyd hwn.
2) O ganlyniad 50% yw'r siawns y bydd pob plentyn yn etifeddu'r clefyd OS YW UN RHIANT yn gludydd. MAE'R ODS HYN YN FYGYTHIOL IAWN.
3) Wrth gwrs bydd y rhiant sy'n gludydd yn ddioddefwr hefyd gan fod yr alel yn drechol, ond dyw'r symptomau ddim yn ymddangos nes ar ôl 40 oed. Erbyn hynny bydd yr alel wedi'i drosglwyddo i'r plant a hyd yn oed yr wyrion a'r wyresau. Felly mae'r clefyd yn parhau.
4) Mae'r clefyd yn amhleserus, yn achosi i'r corff siglo a symud yn afreolus ac i'r meddwl ddirywio'n ddifrifol.

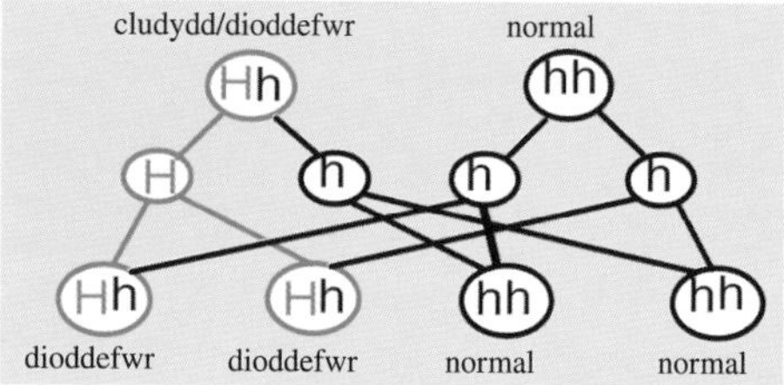
cludydd/dioddefwr
normal
Hh
hh
H
h
h
h
Hh
Hh
hh
hh
dioddefwr
dioddefwr
normal
normal

Cael Tri Rhif 21 sy'n Achosi Syndrom Down

1) Mae hwn yn fath *cwbl wahanol* o glefyd genetig. Mae'r unigolyn â *THRI CHROMOSOM 21* yn ei gelloedd.
2) Mewn gwirionedd mae syndrom Down yn enghraifft o *FWTANIAD*. Mae'n annhebyg i'r rhan fwyaf o fwtaniadau sy'n cynnwys newidiadau i'r DNA. Gyda hwn mae yna *GROMOSOM YCHWANEGOL*.
3) Mae'r broblem yn codi *YN YSTOD MEIOSIS* yn ofarïau'r fenyw. O bryd i'w gilydd bydd y *DDAU gromosom 21* yn mynd i mewn i'r un gamet (cell wy), gan adael y llall heb un. Os caiff yr wy sydd â dau gromosom 21 ei ffrwythloni, bydd gan yr epil *DRI* chromosom 21.
4) Mae hyn yn achosi syndrom Down.
   Dyma brif effeithiau syndrom Down:
   a) Bydd gan y plentyn *LAI O ALLU MEDDYLIOL*.
   b) Bydd hefyd yn gyffredinol *yn fwy agored i rai clefydau*.
   c) Maen nhw'n dueddol o *FARW'N EITHAF IFANC*, oddeutu 30 oed.

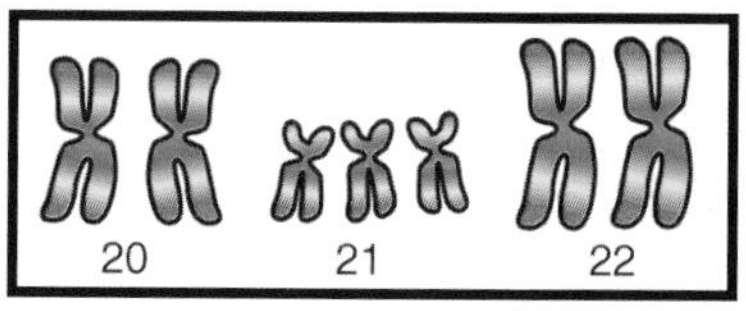
20
21
22

Dysgwch y gwaith cyn gweld faint y gallwch ei gofio...

Mae'r clefydau hyn yn y *meysydd llafur* ac mae cwestiynau amdanynt yn *debygol iawn*. Mae angen *dysgu'r* wybodaeth sylfaenol am y tri. *Cuddiwch y dudalen* ac *ysgrifennwch* y manylion.

Bridio Detholus

Mae Bridio Detholus yn Syml Iawn

Term arall am *FRIDIO DETHOLUS* yw *dethol artiffisial*, am fod pobl yn dethol yn artiffisial y planhigion neu'r anifeiliad sy'n mynd i fridio a ffynnu, yn unol â'n gofynion *NI*. Dyma'r broses sylfaenol a geir mewn bridio detholus:

1) O'ch stoc presennol dewis y rhai sydd â'r *NODWEDDION GORAU*.
2) *Bridio'r rhain* â'i gilydd.
3) Dewis y *gorau* o'r *EPIL* a'u cyfuno â'r gorau sydd gennych eisoes a *bridio eto*.
4) Parhau â'r broses hon dros *SAWL CENHEDLAETH* i *ddatblygu'r* nodweddion *a ddymunir*.

Mae Bridio Detholus yn Ddefnyddiol Iawn

Defnyddir dethol artiffisial yn y *rhan fwyaf o'r meysydd mewn ffermio modern*, a chael budd mawr:

1) Bridio *GWARTHEG CIG EIDION* yn ddetholus i gael y *cig eidion gorau* (blas, gwead, ymddangosiad, ayb).
2) Bridio *GWARTHEG LLAETH* yn ddetholus i gynyddu'r *cynnyrch llaeth* a'r *gwrthiant i glefydau*.
3) Bridio *CYWION IEIR* yn ddetholus i gynyddu *maint yr wyau* a *nifer yr wyau* am bob iâr.
4) Bridio *GWENITH* yn ddetholus i gynhyrchu amrywiaethau newydd sydd â gwell *cynnyrch* a gwell *gwrthiant i glefydau* hefyd.
5) Bridio *BLODAU* yn ddetholus i gynhyrchu rhai *mwy eu maint*, *gwell eu safon* a *mwy lliwgar*.

Y Brif Anfantais yw Gostyngiad yn y Cyfanswm Genynnol

1) Mae bridio detholus yn lleihau *nifer yr alelau* mewn poblogaeth am fod y ffermwr yn parhau i ddefnyddio'r anifeiliaid neu'r planhigion 'gorau' ar gyfer bridio – yr un rhai bob tro.
2) Gall hyn achosi problemau os bydd *clefyd newydd*. Efallai na fydd unrhyw blanhigion ag alelau (genynnau) sydd â *gwrthiant* iddo, ac felly fydd dim i'w ddefnyddio i fridio'n ddetholus rywogaeth newydd.

Mae Bridio Detholus ymhlith Cŵn Pedigri yn Achosi Afiechyd

Dyw'r rhan fwyaf o'r uchod *ddim yn berthnasol* i fridio detholus gyda *chŵn pedigri* lle mae'n ymddangos mai'r *unig beth* sy'n bwysig yw eu *golwg corfforol* – er mwyn ennill sioeau cŵn. Mae llawer o gŵn pedigri (*y rhan fwyaf* ohonynt mewn gwirionedd) yn dioddef o *broblemau â'u hiechyd* oherwydd y dethol artiffisial.

Mae mwngreliaid (croesfridiau ar hap) ar y llaw arall fel rheol yn gŵn sy'n fwy iach a heini am nad ydynt wedi'u mewnfridio. Maen nhw'n aml yn fwy annwyl o lawer ac fe allan nhw fod yn hardd hefyd. Dyw'r gair 'mwngrel' ddim yn gwneud cyfiawnder â nhw o gwbl.

Mwy i'w ddysgu...

Mae bridio detholus yn bwnc syml iawn. Yn yr Arholiad fe allen nhw roi hanner tudalen yn egluro sut y mae ffermwr yng Ngheredigion wedi gwneud hyn a'r llall â'i blanhigion neu ei wartheg, ac yna gofyn: '*Beth yw ystyr bridio detholus?*' I ateb byddech yn ysgrifennu'r pedwar pwynt ar ddechrau'r dudalen hon. Yna fe allen nhw ofyn: '*Awgrymwch ffyrdd eraill y gallai ffermwyr yng Ngheredigion ddefnyddio bridio detholus i wella'u cynnyrch.*' I ateb byddech yn rhestru rhai o'r chwe enghraifft a ddysgwyd gennych. Felly, mae angen dysgu'r gwaith.

Planhigion wedi'u Clonio

Dysgwch y diffiniad hwn: ORGANEBAU SY'N ENETIG UNFATH YW CLONAU.

Mae clonau'n digwydd yn *naturiol* mewn planhigion ac anifeiliaid. Clonau o'i gilydd yw *efeilliaid unfath*. Y dyddiau hyn mae clonau'n rhan o'r *diwydiant ffermio uwch dechnoleg*.

Mae Llawer o Blanhigion yn Atgenhedlu'n Anrhywiol — ar eu pen eu hun

Mae hyn yn golygu eu bod yn cynhyrchu *copïau genetig unfath* o'u hunain *heb ymwneud ag unrhyw blanhigyn arall*. Dyma dair enghraifft gyffredin:

1) *PLANHIGION MEFUS* yn cynhyrchu ymledyddion.
2) *PLANHIGION TATWS* newydd yn tyfu o gloron hen blanhigyn.
3) *Bylbiau* fel *CENNIN PEDR* yn tyfu bylbiau newydd oddi ar eu hochr.

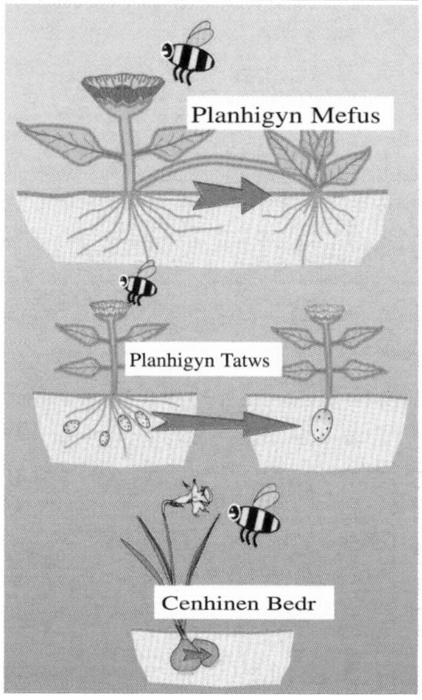
Planhigyn Mefus
Planhigyn Tatws
Cenhinen Bedr

Rhaid i'r Planhigion Hyn Hefyd Atgenhedlu'n Rhywiol

Rhaid i'r planhigion hyn i gyd *hefyd* atgenhedlu'n *RHYWIOL* – h.y. maen nhw'n *denu pryfed* ar gyfer trawsbeilliad a thrwy hynny'n cynhyrchu epil sy'n *enetig WAHANOL.*
Mae planhigion tatws, cennin Pedr a mefus yn cynhyrchu *blodau* i'r diben hwn. Mae hyn yn bwysig iawn am fod *anfaintais ddifrifol iawn* i *glonio*, sef nad oes unrhyw amrywiad genetig ymhlith poblogaeth o gloniau. Felly, gallai *newid yn yr amgylchedd*, yn enwedig clefyd newydd, ddileu'r cwbl. Os bydd clefyd arbennig yn lladd un o'r clonau, *bydd yn lladd y lleill hefyd*.

Microledaeniad a Meithriniad Meinwe

Mae garddwyr yn gyfarwydd â chymryd *toriadau* o blanhigion da a'u plannu i gynhyrchu *copïau* (clonau) o'r planhigyn gwreiddiol. Erbyn hyn mae'r dechneg syml hon wedi cael y *driniaeth dechnoleg uwch* gan *fridwyr planhigion masnachol*:

Hanfodion Microledaeniad Uwch Dechnoleg

1) Torri COESYN yn doriadau byr, gyda BLAGURYN newydd ar bob un.
2) DIHEINTIO'R toriadau a'u rhoi mewn cynwysyddion unigol gyda 'CHYFRWNG CYNNAL TWF' sydd hefyd yn cynnwys HORMONAU GWREIDDIO.
3) Mae pob toriad yn tyfu'n BLANHIGYN BACH â gwreiddiau.
4) Fe'u datblygir mewn atmosffer llaith nes y byddan nhw'n ddigon o faint, yna fe gânt eu 'cryfhau' mewn tŷ gwydr.

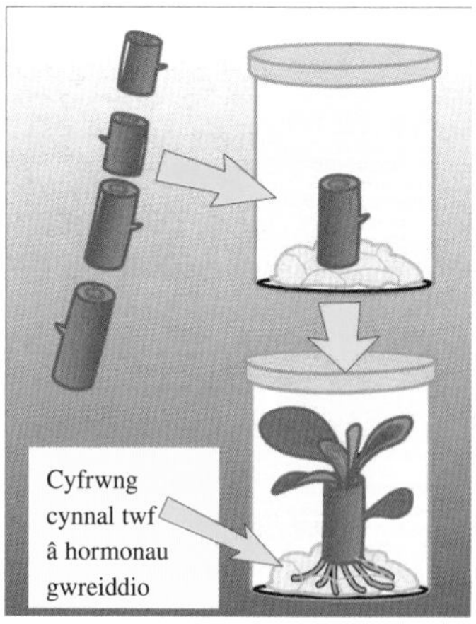
Cyfrwng cynnal twf â hormonau gwreiddio

MEITHRINIAD MEINWE Yn hytrach na dechrau gyda choesyn a blaguryn, maen nhw'n rhoi YCHYDIG O GELLOEDD PLANHIGION mewn cyfrwng cynnal twf gyda hormonau ac mae'n tyfu'n BLANHIGYN NEWYDD.

MANTEISION MEITHRINIAD MEINWE:

1) CYFLYM iawn - gall gynhyrchu miloedd o blanhigion bach o fewn ychydig wythnosau.
2) Angen ychydig iawn o LE. 3) GALL DYFU DRWY GYDOL Y FLWYDDYN – dim problem gyda'r tywydd na'r tymhorau.
4) Mae'r planhigion newydd yn RHYDD O GLEFYD. 5) Gall PLANHIGION NEWYDD gael eu DATBLYGU (yn gyflym iawn) drwy sbleisio genynnau newydd i mewn i'r planhigion bach a gweld beth fydd y canlyniad.

ANFANTEISION MEITHRINIAD MEINWE:

Anfantais arferol clonau - gostyngiad yn y 'cyfanswm genynnol' sy'n eu gwneud yn agored i glefydau newydd.

Agorwch y clo'n eich cof a dysgwch...

Fe allen nhw ofyn cwestiwn am y wybodaeth mewn *unrhyw* frawddeg ar y dudalen hon. Dylech ymarfer ysgrifennu'r holl ffeithiau ar y dudalen hon ar ffurf *traethawd byr*.

Gwartheg wedi'u Clonio a Pheiranneg Genetig

Trawsblannu Embryonau mewn Gwartheg

Fel rheol, bydd ffermwyr yn bridio o'u buchod a'u teirw *GORAU*. Ond byddai dulliau traddodiadol fel hyn yn galluogi i'r *fuwch orau* gynhyrchu *un epil yn unig y flwyddyn*. Erbyn hyn mae'r holl broses wedi'i newid yn llwyr drwy *DRAWSBLANNU EMBRYONAU*:

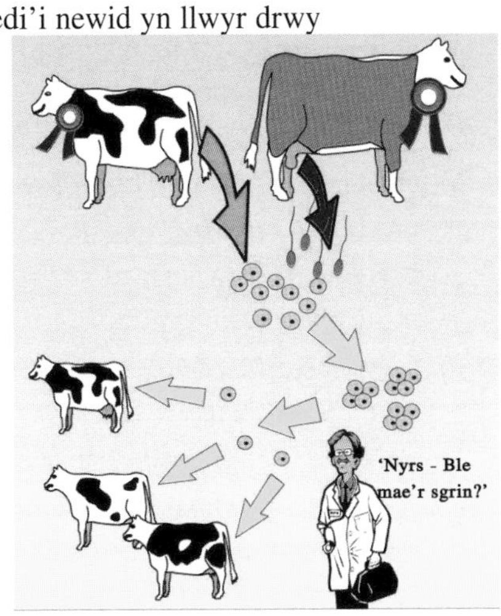
'Nyrs - Ble mae'r sgrin?'

1) Caiff *SBERM* eu cymryd o'r tarw gorau.
2) Cânt eu harchwilio i weld eu *RHYW* ac i edrych am unrhyw *ddiffygion genetig*.
3) Gallant gael eu *RHEWI* a'u defnyddio'n ddiweddarach.
4) Rhoddir *HORMONAU* i fuchod dethol i wneud iddynt gynhyrchu *LLAWER O WYAU*.
5) Yna mae'r buchod yn cael eu *SEMENU'N ARTIFFISIAL*.
6) Cymerir *YR EMBRYONAU* o'r buchod i'w harchwilio i weld eu rhyw ac i edrych am unrhyw ddiffygion genetig.
7) Mae'r embryonau'n cael eu datblygu a'u *HOLLTI* (i ffurfio *CLONAU*) cyn i unrhyw gelloedd ddod yn arbenigol.
8) Fe gaiff yr embryonau hyn eu *MEWNBLANNU* mewn buchod eraill, lle maen nhw'n tyfu. Hefyd fe ellir eu *RHEWI* a'u defnyddio'n ddiweddarach.

MANTEISION TRAWSBLANNU EMBRYONAU:

a) Gellir cynhyrchu *cannoedd* o epil 'delfrydol' *bob blwyddyn* o'r fuwch a'r tarw gorau.
b) Gall y fuwch orau wreiddiol barhau i *gynhyrchu wyau arbennig drwy gydol y flwyddyn.*

ANFANTEISION:

Anfantais arferol clonau – gostyngiad yn y *'cyfanswm genynnol'* sy'n eu gwneud yn *agored i glefydau newydd.*

Mae Peirianneg Genetig yn Arbennig

Dyma wyddor newydd sydd â phosibiliadau cyffrous, ond *peryglon* hefyd. Y syniad sylfaenol yw *symud darnau o DNA* (genynnau) o un organeb i organeb arall fel y bydd yn cynhyrchu *cynhyrchion biolegol defnyddiol*. Ar hyn o bryd defnyddir bacteria i gynhyrchu *inswlin dynol* ar gyfer pobl sydd â chlefyd siwgr a hefyd i gynhyrchu *hormon twf dynol* ar gyfer plant nad ydynt yn tyfu'n iawn.

Mae Peirianneg Genetig yn cynnwys y Camau Pwysig hyn:

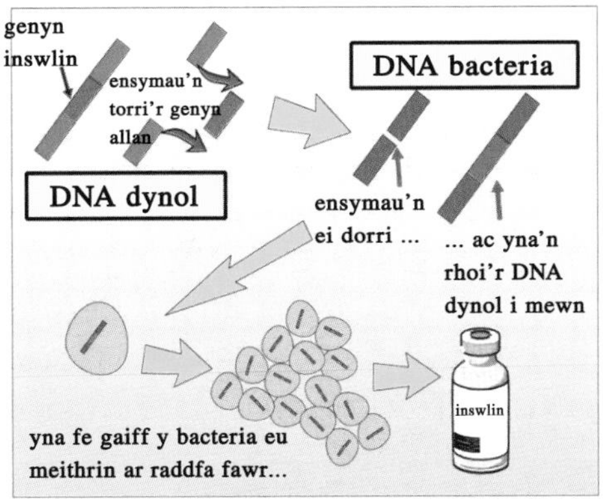
genyn inswlin
ensymau'n torri'r genyn allan
DNA dynol
DNA bacteria
ensymau'n ei dorri ...
... ac yna'n rhoi'r DNA dynol i mewn
yna fe gaiff y bacteria eu meithrin ar raddfa fawr...
inswlin

1) Mae'r genyn defnyddiol yn cael ei *'DORRI'* o DNA person er enghraifft.
2) Defnyddir *ENSYMAU* i wneud hyn. Bydd ensymau penodol yn torri allan darnau penodol o DNA.
3) Defnyddir *ENSYMAU* i *dorri DNA bacteriwm* ac yna rhoddir y genyn dynol i mewn.
4) Eto mae *'SBLEISIO'* y genyn newydd yn cael ei reoli gan *ensymau penodol*.
5) Yn awr mae'r bacteriwm hwn yn cael ei *FEITHRIN* ac yn fuan mae *miliynau* o facteria tebyg, gyda phob un yn cynhyrchu, er enghraifft, inswlin dynol.
6) Gellir gwneud hyn ar *RADDFA DDIWYDIANNOL* ac fe all y cynnyrch defnyddiol gael ei *wahanu*.

Felly mae bacteria wedi cael eu troi'n *ffatri fiolegol ddefnyddiol*. Gellir defnyddio'r un dull i *drosglwyddo genynnau defnyddiol i mewn i EMBRYONAU ANIFEILIAID*. Er enghraifft, gellir datblygu defaid sy'n cynhyrchu sylweddau defnyddiol (h.y. cyffuriau) yn eu llaeth!

Plant! Maen nhw i gyd yr un fath...

Gallech gael cwestiwn am unrhyw fanylion ar y dudalen hon. *Cuddiwch y dudalen* ac ysgrifennwch *draethawd byr* am y ddau bwnc. Nodwch yr hyn a anghofiwyd, a *rhowch gynnig arall arni...*

Ffosiliau

'Olion' planhigion ac anifeiliaid a fu fyw *filiynau o flynyddoedd yn ôl* yw *FFOSILIAU*.

Mae Tair Ffordd y gall Ffosiliau gael eu Ffurfio:

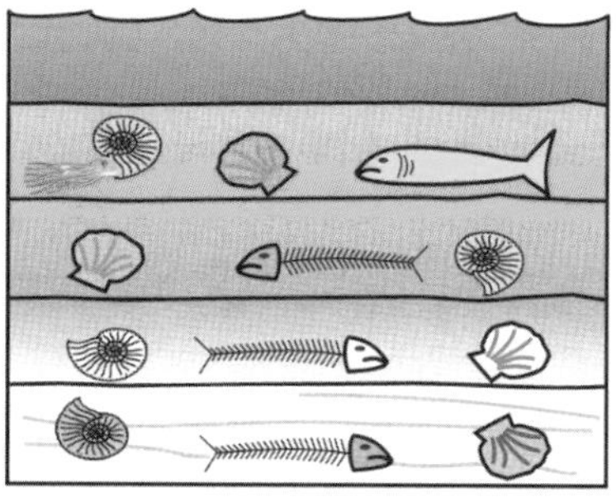

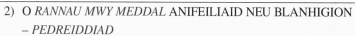

1) O RANNAU CALED ANIFEILIAID (Mae hyn yn wir am y rhan fwyaf o ffosiliau.) Mae pethau fel *esgyrn*, *dannedd*, *cregyn*, ayb., *nad ydynt yn pydru'n* rhwydd, yn gallu para am amser hir os ydynt wedi'u *claddu*. Yn y pen draw bydd *mwynau'n cymryd eu lle* wrth iddynt bydru, gan ffurfio *sylwedd tebyg i graig* ac â siâp tebyg i'r darn caled gwreiddiol. Mae'r gwaddodion o'i amgylch hefyd yn troi'n graig, ond mae'r ffosil yn *amlwg* o fewn y graig. Yna ar ôl amser maith mae rhywun yn *dod o hyd iddo*.

2) O *RANNAU MWY MEDDAL* ANIFEILIAID NEU BLANHIGION – *PEDREIDDIAD*

Weithiau fe gaiff ffosiliau eu ffurfio o'r *rhannau mwy meddal* sydd rywsut heb bydru. Mae'r defnydd meddal yn dod yn *'betraidd'* (troi'n garreg) wrth iddo bydru'n araf gyda *mwynau'n cymryd ei le*. *Go brin* y ceir hyn gan mai *ychydig iawn yw'r enghreifftiau* o bydru'n digwydd mor *araf*.

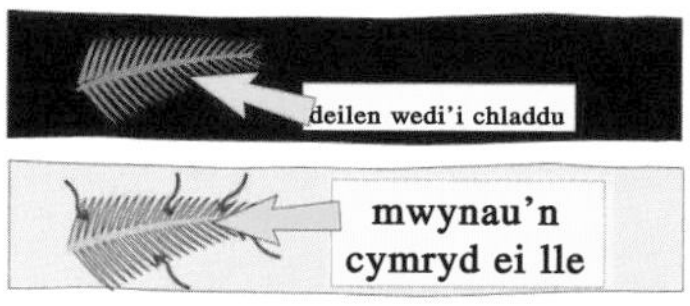
deilen wedi'i chladdu
mwynau'n cymryd ei lle

3) MEWN MANNAU LLE *NA CHEIR PYDRU*

Gall y *planhigyn neu'r anifail gwreiddiol* bara'n gyfan am *filoedd o flynyddoedd*:

a) *AMBR* – dim *OCSIGEN* na *LLEITHDER* ar gyfer y *microbau pydru*.

Yn aml fe geir *PRYFED* wedi'u *cadw'n gyfan* mewn ambr. 'Carreg' felen glir ydyw wedi'i wneud o *RESIN WEDI'I FFOSILEIDDIO* a ddaeth allan o goeden hynafol gannoedd o filiynau o flynyddoedd yn ôl, gan amlyncu'r pryfyn.

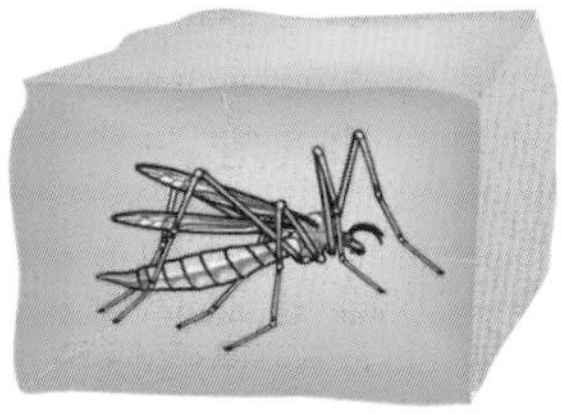

b) *RHEWLIFOEDD* – rhy *OER* i'r *microbau pydru* weithio.

Flynyddoedd yn ôl, mae'n debyg y cafwyd hyd i *FAMOTH BLEWOG* wedi'i gadw'n llwyr mewn rhewlif.

(Efallai nad yw hynny'n wir, ond efallai y daw'n wir rywbryd yn y dyfodol...)

c) *CORSYDD DWRLAWN* – rhy *ASIDIG* i'r *microbau pydru*.

Ychydig o flynyddoedd yn ôl cafwyd hyd i ddyn a fu fyw 10,000 o flynyddoedd yn ôl. Roedd wedi marw – wrth gwrs – ond wedi'i gadw'n eithaf da. Roedd yn amlwg ei fod wedi cael ei *lofruddio*.

Tystiolaeth o Strata Craig a Phridd

Mae'r ffosiliau a geir mewn *haenau o graig* yn dangos *DAU BETH*:

1) *SUT OLWG* oedd ar y creaduriaid a'r planhigion.
2) *PA MOR BELL YN ÔL Y BUON NHW FYW*. Dangosir hyn gan y math o graig y maent ynddo. Yn gyffredinol, po *DDYFNAF* yw'r ffosil, *HYNAF* i gyd yw. Ond wrth gwrs gall creigiau gael eu gwthio i fyny ac erydu - felly gall creigiau hen iawn ddod i'r golwg.

Fel rheol mae geolegwyr sydd *EISOES YN GWYBOD OED Y GRAIG* yn gallu pennu *dyddiadau* ar gyfer ffosiliau. *Dyfnder* y Grand Canyon yn Arizona yw *tua milltir*. Fe'i ffurfiwyd gan afon yn torri'n raddol drwy haenau o graig. Oed y creigiau ar y gwaelod yw tua *1,000,000,000 o flynyddoedd* ac mae ffosiliau arbennig yno.

HŶN

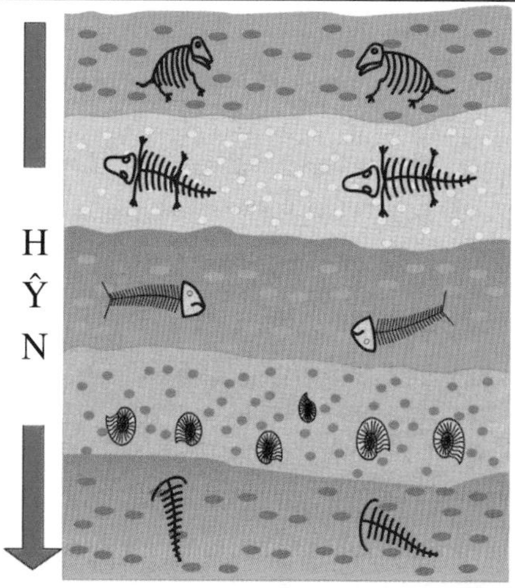

Cyn i chi fynd lawer yn hŷn, dysgwch y wybodaeth hon...

Dysgwch y tri math gwahanol o *ffosiliau* a sut y cânt eu *ffurfio*.
Dysgwch hefyd y manylion am y wybodaeth y mae creigiau'n ei rhoi. Peidiwch â darllen yn unig. *Cuddiwch y dudalen* a phrofwch yr hyn a wyddoch.

Esblygiad

Theori Esblygiad

1) Mae hon yn awgrymu bod pob anifail a phlanhigyn ar y Ddaear wedi *'esblygu'* dros *filiynau o flynyddoedd*, yn hytrach nag ymddangos yn sydyn.
2) Dechreuodd bywyd ar y Ddaear fel *organebau syml yn byw mewn dŵr* ac yn raddol esblygodd popeth o hynny. Cymerodd *3,000,000,000 o flynyddoedd* i wneud hyn.

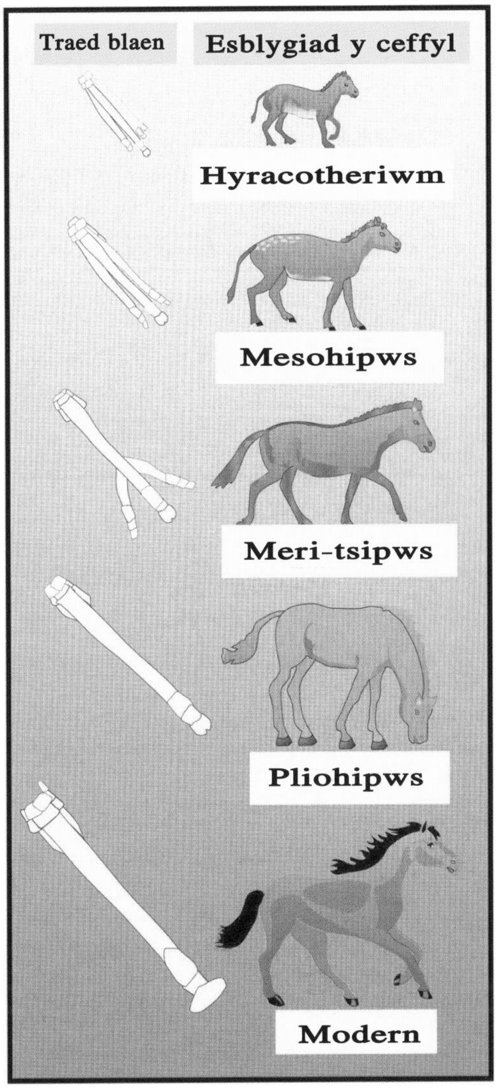

Traed blaen
Esblygiad y ceffyl
Hyracotheriwm
Mesohipws
Meri-tsipws
Pliohipws
Modern

Mae Ffosiliau'n Rhoi Tystiolaeth o hyn

1) Mae *ffosiliau'n* rhoi llawer o *dystiolaeth* o esblygiad.
2) Maen nhw'n dangos sut y mae rhywogaethau'r presennol wedi *newid a datblygu* dros *filiynau o flynyddoedd*.
3) Mae nifer o '*ddolennau coll*', fodd bynnag, am fod cofnod y ffosiliau'n *anghyflawn*.
4) Y rheswm dros hyn yw *mai ychydig iawn* o blanhigion ac anifeiliaid meirw sy'n troi'n ffosiliau.
5) Mae'r mwyafrif yn *pydru'n* llwyr.

Esblygiad y Ceffyl

1) Un set o ffosiliau sy'n eithaf da yw'r un sy'n dangos *esblygiad y ceffyl*.
2) Datblygodd hwn o greadur bach tua maint *ci*. Mae'r ffosiliau'n dangos sut y cynyddodd maint y *bys troed canol* yn raddol, gan esblygu yn y pen draw yn *garn* ceffyl yr oes hon.
3) Cymerodd hyn tua *60 miliwn o flynyddoedd*.
4) Mae hyn yn *dystiolaeth go gryf* o esblygiad am ei fod yn dangos *esblygiad* yn digwydd!

Darfod (Extinction)

Mae'r *dinosoriaid* a'r *mamothiaid blewog* wedi *DARFOD*.
Dim ond *FFOSILIAU* sy'n dangos eu bod wedi bodoli o gwbl.

Mae *TAIR FFORDD* y gall rhywogaeth *DDARFOD*:
1) Mae'r *AMGYLCHEDD YN NEWID* yn rhy gyflym.
2) Mae *YSGLYFAETHWR* neu *GLEFYD* newydd yn eu lladd nhw i gyd.
3) Allan nhw ddim *CYSTADLU* â rhywogaeth arall (newydd) am *FWYD*.

Wrth i'r amgylchedd *newid yn araf*, bydd yn raddol yn ffafrio rhai nodweddion newydd ymhlith aelodau'r rhywogaeth. Dros sawl cenhedlaeth bydd y nodweddion hynny'n *amlhau*. Yn y modd hwn mae'r rhywogaeth yn *addasu'n gyson* i newidiadau yn ei hamgylchedd. Ond os bydd yr amgylchedd yn newid yn *rhy gyflym*, gallai'r rhywogaeth gyfan gael ei *dileu*, h.y. *darfod*...

Peidiwch â charlamu drwy hyn, cymerwch amser i'w ddysgu'n iawn...

Tudalen ddigon hawdd. Ysgrifennwch *draethawd byr*. Ond gwnewch yn siŵr eich bod yn *dysgu pob ffaith*.

Dethol Naturiol

Theori Dethol Naturiol Darwin

Mae'r theori hon yn rhoi *esboniad cynhwysfawr ar gyfer pob math o fywyd ar y Ddaear.*
Mae'r theori wedi achosi cryn dipyn o ddadlau, yn enwedig gydag awdurdodau crefyddol. Yn ôl cefnogwyr Darwin, mae'r theori'n esbonio bywyd heb angen 'Creawdwr'. Ond yn ôl eraill gallai'r theori fod yn egluro rhan o broses y 'creu'.

Fe wnaeth Darwin Bedwar Arsylwad Pwysig...

1) Mae pob organeb yn cynhyrchu *MWY O EPIL* nag a allai oroesi.
2) Ond mae niferoedd y poblogaethau'n tueddu i gadw'n *WEDDOL GYSON* dros gyfnodau hir.
3) Mae organebau mewn rhywogaeth yn dangos *AMRYWIADAU HELAETH* oherwydd genynnau gwahanol.
4) Mae *RHAI* o'r amrywiadau'n cael eu *HETIFEDDU A'U TROSGLWYDDO* i'r genhedlaeth nesaf.

... ac yna fe wnaeth y Ddau Ddiddwythiad hyn:

1) Gan nad yw'r rhan fwyaf o'r epil yn goroesi, rhaid bod pob organeb yn gorfod *YMDRECHU I OROESI.*
2) Bydd y rhai fydd *YN GOROESI AC YN ATGENHEDLU* yn *TROSGLWYDDO'U GENYNNAU.*

Dyma'r gosodiad enwog *'GOROESIAD Y CYMHWYSAF'*. Organebau gydag ychydig llai o werth goroesol fydd yn debygol o ddarfod gyntaf, gan adael i'r *cryfaf a'r cymhwysaf drosglwyddo'u genynnau* i'r genhedlaeth nesaf.

Theori Esblygiad Lamarck

Roedd theori arall gan ddyn o'r enw LAMARCK ac mae angen i chi wybod amdani.
Dyma'i theori ef:

Bod Anifeiliaid yn *ESBLYGU NODWEDDION* yn ôl faint o *DDEFNYDD A WNÂNT* ohonynt.

Felly, am fod *jiraffod* wedi *ymestyn* eu gyddfau i gyrraedd canghennau uwch, trosglwyddwyd y ffaith hon i'w hepil. Yna *ganwyd* y rheiny â *gyddfau ychydig yn hirach. Gwrthbrofwyd* y theori hon gan arbrofion ar *lygod. Torrwyd eu cynffonau* am genhedlaeth ar ôl cenhedlaeth ond fe dyfodd eu cynffonau *yr un mor hir* er *nad oedd* eu cyndadau *wedi defnyddio'u* rhai nhw.

Mae Mwtaniadau'n chwarae rhan fawr mewn Dethol Naturiol...

... trwy greu *nodwedd newydd* â *gwerth goroesol uchel.* Efallai rywbryd y bu gan gwningod *glustiau byr.* Yna fe gafwyd mwtaniad â *CHLUSTIAU MAWR* ac yntau oedd y cyntaf bob amser i ddianc rhag perygl. Cyn hir roedd ganddo deulu cyfan o gwningod â *CHLUSTIAU MAWR*. Byddai'r rhain yn dianc rhag perygl cyn y lleill. Ymhen amser dim ond cwningod â *CHLUSTIAU MAWR* oedd ar ôl am na fyddai'r lleill yn clywed peryglon yn ddigon cyflym.

Mae Pob Creadur Gwyllt yn byw mewn Byd Didostur iawn...

... sy'n achosi i lawer *FARW'N IFANC*, o ganlyniad i *YSGLYFAETHWYR*, *CLEFYD* a *CHYSTADLEUAETH.* Ond cofiwch fod hyn yn *elfen bwysig* o *DDETHOL NATURIOL.* Rhaid cael *GORMODEDD MAWR o epil* i natur gael *dewis y cymhwysaf* o'u plith.
Yn y byd 'naturiol' y gwir yw bod anifeiliaid naill ai'n *bwyta neu'n cael eu bwyta.* Mae'r rhan fwyaf o anifeiliaid gwyllt yn y pen draw naill ai'n cael eu bwyta'n fyw neu'n *marw o newyn.*

Dysgwch y detholiad hwn o wybodaeth...

Dysgwch benawdau'r pum adran, yna *cuddiwch y dudalen* ac *ysgrifennwch* yr hyn y medrwch ei gofio ym mhob adran. Daliwch ati nes y byddwch yn cofio'r pwyntiau pwysig i gyd.

Crynodeb Adolygu ar gyfer Adran 4

Defnyddiwch y cwestiynau hyn i weld yr hyn yr ydych yn ei wybod - a'r hyn nad ydych yn ei wybod. Yna dysgwch eto y rhannau nad ydych yn sicr ohonynt. Yna rhowch gynnig arall ar y cwestiynau, a chynnig arall...

1) Beth yw'r ddau fath o amrywiad? Disgrifiwch eu pwysigrwydd cymharol i blanhigion ac anifeiliaid.
2) Rhestrwch bedair o nodweddion anifeiliaid nad yw'r amgylchedd yn effeithio arnynt o gwbl a phedair y mae'r amgylchedd yn effeithio arnynt.
3) Beth yw ystyr amrywiad parhaol ac amrywiad amharhaol? Rhowch ddwy enghraifft o bob un.
4) Ar dud. 54 mae 18 term sy'n gysylltiedig â geneteg. Rhestrwch nhw - gydag esboniadau.
5) Lluniwch set o ddiagramau yn dangos y berthynas rhwng: cell, cnewyllyn, cromosomau, genynnau, DNA.
6) Diffiniwch 'mitosis'. Lluniwch set o ddiagramau yn dangos yr hyn sy'n digwydd mewn mitosis.
7) Beth yw atgenhedlu anrhywiol? Rhowch ddiffiniad cywir ohono. Sut y mae'n cynnwys mitosis?
8) Cyfarwyddiadau cemegol yw genynnau. Rhowch fanylion am y cyfarwyddiadau a roddir ganddynt.
9) Lluniwch set o ddiagramau i ddangos sut y daw cromosomau unfraich yn gromosomau dwyfraich.
10) Beth yw enwau'r pedwar 'bas'? Sut y maent yn gwneud i ddyblygu DNA weithio mor dda?
11) Ble mae meiosis yn digwydd? Pa fath o gelloedd y mae meiosis yn eu cynhyrchu?
12) Lluniwch y gyfres o ddiagramau sy'n dangos yr hyn sy'n digwydd yn ystod meiosis.
13) Sawl pâr o gromosomau sydd yng nghnewyllyn cell ddynol normal?
14) Beth sy'n digwydd i rifau'r cromosomau yn ystod meiosis ac yna yn ystod ffrwythloni?
15) Lluniwch ddiagram o brif rannau systemau atgenhedlu benyw a gwryw.
16) Disgrifiwch yr hyn y mae pob rhan yn ei wneud. Beth yw diben cylchred fislifol benyw?
17) Lluniwch gyfres o ddiagramau yn dangos sut y mae sberm yn cyrraedd yr wy ac yn ei ffrwythloni.
18) Disgrifiwch yr hyn sy'n digwydd i'r wy wedi'i ffrwythloni wrth iddo fynd i lawr i'r groth.
19) Beth yw mewnblannu? Beth yw'r gwahaniaeth rhwng sygot, embryo a ffoetws?
20) Braslunwch ffoetws yn y groth. Dangoswch yr amnion a'r brych ac eglurwch yr hyn a wnânt.
21) Rhowch bedwar diffiniad o fwtaniad. Rhestrwch y pedwar prif ffactor sy'n achosi mwtaniad.
22) Rhowch enghraifft o fwtaniadau niweidiol, niwtral a buddiol.
23) Ym mha gyswllt y mae'r cromosomau X ac Y yn bwysig? Pwy sydd â pha gyfuniad?
24) Lluniwch ddiagram etifeddu genetig i ddangos sut y trosglwyddir y genynnau hyn.
25) Beth yw ystyr croesiadau monocroesryw?
26) Rhowch dair enghraifft o'r disgrifiadau llaw-fer ym myd geneteg.
27) Gan ddechrau â'r genoteipiau rhieni HH a hh, lluniwch ddiagram etifeddu genetig yn dangos genoteipiau a ffenoteipiau'r cenedlaethau F1 ac F2 (o fochdewion).
28) Rhestrwch symptomau a thriniaeth ffibrosis y bledren. Beth sy'n achosi'r clefyd hwn?
29) Lluniwch ddiagram genetig yn dangos y tebygolrwydd y bydd plentyn yn dioddef o'r clefyd.
30) Sut y mae'r tebygolrwydd cyffredinol yn 1 ym mhob 1600? Pa ddatblygiad a gafwyd yn 1989?
31) Rhowch symptomau a thriniaeth haemoffilia.
32) Beth yw ystyr anhwylder sy'n gysylltiedig â rhyw? Lluniwch y cromosomau X ac Y i egluro.
33) Dangoswch bum cyfuniad posibl y genynnau mewn haemoffilia a lluniwch y diagram genetig.
34) Nodwch yr hyn sy'n achosi anaemia cryman-gell a'i symptomau. Pam nad yw'n diflannu?
35) Eglurwch yr ods bygythiol ar gyfer Corea Huntington. Eglurwch pam mai mwtaniad yw Syndrom Down.
36) Disgrifiwch y drefn sylfaenol ar gyfer bridio detholus (yng nghyswllt buchod). Rhowch bum enghraifft arall.
37) Beth yw prif anfantais bridio detholus mewn a) ffermio b) cŵn pedigri?
38) Ysgrifennwch y cyfan a wyddoch am blanhigion wedi'u clonio a microledaeniad.
39) Disgrifiwch drawsblaniadau embryonau a pheirianneg genetig.
40) Disgrifiwch yn fanwl y tair ffordd y gall ffosiliau ffurfio. Rhowch enghraifft o bob un.
41) Eglurwch sut y mae ffosiliau a geir mewn creigiau'n cefnogi theori esblygiad. Cyfeiriwch at y ceffyl.
42) Beth oedd pedwar arsylwad a dau ddiddwythiad Darwin? Ydy anifeiliaid gwyllt yn cael bywyd esmwyth?
43) Disgrifiwch theori esblygiad Lamarck a rhowch dystiolaeth yn ei herbyn.

Maint Poblogaethau

Ystyr *MAINT POBLOGAETH* yw faint o *un math o blanhigyn neu anifail* sydd mewn ecosystem benodol ac, yn bwysicach, *PAM Y NIFER HWNNW* yn hytrach na mwy? Yr ateb yw y bydd yna bob amser *FFACTORAU CYFYNGOL*, h.y. *dim digon o fwyd*, *gormod o anifeiliaid eraill* yn bwyta'r un bwyd neu *ormod o anifeiliaid yn eu bwyta nhw*, ayb... Peidiwch â phoeni – mae'n *ddigon syml*.

Cyfyngiadau ar Boblogaethau Anifeiliaid a Phlanhigion

Dull 1 – mae maint poblogaeth unrhyw anifail neu blanhigyn yn ddibynnol ar *CHWE FFACTOR*:

1) CYFANSWM YR HOLL FWYD neu faetholynnau sydd ar gael.
2) Faint o GYSTADLEUAETH sydd (o rywogaethau eraill) am yr un bwyd neu faetholynnau.
3) FAINT O OLAU SYDD AR GAEL (dim ond i blanhigion y mae hyn yn berthnasol mewn gwirionedd).
4) NIFER YR YSGLYFAETHWYR (neu borfawyr) a all fwyta'r anifail (neu'r planhigyn) dan sylw.
5) CLEFYD.
6) MUDO, h.y. rhai o'r anifeiliaid yn symud i ffwrdd i le arall.

Dull 2 – mae maint poblogaeth unrhyw anifail neu blanhigyn yn ddibynnol ar *DRI FFACTOR*:

1) ADDASIAD – pa mor dda y mae'r anifail wedi addasu i'w amgylchedd.
2) CYSTADLEUAETH – pa mor dda y mae'r anifail yn cystadlu â rhywogaethau eraill am yr un bwyd.
3) YSGLYFAETHU – pa mor dda y mae'r anifail yn osgoi cael ei fwyta.

Yn yr Arholiad fe allen nhw ofyn cwestiynau o'r naill safbwynt neu'r llall. Mewn gwirionedd synnwyr cyffredin yw'r hyn sydd yn y rhestri...

Hynny yw... bydd organebau'n *ffynnu*:

1) *OS BYDD DIGON O HANFODION BYWYD AR EU CYFER*: bwyd, dŵr, lle, cysgod, golau, ayb.
2) *OS BYDDANT YN WELL NA'R LLEILL AM GAEL YR UCHOD* (wedi addasu'n well)
3) *OS NA CHÂNT EU BWYTA*.
4) *OS NA FYDDANT YN SÂL*.

Dysgwch y pedwar pwynt. Wrth gwrs, mae pob rhywogaeth yn wahanol, ond bydd y PEDAIR egwyddor sylfaenol hyn yn berthnasol bob tro. Yn yr Arholiad rhaid i *CHI* eu cymhwyso i unrhyw sefyllfa newydd i weithio allan yr hyn fydd yn digwydd.

Mae Poblogaethau Ysglyfaethau ac Ysglyfaethwyr yn mynd mewn Cylchredau

Mewn cymuned sy'n cynnwys ysglyfaethau ac ysglyfaethwyr (sy'n wir am y rhan fwyaf ohonynt):
1) Fel rheol bydd maint *POBLOGAETH* unrhyw rywogaeth yn cael ei *gyfyngu* gan faint o *FWYD* fydd ar gael.
2) Os bydd poblogaeth yr *YSGLYFAETHAU* yn cynyddu, bydd poblogaeth yr *YSGLYFAETHWYR* yn cynyddu hefyd.
3) Ond wrth i boblogaeth yr ysglyfaethwyr *GYNYDDU*, bydd nifer yr ysglyfaethau'n *LLEIHAU*.

h.y. Mae *mwy o wair* yn golygu *mwy o gwningod*.
Mae mwy o gwningod yn golygu *mwy o lwynogod*.
Ond mae mwy o lwynogod yn golygu *llai o gwningod*.
Yn y pen draw bydd llai o gwningod yn golygu *llai o lwynogod eto*.
Bydd y *patrwm hwn i fyny ac i lawr* yn parhau...

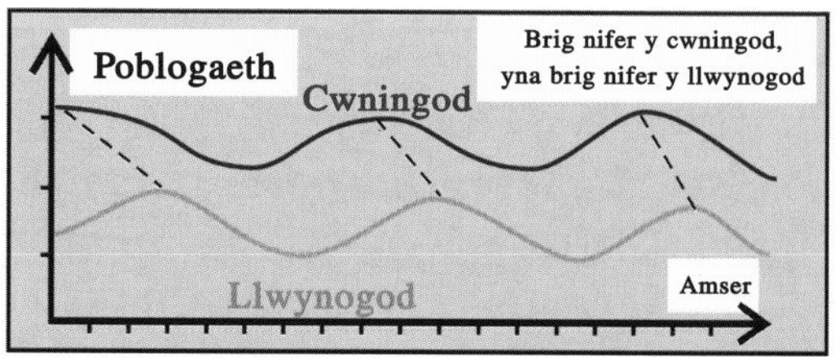

Poblogaeth
Cwningod
Brig nifer y cwningod, yna brig nifer y llwynogod
Llwynogod
Amser

Peidiwch â gadael i'r gwaith gael y gorau arnoch...

Os dysgwch yr holl bwyntiau ar y dudalen hon, dylech wybod yr hyn sydd ei angen arnoch am faint poblogaethau.

Addasu a Goroesi

Os *dysgwch y nodweddion* sy'n peri bod yr anifeiliaid hyn wedi addasu'n dda, gallwch eu cymhwyso i unrhyw anifail tebyg a gewch mewn cwestiwn Arholiad.

Yr Arth Wen (Polar Bear) — Addas ar gyfer Amodau'r Arctig

Mae gan yr *arth wen* yr holl nodweddion hyn: (sydd hefyd gan *sawl creadur arall yn yr Arctig*)

1) *Yn fawr o ran ei maint* ac yn *gryno o ran ei siâp* (h.y. yn grwn), gyda chlustiau bach, i gadw'r *arwynebedd arwyneb* i'r *isafswm* (o'i gymharu â phwysau'r corff) – fel na fydd yn *colli gormod o wres.*
2) *Haen drwchus o floneg* er mwyn eu *hynysu* ei hun a hefyd i'w chynnal ei hun ar adegau anodd pan fydd *bwyd yn brin.*
3) *Cot flewog drwchus* i gadw gwres y corff i mewn.
4) *Ffwr seimlyd* sy'n *bwrw dŵr* ar ôl nofio i *osgoi oeri* o ganlyniad i anweddu.
5) *Ffwr gwyn* fel *cuddliw* i weddu i'r amgylchoedd.
6) *Nofiwr cryf* i ddal bwyd yn y dŵr a *rhedwr cryf* i ddal ysglyfaethau ar y tir.
7) *Traed mawr* i *ledu'r pwysau* ar eira ac ar iâ.

Y Camel — Addas ar gyfer Amodau'r Diffeithdir

Mae gan y *camel* yr holl nodweddion hyn: (sydd hefyd gan *greaduriaid eraill y diffeithdir*)

1) Gall *storio* llawer o *ddŵr* heb drafferth. Gall yfed hyd at *20 galwyn* ar un tro.
2) Nid yw'n *colli fawr ddim o ddŵr.* Dim ond *ychydig o droeth* a gynhyrchir ganddo a *fawr ddim chwys.*
3) Gall oddef *newidiadau mawr* yn *nhymheredd ei gorff* fel nad oes angen chwysu.
4) *Traed mawr* i *ledu'r llwyth* ar dywod meddal.
5) Mae'r holl *fraster* yn cael ei storio yn y *crwb*, *does dim haen o fraster corff.* Mae hyn yn ei helpu i *golli* gwres o'r corff.
6) *Arwynebedd arwyneb mawr.* Mae siâp y camel yn bell o fod yn gryno, sy'n rhoi mwy o arwynebedd arwyneb i *golli gwres y corff* i'w amgylchoedd.
7) Mae ei *liw tywod* yn *guddliw* da.

Y Llew — Ysglyfaethwr perffaith

1) *Cryf, ystwyth* a *chyflym.*
2) *Genau cryf* a *dannedd miniog* i ladd ysglyfaeth.
3) *Golwg stereo* da gyda'r ddau lygad yn *wynebu ymlaen.*
4) *Cuddliw da* er mwyn hela ysglyfaeth.
5) *Dannedd* addas i *gnoi cig.*

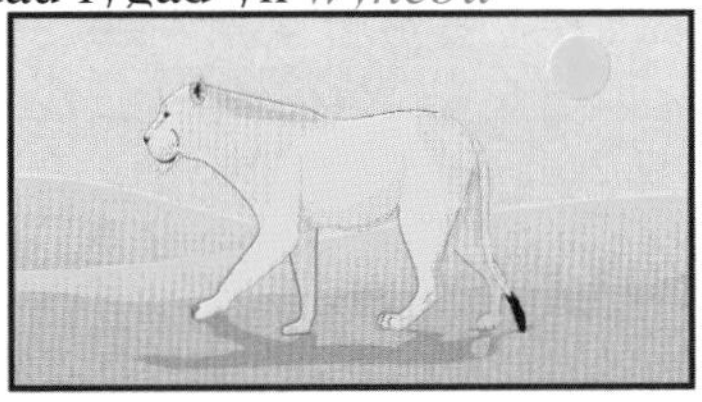

Y Gwningen — Ysglyfaeth berffaith

1) *Cyflym* ac *ystwyth* i ddianc rhag cael ei dal.
2) Llygaid ar ochr y pen i *weld o'i chwmpas.*
3) *Clustiau mawr* i glywed yn dda.
4) Lliw brown yn *guddliw.*
5) *Cynffon wen* i rybuddio ffrindiau.

Dysgwch er mwyn goroesi...

Mae'n werth dysgu'r holl nodweddion hyn am oroesi yn ddigon da i fedru eu hysgrifennu *o'ch cof.* Er bod llawer o fathau gwahanol o anifeiliaid a phlanhigion, a chanddynt nodweddion goroesi gwahanol, mae'r un egwyddorion yn dueddol o fod yn wir amdanyn nhw i gyd.

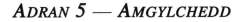

Llygredd Atmosfferig

Tair Prif Ffynhonnell Llygredd Atmosfferig...

1) Llosgi tanwyddau ffosil

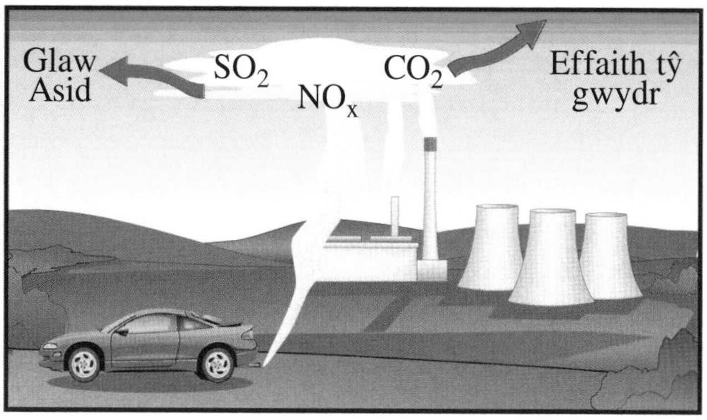
Glaw Asid
SO_2
NO_x
CO_2
Effaith tŷ gwydr

1) *Tanwyddau ffosil* yw *glo*, *olew* a *nwy naturiol*.
2) Prif losgwyr tanwyddau ffosil yw *ceir* a *gorsafoedd trydan*.
3) Maen nhw'n rhyddhau *carbon deuocsid* yn bennaf, sy'n achosi'r *effaith tŷ gwydr*.
4) Maen nhw hefyd yn rhyddhau *sylffwr deuocsid* ac *ocsidau nitrogen*, sy'n achosi *glaw asid*.

2) CFCau (Cloro-fflworo-carbonau)

Paent Chwistrell
oson

1) Cânt eu defnyddio mewn *aerosolau*, *oergelloedd*, *unedau aerdymheru* a *sbwng polystyren*.
2) Maen nhw'n achosi *twll* yn yr *haen oson*.
3) Mae hyn yn caniatáu i *belydrau uwchfioled niweidiol* gyrraedd arwyneb y Ddaear.

3) Plwm a ddefnyddir mewn Petrol

1) Mae petrol plwm (*4 seren*) 'hen ffasiwn' yn cynnwys *plwm* sy'n llygru'r aer.
2) Mae'r plwm yn cael ei *anadlu i mewn* ac yn achosi niwed i'r *system nerfol*.

Mae'n bwysig dysgu o *ble* y daw pob math o lygredd a *beth yn union yw effaith* pob llygrydd. Er enghraifft, nid yw sylffwr deuocsid na cloro-fflworo-carbonau (CFCau) yn effeithio ar yr effaith tŷ gwydr o gwbl. Mae'n bwysig peidio â drysu rhwng y gwahanol fathau o lygredd a'u heffeithiau.

Mae CFCau yn Achosi'r Twll yn yr Haen Oson

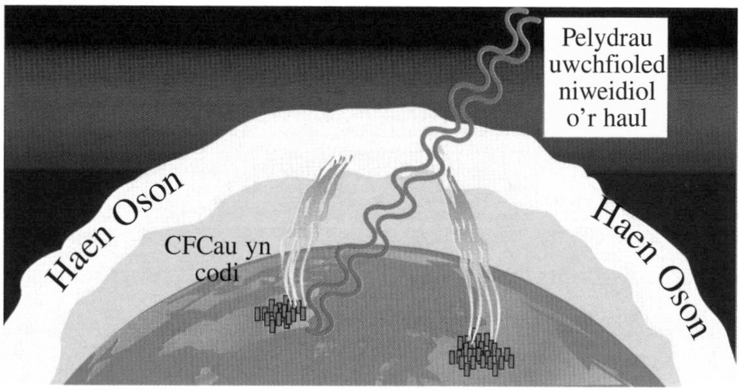
Pelydrau uwchfioled niweidiol o'r haul
Haen Oson
CFCau yn codi
Haen Oson

1) Moleciwlau wedi'u gwneud o dri atom ocsigen, O_3, yw *oson*.
2) Mae *haen* o oson yn *uchel* yn yr atmosffer.
3) Mae oson yn *amsugno* pelydrau uwchfioled niweidiol o'r haul.
4) Mae *nwyon CFC* yn adweithio gyda moleciwlau oson ac yn eu *dadelfennu*.
5) Mae *teneuo'r* haen oson yn caniatáu i *belydrau uwchfioled niweidiol* gyrraedd *arwyneb* y Ddaear.
6) Felly, mae'n *beryglus* mynd allan i'r *haul* mewn sawl rhan o'r byd oherwydd y *cynnydd yn y risg* o gael *canser y croen* o'r pelydrau uwchfioled niweidiol.
7) Erbyn hyn mae *nwyon eraill* yn cymryd lle CFCau, ond gallai effeithiau niweidiol yr CFCau *a ryddhawyd eisoes* barhau am *ganrifoedd*.

O sôn am lygredd, rhaid cofio dysgu'r cyfan...

Rhaid i chi *ymdrechu* i ddysgu'r gwahanol fathau o lygredd aer. Nodwch, er enghraifft, fod ceir yn gollwng *tri* pheth gwahanol sy'n achosi *tair* problem wahanol. Dysgwch y gwaith yn dda.

Yr Effaith Tŷ Gwydr

Mae Carbon Deuocsid a Methan yn Dal Gwres o'r Haul

Haen o CO_2 a Methan
Egni golau o'r haul
Adlewyrchu pelydriad gwres yn ôl i'r Ddaear

1) Mae *tymheredd* y Ddaear yn *gydbwysedd* rhwng y gwres y mae'n ei gael *o'r haul* a'r gwres y mae'n ei *belydru yn ôl i'r gofod*.
2) Mae'r *atmosffer* yn gweithredu fel *haen ynysu* ac yn cadw peth o'r gwres *i mewn*.
3) Dyma sy'n digwydd mewn *tŷ gwydr* neu *ystafell wydr*. Mae'r haul yn *disgleirio i mewn iddo* ac mae'r gwydr yn ei *gadw i mewn*.
   Felly, mae'n mynd yn *fwyfwy cynnes*.
4) Mae *sawl nwy gwahanol* yn yr atmosffer sy'n dda iawn o ran *cadw'r gwres i mewn*. Fe'u gelwir yn *'nwyon tŷ gwydr'*. Y *prif rai* y byddwn yn poeni amdanynt yw *methan* a *charbon deuocsid*, am fod lefelau'r rhain yn *cynyddu'n eithaf cyflym*.
5) Mae'r *Effaith Tŷ Gwydr* yn achosi i'r Ddaear *gynhesu'n* raddol iawn.

Gall yr Effaith Tŷ Gwydr achosi Llifogydd a Sychder... (!)

1) Gallai *newidiadau* ym *mhatrymau'r tywydd* a'r *hinsawdd* achosi problemau *sychder* neu *lifogydd*.
2) Byddai *capiau iâ pegynol* yn *ymdoddi* yn *codi lefel y môr*. Gallai hynny achosi *llifogydd* ar hyd llawer o *arfordiroedd* y byd lle mae'r tir yn isel gan gynnwys *llawer o ddinasoedd mawr*.

Mae'r Bywyd Diwydiannol Modern yn Achosi'r Effaith Tŷ Gwydr

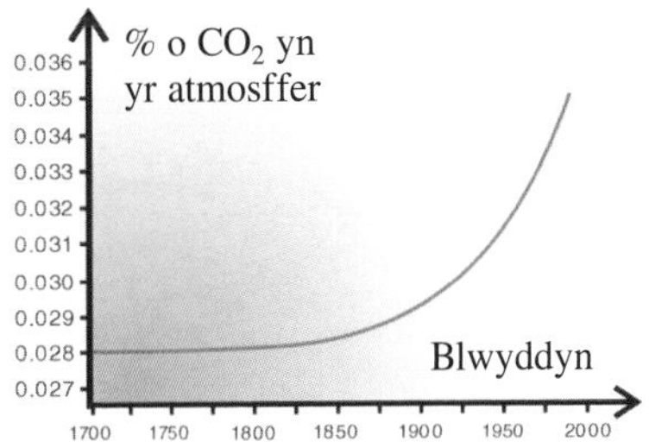
% o CO_2 yn yr atmosffer
0.036
0.035
0.034
0.033
0.032
0.031
0.030
0.029
0.028
0.027
Blwyddyn
1700
1750
1800
1850
1900
1950
2000

1) Ar un adeg bu *cydbwysedd da* yn lefel y *CO_2* yn yr atmosffer rhwng y CO_2 a *ryddhawyd drwy resbiradaeth* (anifeiliaid a phlanhigion) a'r CO_2 a *amsugnwyd drwy ffotosynthesis*.
2) Fodd bynnag, mae dynolryw wedi *llosgi cryn dipyn* o *danwyddau ffosil* yn ystod y *ddwy ganrif ddiwethaf*.
3) Rydym hefyd wedi *torri coed* ledled y byd er mwyn cael lle i fyw a ffermio. Y term am hyn yw *datgoedwigo*.
4) Mae lefel y CO_2 yn yr atmosffer wedi *cynyddu* tua *20%*. Bydd yn *parhau i gynyddu'n* gyflymach byth cyhyd ag y byddwn yn parhau i losgi *tanwyddau ffosil* — gweler y graff.

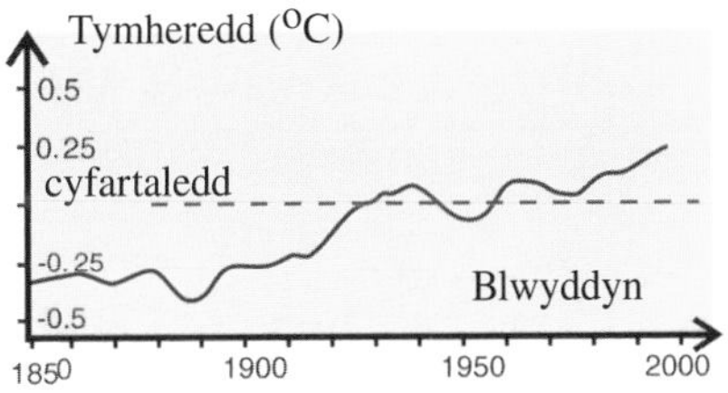
Tymheredd (^oC)
0.5
0.25
cyfartaledd
-0.25
-0.5
Blwyddyn
1850
1900
1950
2000

Mae Methan Hefyd yn Broblem

1) Mae nwy methan hefyd yn cyfrannu at yr Effaith Tŷ Gwydr.
2) Fe'i cynhyrchir yn naturiol o wahanol ffynonellau, megis corstir naturiol.
3) Fodd bynnag, y ddwy ffynhonnell o fethan sy'n cynyddu yw:
   a) Tyfu reis
   b) Magu gwartheg - y gwartheg yn gollwng gwynt yw'r broblem.

Mae'r gwres yn cynyddu a'r arholiadau'n agosáu — felly dysgwch y gwaith...

Mae llawer o fanylion ar y dudalen hon ac fe allech gael cwestiwn arnynt yn yr Arholiad. Ysgrifennwch *draethawd byr* ar gyfer pob adran gan *nodi'r hyn a gofiwch*...

Glaw Asid

Mae Llosgi Tanwyddau Ffosil yn Achosi Glaw Asid

1) Pan gaiff *tanwyddau ffosil* eu *llosgi* byddan nhw'n rhyddhau *carbon deuocsid* yn bennaf, sy'n achosi'r *Effaith Tŷ Gwydr*. Maen *nhw* hefyd yn rhyddhau *dau nwy niweidiol* arall:
   a) *SYLFFWR DEUOCSID* b) gwahanol *OCSIDAU NITROGEN*
2) Pan fydd y rhain yn *cymysgu â chymylau*, ffurfiant *asidau*, sydd wedyn yn disgyn fel *glaw asid*.
3) *Ceir* a *gorsafoedd trydan* yw'r *prif* bethau sy'n *achosi* glaw asid.

SO_2 + NO_x
Cwmwl Glân
Cwmwl Asid
Glaw Asid

Mae Glaw Asid yn Lladd Pysgod, Coed a Cherfluniau

1) Mae glaw asid yn achosi i *lynnoedd* droi'n *asidig*, sy'n cael *effaith ddifrifol* ar yr *ecosystem* honno.
2) Mae'r asid yn achosi i *halwynau alwminiwm hydoddi* yn y dŵr. Mae'r *ïonau alwminiwm* sy'n ganlyniad i hyn yn *wenwynig* i lawer o *bysgod ac adar*.
3) Mae glaw asid yn lladd *coed*.
4) Mae glaw asid yn gwneud drwg i *adeiladau calchfaen* ac yn *difetha cerfluniau carreg*.

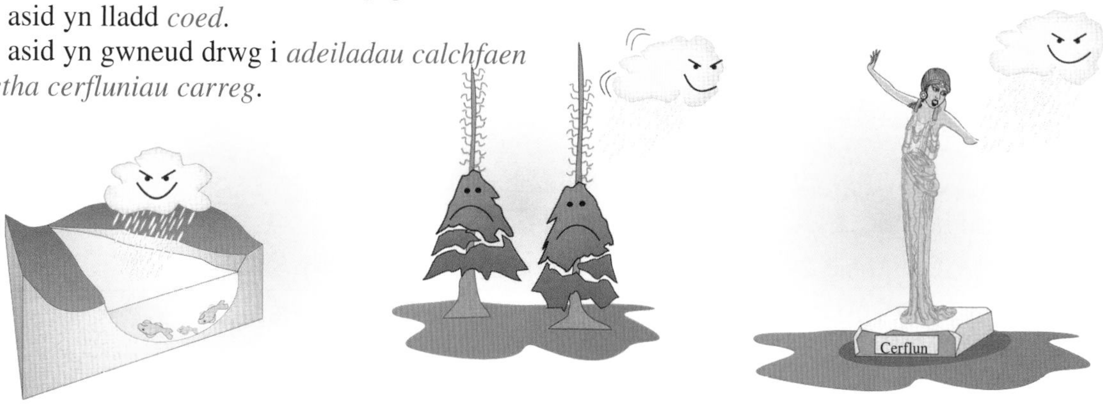
Cerflun

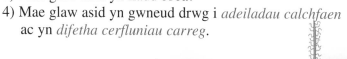

Mae Glaw Asid yn cael ei Atal drwy Lanhau Allyriant

1) Erbyn hyn mae *gorsafoedd trydan* yn defnyddio *Golchwyr* (*Scrubbers*) *Nwy Asid* i dynnu'r nwyon niweidiol *allan* cyn rhyddhau eu mygdarthau i'r atmosffer.
2) Mae *ceir* yn cael eu ffitio â *thrawsnewidyddion catalytig* i lanhau eu *nwyon gwacáu*.
3) Y ffordd arall o leihau glaw asid yw *lleihau'r defnydd* a wnawn o *danwyddau ffosil*.

trawsnewidydd catalytig

Rhaid dysgu am y math hwn o law a sut y caiff ei achosi...

Does dim llawer o fanylion i'w dysgu yma. Bydd angen gwybod pethau fel 'Pa nwyon sy'n achosi glaw asid a pham?' *Dysgwch a mwynhewch.*

Mae Gormod o Bobl

Mae Poblogaeth y Byd yn Cynyddu Allan o Reolaeth o ganlyniad i Feddygaeth ac Amaethyddiaeth Fodern

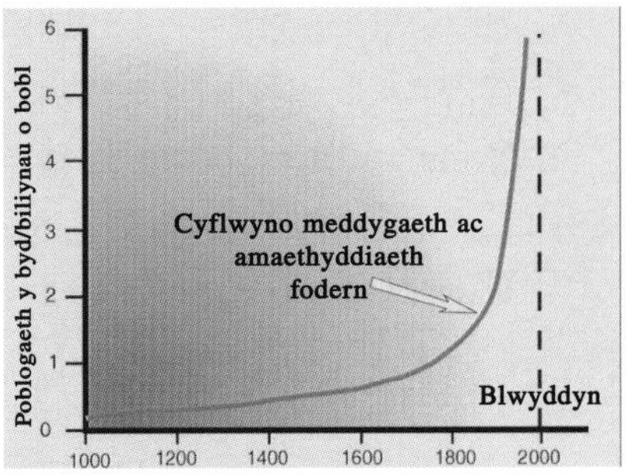

Poblogaeth y byd/biliynau o bobl
0
1
2
3
4
5
6
Cyflwyno meddygaeth ac amaethyddiaeth fodern
Blwyddyn
1000
1200
1400
1600
1800
2000

1) Ar hyn o bryd mae *poblogaeth y byd* yn *cynyddu allan o reolaeth* fel y gwelir yn y graff.
2) Mae hyn wedi'i achosi yn bennaf gan *feddygaeth fodern* sydd wedi atal marwolaethau ar raddfa fawr o ganlyniad i *glefyd*.
3) Mae hefyd wedi'i achosi gan *ddulliau modern o ffermio* sy'n gallu darparu *bwyd* ar gyfer cynifer o bobl.

Mae un yn cael ei eni bob munud — ac mae hynny'n ormod

1) Erbyn hyn mae'r *gyfradd marwolaethau* yn *is o lawer* na'r *gyfradd genedigaethau* mewn llawer o wledydd sy'n datblygu. Hynny yw, mae *llawer mwy o fabanod yn cael eu geni* nag sydd o bobl yn *marw*.

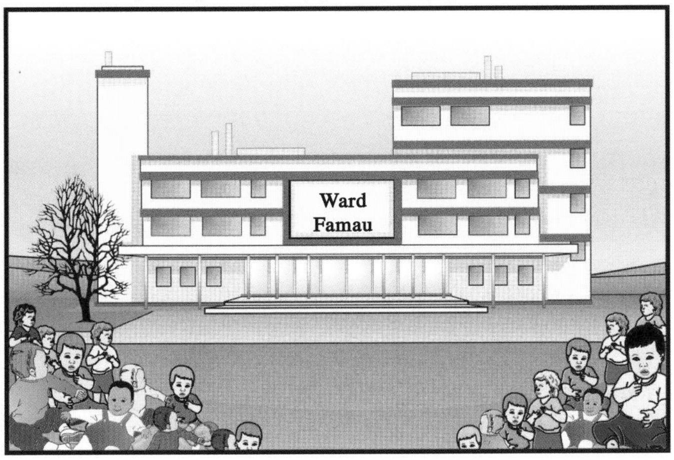

Ward Famau

2) Felly rhaid bod y *boblogaeth* yn *cynyddu*.
3) Mewn llawer o *wledydd tlawd* mae'n *cynyddu'n gyflym* iawn.
4) Mae hyn yn creu *problemau mawr* i'r gwledydd hyn wrth geisio *ymdopi* â'r holl bobl *ychwanegol*.
5) Mae darparu *gofal iechyd ac addysg sylfaenol* (ynglŷn ag atal cenhedlu) yn anodd, heb sôn am gael *bwyd a chysgod* ar eu cyfer. Os yw'r boblogaeth yn tyfu'n rhy gyflym, mae'n creu *trafferthion difrifol iawn.*
6) Yn anffodus mae'n broblem sy'n *anodd iawn* ei datrys – ac mae'n *gwaethygu'n gyflym.*

Mae Mwy o Bobl yn Golygu Mwy o Niwed i'r Amgylchedd

1) Wrth i'r gwledydd tlawd droi'n raddol yn fwy *diwydiannol* ac wrth i'r *boblogaeth gynyddu'n gyflym*, bydd y galw ar *adnoddau prin* y Ddaear yn cynyddu'n gyflym hefyd.
2) Bydd *lefelau llygredd* hefyd yn *cynyddu*, wrth iddynt losgi *pren* a *thanwyddau ffosil* i hybu *twf eu heconomïau* a defnyddio'u *cronfeydd mwynau* i gynhyrchu cysuron materol (fel y gwnawn ni hefyd, cofiwch).
3) Mae *datgoedwigo* hefyd yn rhemp er mwyn creu *mwy o le* i bobl fyw a *ffermio*. Mae *coedwigoedd glaw* y byd yn cael eu *dinistrio* ar *raddfa fawr* gan y gwledydd lle maent yn tyfu, er mwyn gwneud lle i *fagu gwartheg* ac i'w *poblogaeth* sy'n cynyddu *allan o reolaeth* gael lle i fyw.
4) *Ni all hyn barhau* am byth. Bydd rhyw drychineb yn siŵr o ddigwydd os na chaiff hyn ei ddatrys yn fuan.

Dysgwch y ffeithiau...

Mae'r wybodaeth ar y dudalen hon yn frawychus. Ond eich problem uniongyrchol chi yw'r Arholiad. Felly, dysgwch y ffeithiau i gyd. Tair adran - *traethawd byr* ar gyfer pob un, nes *y gwyddoch y cyfan.*

Problemau a Achosir gan Ffermio

Mae Ffermio'n Cynhyrchu Llawer o Fwyd, sy'n beth da, ond...

1) *Mae ffermio'n bwysig* am ei fod yn caniatáu i ni gynhyrchu *llawer o fwyd* o *lai a llai o dir*.
2) Erbyn hyn mae'n ddiwydiant sy'n defnyddio *uwch dechnoleg*. Mae cynhyrchu bwyd yn *fusnes mawr*.
3) Y fantais fawr yw *amrywiaeth helaeth* o fwydydd o'r *safon uchaf*, *drwy gydol y flwyddyn*, am *brisiau rhad*.
4) Mae hyn yn wahanol iawn i'r sefyllfa ym Mhrydain *yng nghanol y ganrif ddiwethaf*, pryd y bu'n rhaid i'r llywodraeth *ddogni* bwyd am *nad oedd digon ar gael* i bawb.

... Gall Ffermio Dwys Ddinistrio'r Amgylchedd

Mae dulliau modern o ffermio ac amaethyddiaeth yn rhoi i ni y gallu i gynhyrchu *digon o fwyd* i bawb. Ond mae *pris* mawr i'w dalu. Pris yr ydym eisoes yn ei dalu.
Gall dulliau modern o ffermio *wneud drwg i'r byd yr ydym yn byw ynddo*. Caiff ei *lygru*, ei *anharddu* a'i *amddifadu o fywyd gwyllt*. Dyma'r prif effeithiau:

1) *CAEL GWARED Â PHERTHI* i greu caeau enfawr er mwyn ffermio'n *fwy effeithlon*. Mae hyn yn *dinistrio cynefin naturiol* llawer o *greaduriaid gwyllt* a gall arwain at *erydu'r pridd* yn ddifrifol.
2) Colli dolydd yn llawn o flodau gwyllt, colli coetiroedd naturiol a pherllannau o goed ceirios, colli caeau tonnog o wair a blodau a bryniau coediog a lonydd deiliog – y cwbl yn *diflannu* o fewn ychydig ddegawdau.
3) Mae defnyddio *GWRTEITHIAU* yn ddiofal yn llygru *afonydd* a *llynnoedd*.
4) *MAE PLALEIDDIAID YN TARFU AR GADWYNAU BWYDYDD* ac yn lleihau poblogaethau llawer o *bryfed*, *adar* a *mamolion*.
5) Mae'n gwbl anweddus defnyddio dulliau *DWYS* o *gadw anifeiliaid*, e.e. *ieir batri* a *lloi tew mewn cewyll*.

Mae'n bosibl ffermio'n effeithlon a diogelu'r amgylchedd ar yr un pryd. Ond bydd yn *rhaid cyfaddawdu ar yr elw a'r effeithlonrwydd* os ydym i osgoi troi ein cefn gwlad yn un *ffatri fwyd ddiwydiannol fawr* ac os ydym am drin ein cydgreaduriaid â rhywfaint o *wedduster a pharch a dyngarwch*.

DATGOEDWIGO — *Y* Pedair Problem Fawr y mae'n eu Hachosi...

Rydym eisoes fwy neu lai wedi datgoedwigo *EIN GWLAD NI*. Yn awr mae llawer o *wledydd sy'n datblygu* yn gwneud yr un fath. Ond gall torri llawer o goed yn yr *hinsoddau trofannol* hyn achosi sawl *problem* amgylcheddol ddifrifol:

1) *GOSTWNG Y LEFELAU GLAWIAD* yn yr ardal honno am na fydd lleithder bellach yn anweddu i'r aer o'r coed.
2) *ERYDU'R PRIDD YN DDIFRIFOL* pan fydd glaw trwm am nad oes gwreiddiau i ddal y cwbl at ei gilydd.
3) *LLIFOGYDD DIFRIFOL* am fod y pridd yn cael ei ysgubo i'r afonydd ac yn eu siltio, a'r afonydd wedyn yn gorlifo...
4) *CYNYDDU'R LEFELAU* CO_2 yn yr atmosffer am nad yw'r coed yno bellach i gael gwared ag ef.

Llawer i'w ddysgu, dim amser i'w wastraffu...

Mwy o broblemau amgylcheddol a llawer o fanylion i'w dysgu. Ond rhaid dysgu'r gwaith os ydych am lwyddo yn yr Arholiad. Felly, dysgwch y gwaith a mwynhewch y llwyddiant.

Problemau a Achosir gan Ffermio

Mae *plaleiddiaid* a *gwrteithiau* yn *gemegau artiffisial* sy'n cael eu gwasgaru'n *helaeth* ar dir amaethyddol bob blwyddyn. Ni sylwyd ar yr *effeithiau niweidiol* yn ddigon buan bob tro.

Mae Plaleiddiaid yn Tarfu ar Gadwyni Bwyd

1) Chwistrellir *plaleiddiaid* ar y *rhan fwyaf o gnydau* i ladd y gwahanol *bryfed* a all wneud *drwg* i'r cnydau.
2) Yn anffodus, maen nhw hefyd yn *lladd llawer* o *bryfed diniwed* fel *gwenyn* a *chwilod.*
3) Gall hyn achosi *prinder bwyd* i lawer o *adar sy'n bwyta pryfed.*
4) Mae *plaleiddiaid* yn dueddol o fod yn *wenwynig* ac mae perygl bob amser y caiff y gwenwyn ei *drosglwyddo* i *anifeiliaid* eraill (yn ogystal â *phobl*).

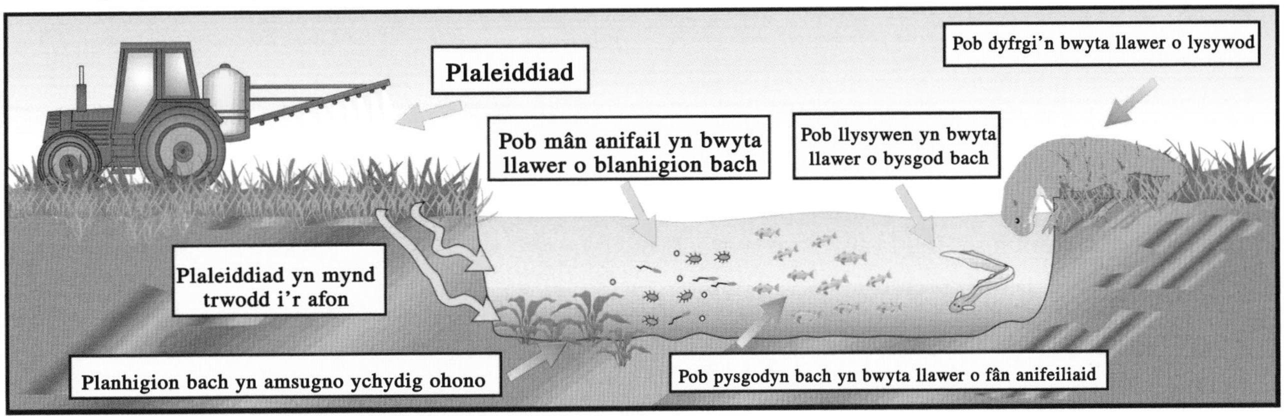
Pob dyfrgi'n bwyta llawer o lysywod
Plaleiddiad
Pob mân anifail yn bwyta llawer o blanhigion bach
Pob llysywen yn bwyta llawer o bysgod bach
Plaleiddiad yn mynd trwodd i'r afon
Planhigion bach yn amsugno ychydig ohono
Pob pysgodyn bach yn bwyta llawer o fân anifeiliaid

Enghraifft dda o hyn yw'r *dyfrgwn* a oedd bron wedi'u *dileu* o ran helaeth o Dde Lloegr gan y plaleiddiad *DDT* yn yr 1960au cynnar. Mae'r diagram yn dangos y *gadwyn fwyd* sy'n gorffen gyda'r *dyfrgi*. Ni chaiff *DDT* ei *ysgarthu*. Felly mae'n *cronni* ar hyd y *gadwyn fwyd* ac yn y pen draw y *dyfrgi* sy'n cael yr holl *DDT* a gasglwyd gan yr holl anifeiliaid eraill.

Mae Gwrteithiau'n Gwneud Drwg i Lynnoedd ac Afonydd — Ewtroffigedd

1) Mae *gwrteithiau* sy'n cynnwys *nitradau* yn hanfodol i ddulliau *ffermio modern.*
2) Hebddynt ni fyddai'r *cnydau'n tyfu* hanner cystal ac fe fyddai *gostyngiad mawr* yn y *cynnyrch bwyd.*
3) Y rheswm yw bod y cnydau'n *cymryd nitradau allan o'r pridd* ac mae angen rhoi mwy yno *yn eu lle.*
4) Mae'r *problemau'n* dechrau pan fydd peth o'r *gwrtaith bras* yn mynd i mewn i *afonydd a nentydd.*
5) Mae hyn yn digwydd yn *ddigon hawdd* os defnyddir *gormod o wrtaith*, yn *enwedig os daw glaw* yn fuan wedyn.
6) Y canlyniad yw *EWTROFFIGEDD*, sydd yn y bôn yn golygu '*gormod o'r hyn sy'n dda*'. (Gall *carthion crai* sy'n cael eu pwmpio i'r afonydd achosi'r un broblem.)

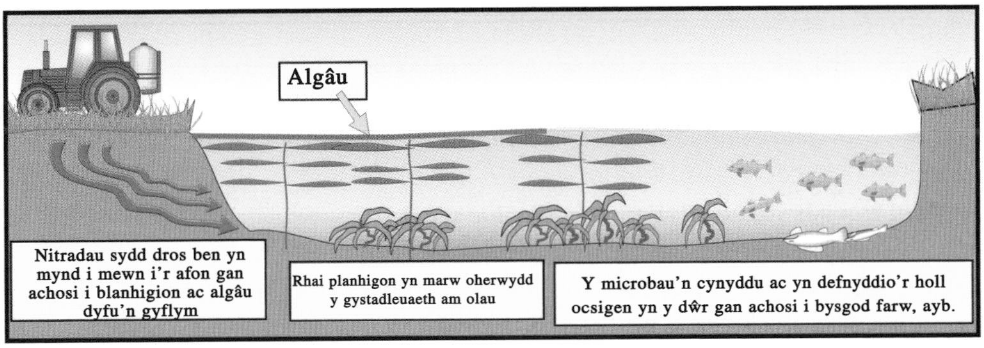
Algâu
Nitradau sydd dros ben yn mynd i mewn i'r afon gan achosi i blanhigion ac algâu dyfu'n gyflym
Rhai planhigon yn marw oherwydd y gystadleuaeth am olau
Y microbau'n cynyddu ac yn defnyddio'r holl ocsigen yn y dŵr gan achosi i bysgod farw, ayb.

Fel y gwelir yn y llun, mae *gormod o nitradau* yn y dŵr yn achosi *twf*, *marwolaeth* a *phydredd* ar *raddfa fawr* sy'n effeithio ar y rhan fwyaf o'r *planhigion a'r anifeiliaid* yn y dŵr.

7) Mae angen i *ffermwyr* gymryd *llawer mwy o ofal* wrth wasgaru *gwrteithiau artiffisial.*

Rydym wedi gwasgaru'r wybodaeth, yn awr dysgwch hi...

Cofiwch wahaniaethu rhwng *plaleiddiaid* (sy'n lladd pryfed) a *gwrteithiau* (sy'n rhoi maetholynnau i'r planhigion) . Gall y ddau fod yn niweidiol ond am resymau gwahanol. Rhaid dysgu'r manylion yn ofalus. *Cuddiwch y dudalen ac ysgrifennwch draethodau byr...*

Ecosystemau Rheoledig

Mae Ffermio Organig yn dal i fod yn berffaith Ymarferol

Mae *ffermio modern* yn cynhyrchu llawer o *fwyd o'r safon uchaf* sydd i'w weld ar silffoedd yr uwchfarchnadoedd. Ond *NI* ellid disgrifio ffermio modern fel '*ecosystem wedi'i rheoli'n ofalus*'. Mae pob techneg newydd mewn ffermio modern yn tueddu i greu gwahanol ganlyniadau '*annisgwyl*' neu ganlyniadau '*nad oedd neb yn hidio amdanynt*'.
Mae *ffermio traddodiadol* yn dal i weithio, ond mae'n cynhyrchu *llai o fwyd am bob erw* ac mae ychydig yn *ddrutach* hefyd. Yr ochr gadarnhaol i hyn yw bod yr *ecosystem gyfan* yn parhau mewn *cydbwysedd*, bod cefn gwlad yn dal i *edrych yn hardd* a bod yr *anifeiliaid* yn cael *chwarae teg* hefyd.
Gan fod Ewrop erbyn hyn yn *gorgynhyrchu bwyd*, efallai ei bod hi'n bryd rhoi sylw i'r pethau hyn yn hytrach na cheisio am '*y cynnyrch bwyd mwyaf beth bynnag fo'r gost*'. Mae'n bosibl cynhyrchu digon o fwyd a chynnal *ecosystem gytbwys*. *Y TRI PHRIF BETH* y gellir eu gwneud yw:

1) Defnyddio *gwrteithiau organig* (h.y. gwasgaru tail ar y pridd).
2) *Ailgoedwigo* a '*neilltuo*' tir ar gyfer dolydd, i roi cyfle i *blanhigion ac anifeiliaid gwyllt*.
3) *Defnyddio dulliau biolegol i reoli* plâu. Gellir ceisio rheoli plâu sy'n gwneud drwg i gnydau â chreaduriaid eraill sy'n eu bwyta yn hytrach na defnyddio *plaleiddiaid*. Nid yw bob amser mor effeithiol, ond mae'n osgoi'r *broblem o niweidio cadwyni bwyd*.

Ecosystem Fferm Bysgod Eogiaid yn yr Alban

Yn yr 1980au roedd nifer y *penfreision ym Môr y Gogledd* yn *lleihau*. Bu'n rhaid gosod cwotâu er mwyn i *nifer y penfreision gynyddu*. Dyma enghraifft o ecosystem yn *colli cydbwysedd*. I ymateb i'r broblem, sefydlwyd '*ffermydd pysgod*' i fagu pysgod yn fwriadol mewn modd rheoledig.

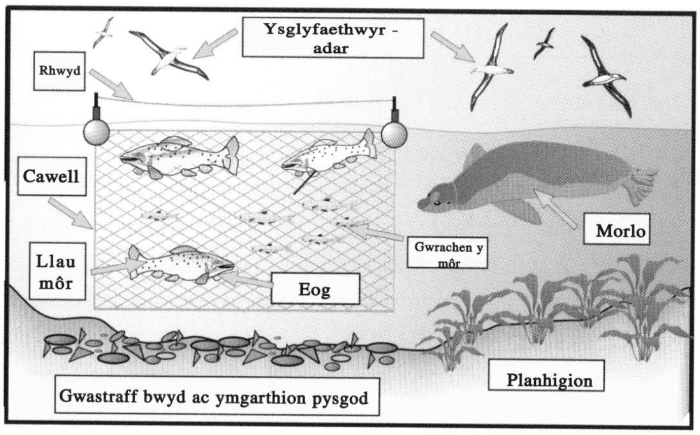

Ysglyfaethwyr - adar
Rhwyd
Cawell
Llau môr
Eog
Gwrachen y môr
Morlo
Planhigion
Gwastraff bwyd ac ymgarthion pysgod

Yr enghraifft orau yw'r *ffermydd pysgod eogiaid* ar *arfordir gorllewin yr Alban*:

1) Cedwir y pysgod mewn *cewyll* mewn *moryd* i'w *diogelu* rhag *ysglyfaethwyr* fel adar a morloi (a phobl) a hefyd i *leihau'r egni a ddefnyddiant* wrth nofio i chwilio am fwyd – h.y. fe'u *cedwir yn llonydd* fel y bydd mwy o *egni'n cael ei drosglwyddo* o un *lefel droffig* i'r *llall*.
2) Rhoddir *pelenni bwyd* iddynt, ond *rheolir y diet yn ofalus*. Gwneir hyn i sicrhau y caiff yr *egni mwyaf posibl ei drosglwyddo*, ond hefyd i osgoi *llygru'r* foryd. Gallai *gormod* o fwyd ac ymgarthion o'r eogiaid achosi i *ormod o facteria* ddefnyddio'r *ocsigen*, fel na allai *anifeiliaid barhau i fyw* ar waelod y foryd.
3) Fe gaiff yr *wyau* eu *ffrwythloni'n artiffisial* ac fe gaiff yr ifanc eu magu mewn *tanciau arbennig* i'w diogelu rhag *ysglyfaethwyr* ac i sicrhau y bydd cynifer ag sy'n bosibl yn byw.
4) Mae pysgod a gedwir mewn rhwydi yn dueddol o gael *clefydau* a *pharasitiaid*. Un pla yw *llau pysgod*. Gall y rhain gael eu trin â'r *cemegyn Dichlorvos* sy'n eu lladd.
5) Ond am fod *plaleiddiaid cemegol* yn dueddol o *aros* yn y foryd a niweidio *creaduriaid eraill*, defnyddir *dulliau biolegol o reoli plâu* os yw'n bosibl. Un enghraifft yw defnyddio'r pysgod bach, *gwrachod y môr* (*wrasse*), sy'n *bwyta llau pysgod* oddi ar gefnau'r eogiaid, gan gadw'r stoc yn *rhydd o lau*.

Pan ewch adre o ganol sŵn yr ysgol, dysgwch y ffeithiau...

Gwnewch yn siŵr y gallwch roi disgrifiad da o '*ecosystem gytbwys*' ac '*ecosystem wedi'i rheoli'n ofalus*', gydag enghreifftiau. Dylech wybod pam y mae ffermio organig yn cynrychioli ecosystem gytbwys yn wahanol i ddulliau modern o ffermio. Dysgwch hefyd am ffermydd pysgod.

Ecosystemau Rheoledig

Ecosystemau Tai Gwydr

Mae gan *dai gwydr fanteision* er mwyn *tyfu bwyd yn fasnachol*:

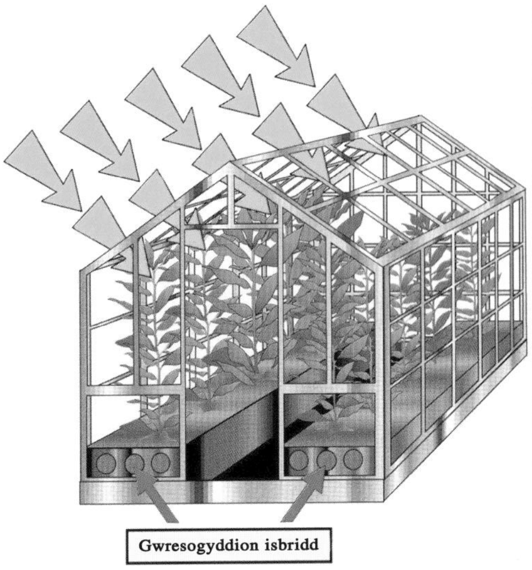
Gwresogyddion isbridd

1) Maen nhw'n *dal gwres yr haul* gan achosi i'r planhigion dyfu'n *gynt* nag a wnaent y tu allan.
2) Maen nhw'n ein galluogi i dyfu planhigion *allan o'u tymor* drwy ddefnyddio *gwresogyddion* a *golau artiffisial.*
3) Gall yr amodau gael eu *rheoli'n* llwyr.
4) Gellir *cynyddu* lefelau'r *carbon deuocsid*, *y golau* a'r *tymheredd* i greu'r *amodau optimwm* ar gyfer *ffotosynthesis* a thrwy hynny eu hybu i *dyfu i'w heithaf.*
5) Gellir eu cadw'n *rhydd o glefydau* a *phlâu* drwy *hylendid* da a *sgriniau.*
6) Mae'n hawdd *gweld plâu* a gellir eu *rheoli'n rhwydd* â *chemegau* neu *reolaeth fiolegol.*

PLÂU CYFFREDIN YW: 1) LLYSLAU, 2) PRYFED BLODIOG, 3) CLÊR GWYN, 4) GWIDDON COCH

Gall y rhain gael eu rheoli â *chemegau*. *Anfanteision plaleiddiaid cemegol*:
1) Gall rhai plâu, e.e. pryfed blodiog (*mealy bugs*) *wrthsefyll* plaleiddiaid yn weddol dda.
2) *Nid* yw *effaith* y plaleiddiad yn *para*, felly rhaid ei ailddefnyddio'n weddol *aml.*
3) Gallant hefyd *ladd pryfed nad ydynt yn niweidiol* fel *gwenyn* sy'n helpu *peilliad* a *buchod coch cwta* sy'n bwyta *llau'r dail* (*greenfly*).
4) Yn olaf, byddai'n *well* gan bobl beidio â bwyta bwyd a *chwistrellwyd â chemegau.*
5) Y dewis arall yw *rheolaeth fiolegol ar blâu...*

Gall Rheolaeth Fiolegol ar Blâu gymryd Rhai Misoedd

I reoli plâu mewn tai gwydr mae *pryfed arbennig* ar gael:
1) Mae'r gwybedyn mân *APHIDOLETES* yn dodwy *larfau* sy'n *bwyta llyslau* (*aphids*).
2) Mae *math arbennig o fuwch goch gota* sy'n ymosod ar *bryfed blodiog.*
3) *Cacynen fach* yw'r *ENCARSIA* sy'n dodwy ei hwyau y *tu mewn i glêr gwyn* sydd wedyn yn cael eu *bwyta o'r tu mewn.*
4) *Gwiddonyn bach* yw'r *PHYTOSEIULUS* sy'n *ymosod ar widdon coch* (*red spider mites*).

Mae'r graff yn dangos y math o *raddfeydd amser* a all fod ynghlwm wrth *reolaeth fiolegol ar blâu* a sut y mae poblogaethau'r *pla* a'r *ysglyfaethwr* yn amrywio.

Sylwch y gall gymryd *18 mis* i *reoli'r* pryfed trafferthus. Bydd y ddwy boblogaeth yn raddol yn dilyn *patrwm tonnog cymedrol.*

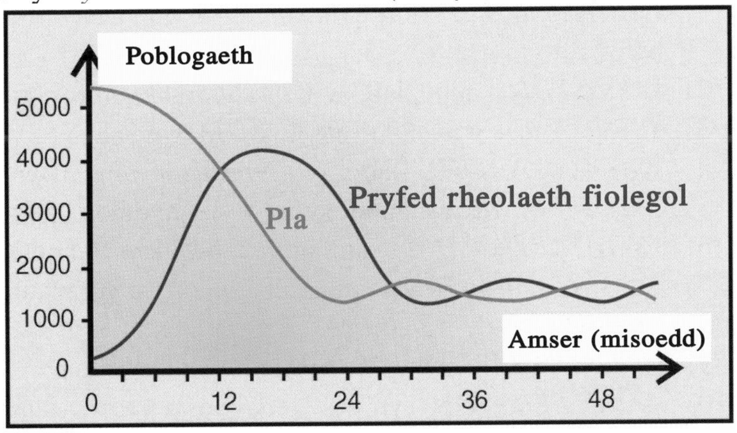
Poblogaeth
5000
4000
3000
2000
1000
0
Pla
Pryfed rheolaeth fiolegol
Amser (misoedd)
0
12
24
36
48

18 mis i reoli pryfed, llai na hynny i ddysgu ar gyfer arholiad...

Mae tai gwydr yn enghraifft dda arall o *ecosystem reoledig*. Fe allech gael cwestiwn ar dai gwydr a ffermydd pysgod. Felly dylech gymryd amser i *ddysgu'r* ffeithiau.

Gweoedd Bwydydd

Gwe Fwydydd ar gyfer Coetir

Mae'r gwaith hwn yn ddigon hawdd.

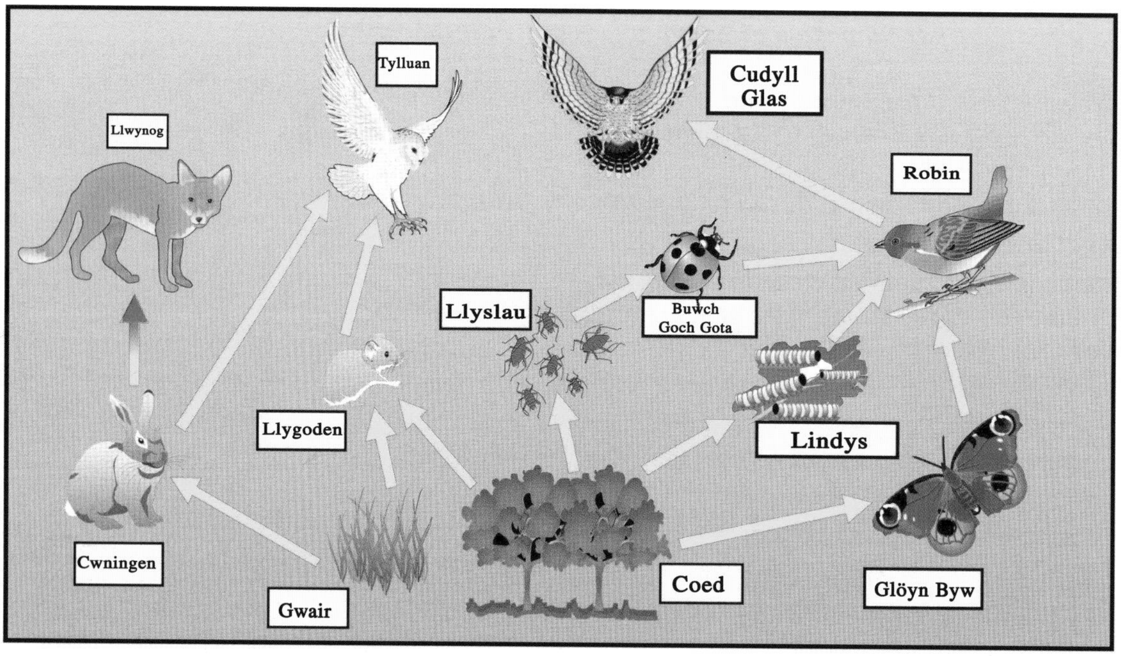
Tylluan
Cudyll Glas
Llwynog
Robin
Llyslau
Buwch Goch Gota
Llygoden
Lindys
Cwningen
Gwair
Coed
Glöyn Byw

Cadwyni Bwyd — mae'r Saethau'n dangos ble mae'r Egni'n mynd

1) Mae *cadwyn fwyd* yn rhan o *we fwydydd*, yn dechrau ar y gwaelod ac yn *dilyn y saethau* i fyny.
2) Cofiwch fod y *saethau'n* dangos i ba gyferiaid y mae'r *egni bwyd yn symud*.
3) Peidiwch â drysu ynglŷn â *phwy sy'n bwyta pwy*. Mae'r saeth yn golygu '*YN CAEL EI FWYTA GAN*', felly rydych yn *dilyn y saeth* at yr un sy'n *bwyta*.
4) O we fwydydd y coetir fe allem gymryd y *gadwyn fwyd* ganlynol:

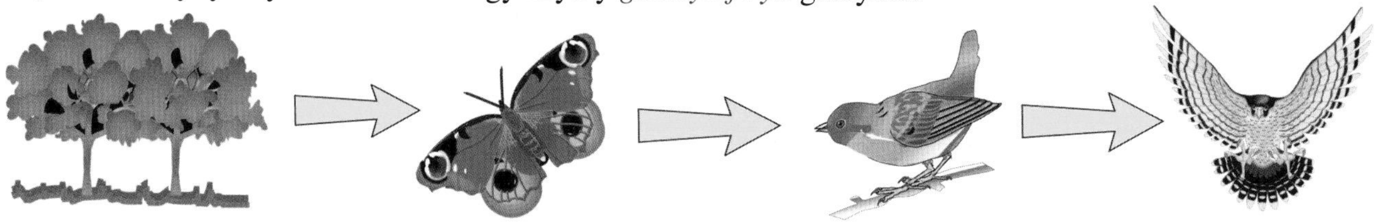

Termau y mae angen i chi eu gwybod

1) *CYNHYRCHYDD* – mae pob *planhigyn* yn *gynhyrchydd*, yn defnyddio egni'r haul i gynhyrchu egni bwyd.
2) *LLYSYSYDD* – anifeiliaid sy'n *bwyta planhigion yn unig*, e.e. cwningod, lindys, llyslau.
3) *YSYDD* – mae pob *anifail* yn *ysydd*. Mae planhigion yn gynhyrchwyr yn hytrach nag yn ysyddion.
4) *YSYDD CYNRADD* – anifail sy'n bwyta *cynhyrchwyr* (planhigion).
5) *YSYDD EILAIDD* – anifail sy'n bwyta ysyddion cynradd.
6) *YSYDD TRYDYDDOL* – anifail sy'n bwyta ysyddion eilaidd.
7) *CIGYSYDD* – yn bwyta *anifeiliaid yn unig*, byth planhigion.
8) *CIGYSYDD UCHAF* – *ni chaiff ei fwyta gan ddim arall*, ar wahân i ddadelfenyddion ar ôl iddo farw.
9) *HOLLYSYDD* – yn bwyta *planhigion ac anifeiliaid*.
10) *DADELFENNYDD* – yn byw ar *ddefnydd marw* – cynhyrchwyr, ysyddion, cigysydd uchaf, y cwbl.
11) *LEFEL DROFFIG* – mae pob *cam* ar hyd y *gadwyn fwyd* yn lefel droffig.

Wedi darllen y dudalen, byddai'n WErth dysgu'r gwaith yn fuan...

Mae'r termau a'r diffiniadau yn bwysig. Felly, gwnewch yn siŵr eich bod yn eu gwybod nhw i gyd.

Gwneud Tyllau mewn Gweoedd Bwydydd

Gwe Fwydydd Nodweddiadol ar gyfer Pwll

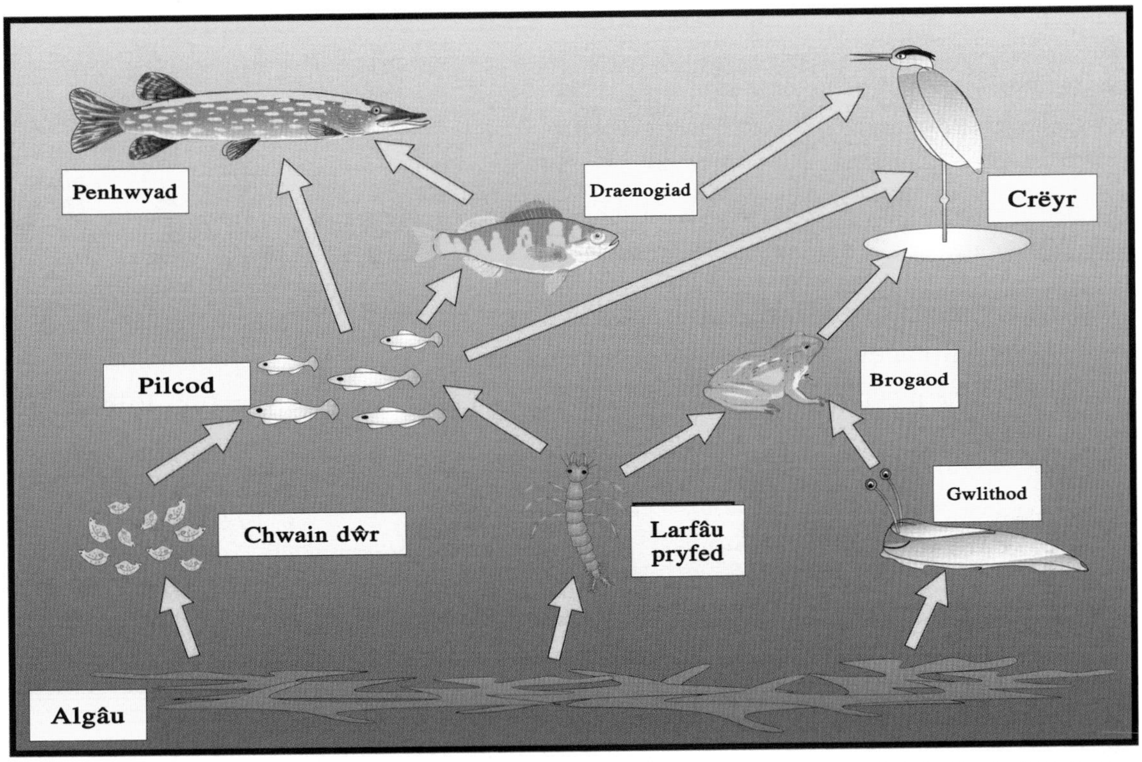
Penhwyad
Draenogiad
Crëyr
Pilcod
Brogaod
Gwlithod
Chwain dŵr
Larfâu pryfed
Algâu

Cwestiwn — Beth sy'n digwydd os tynnwch allan y brogaod...?

1) Dyma'r *math arferol o gwestiwn Arholiad.*
2) Mae un o'r anifeiliaid yn cael ei ddileu – beth fydd yr effaith ar y creaduriaid *eraill*?
3) Er enghraifft, pe bai'r holl *frogaod* yn cael eu *dileu*, beth ddigwyddai i nifer y *gwlithod* neu'r *draenogiaid*?
4) Mae'n *ddigon syml*, ond rhaid *ystyried* y peth yn ofalus:
   a) Byddai nifer y *GWLITHOD* yn *cynyddu* am *na fyddai dim yn eu bwyta* mwyach.
   b) Mae'r *DRAENOGIAID* yn anoddach. Heb frogaod byddai'r crehyrod yn *bwyta mwy o ddraenogiaid* (a philcod a larfâu pryfed). Felly byddai nifer y draenogiaid yn *lleihau.*

Rhaid deall y diagramau (h.y. pwy sy'n bwyta pwy) ac yna ystyried y mater *yn ofalus*. Ystyriwch pa anifeiliaid *na fyddant yn awr yn cael eu bwyta* a pha anifeiliaid *fydd heb fwyd*. Ystyriwch *yr hyn a wnânt ynglŷn â hyn* – ac effaith hynny *ar y pethau eraill* yn y we.

Cwestiwn Arall — Beth ddigwyddai pe baech yn tynnu allan y pilcod...?

1) Yn gyntaf, byddai'r *chwain dŵr* yn *cynyddu.*
2) Byddai'r *draenogiaid* ar y llaw arall *mewn trafferthion*. Byddai arnynt *eisiau bwyd*, ond hefyd byddai llawer mwy ohonynt yn cael eu *bwyta* gan *benhwyaid* a *chrehyrod.*
3) I ddechrau byddai'r *brogaod* yn *elwa* o gael *mwy o'r larfâu pryfed*, ond yna byddai'r *crehyrod* yn bwyta *mwy o frogaod* am nad oes *pilcod* ac yna am fod llai o ddraenogiaid.
4) Byddai'r *gwlithod* ar eu hennill am fod y *brogaod* yn bwyta mwy o *larfâu pryfed* (yn hytrach na gwlithod) a hefyd *yn cael eu bwyta* gan y crehyrod. Mae'n ddigon syml os *ystyriwch y peth.*

Os tynnwch allan y dysgu, chi fydd ar eich colled...

Bydd cwestiwn ar we fwydydd yn debygol o ofyn beth ddigwyddai pe bai un o'r creaduriaid yn cael ei ddileu. Dylech ymarfer gyda'r ddwy we fwydydd a roddir yma, gan ddileu organebau (un ar y tro!) a phenderfynu beth fydd yn digwydd i'r lleill.

Pyramidiau Niferoedd a Biomas

Mae hyn yn hawdd hefyd. *Gwnewch yn siŵr eich bod yn gwybod* ystyr y pyramidiau *i gyd*.

Bob tro yr ewch i fyny Lefel Droffig, bydd llai ohonynt...

5000 dant y llew... yn bwydo... *100* cwningen... sy'n bwydo... *un* llwynog.

HYNNY YW, bob tro yr ewch i *fyny un lefel* (un lefel droffig) bydd *nifer yr organebau'n lleihau – GRYN DIPYN*. Mae'n cymryd *llawer* o fwyd o'r lefel *is* i gadw un anifail yn fyw. Felly, fe gawn y *pyramid niferoedd*:

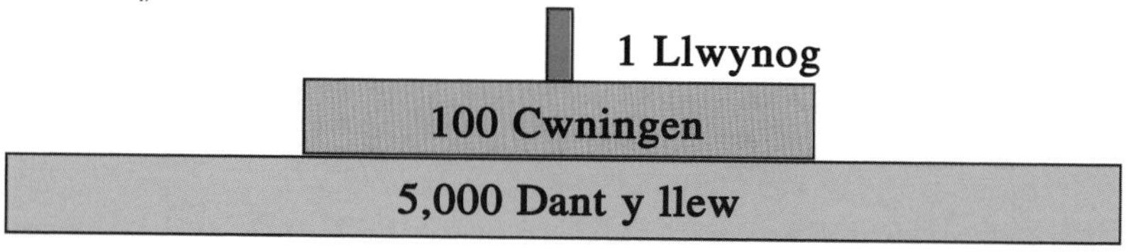
1 Llwynog
100 Cwningen
5,000 Dant y llew

Pyramid niferoedd nodweddiadol

Dyma'r *syniad sylfaenol*. Ond mae achosion lle *nad yw'r pyramid yn byramid o gwbl*:

Weithiau Bydd Pyramidiau Niferoedd yn Ymddangos yn Anghywir

Mae hwn yn *byramid* ar wahân i'r *haen uchaf* sy'n *fawr iawn*:

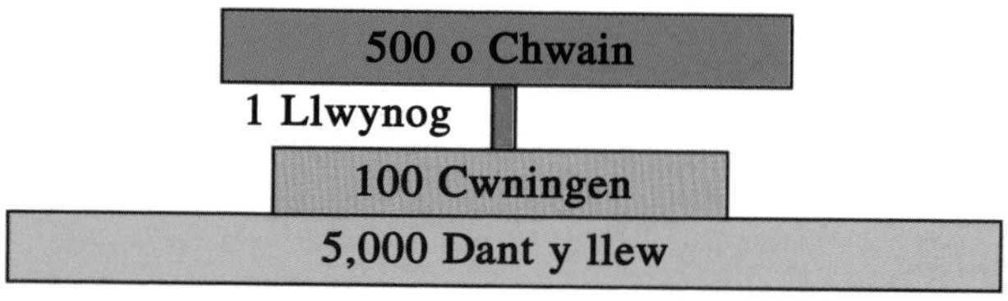
500 o Chwain
1 Llwynog
100 Cwningen
5,000 Dant y llew

Mae hwn yn *byramid* ar wahân i'r *haen isaf* sy'n *llawer rhy fach*:

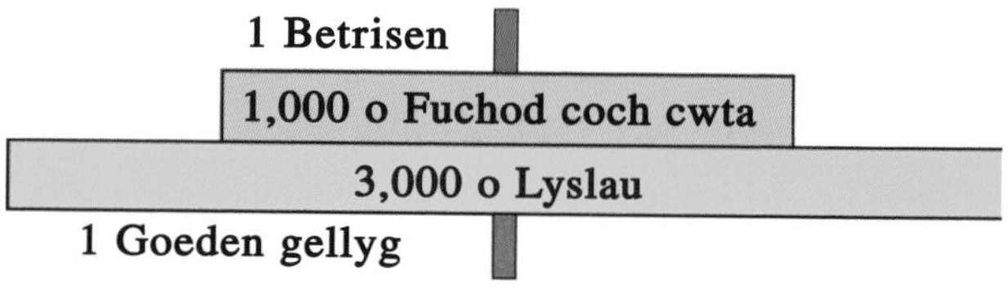
1 Betrisen
1,000 o Fuchod coch cwta
3,000 o Lyslau
1 Goeden gellyg

Dyw Pyramidiau Biomas Byth yn Ymddangos yn Anghywir

Pan fydd *pyramidiau niferoedd* yn ymddangos yn *anghywir* fel hyn, gallwn droi at fath arall o byramid, sef *PYRAMID BIOMAS*. Ystyr *biomas* yw faint fyddai'r holl greaduriaid ar bob lefel yn ei '*bwyso*' o'u *rhoi nhw gyda'i gilydd*. Felly, byddai'r *un goeden gellyg* â *biomas mawr* a byddai gan y *cannoedd o chwain fiomas bach iawn*. Mae'r *siâp cywir* gan byramidiau biomas *BOB AMSER*:

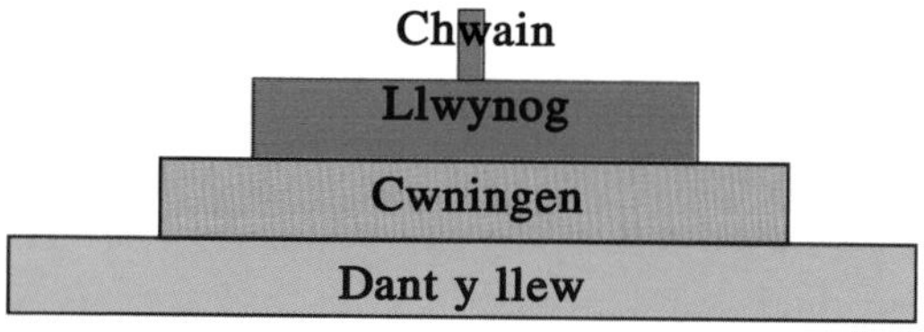
Chwain
Llwynog
Cwningen
Dant y llew

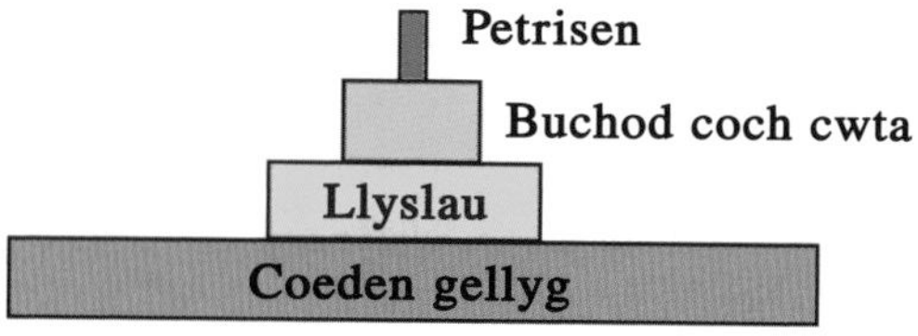
Petrisen
Buchod coch cwta
Llyslau
Coeden gellyg

Mewn gwirionedd *pyramidiau biomas* yw'r unig ffordd *synhwyrol* o wneud hyn — ond mae *pyramidiau niferoedd* yn *haws eu deall*.

hawdd iawn

Trosglwyddo Egni a Bwyd Effeithlon

Mae'r Holl Egni'n Diflannu Rywfodd...

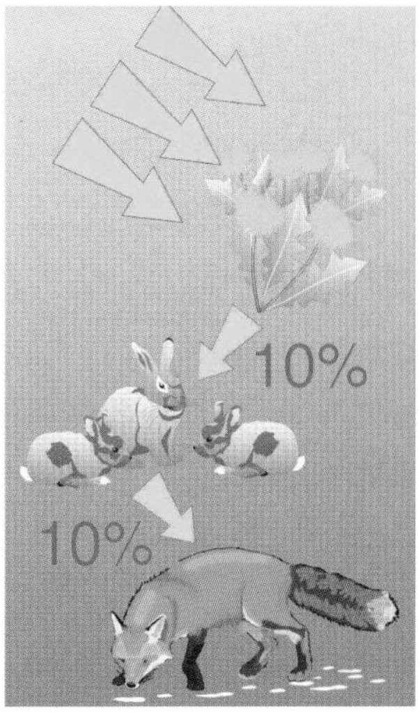

10%
10%

1) Egni o'r *HAUL* yw'r *ffynhonnell egni* ar gyfer *pob math o fywyd ar y Ddaear.*
2) Mae *planhigion* yn trawsnewid *canran bach* o'r egni golau sy'n disgyn arnynt yn *glwcos.*
3) Yna mae'r *egni* hwn yn gweithio'i ffordd drwy'r *we fwydydd.*
4) Ond collir *90%* ar bob cam. *90% o'r biomas* a *90% o'r egni.*
5) Felly mae *lefel droffig 2* (e.e. cwningod) yn cynnwys *10% yn unig* o'r egni cemegol (egni bwyd) sy'n cael ei storio yn *lefel droffig 1* (e.e. dant y llew).
6) Dyna pam y cewch *byramidiau biomas. Ni* fydd y rhan fwyaf o'r biomas o *un lefel droffig* yn fiomas ar y *lefel nesaf i fyny.*
7) Mae'r *90%* o'r *EGNI* a gollir ar bob cam yn cael ei ddefnyddio ar gyfer *cadw'n fyw*, h.y. mewn *resbiradaeth*, sy'n pweru'r *holl brosesau bywyd*, gan gynnwys *symud.*
8) Yn y pen draw fe gaiff y rhan fwyaf o'r egni hwn ei *golli i'r amgylchoedd* fel *gwres.*
9) Mae hyn yn arbennig o wir am *famolion ac adar* sy'n cadw eu hunain yn *gynnes* (h.y. sy'n *waed cynnes*). Maen nhw'n bwyta llawer mwy o fwyd na chreaduriaid gwaed oer. Mae *pysgodyn aur anwes* yn waed oer ac mae arno angen *1%* yn unig o'r bwyd y mae ei angen ar *lygoden anwes.*
10) Mae'r *90%* o'r *SYLWEDD BWYD a gollir* ar bob cam yn mynd allan yn bennaf fel *ymgarthion.*
11) Ystyriwch gwningen. Wedi iddi *gyrraedd ei llawn dwf* mae'n parhau i fwyta llysiau gwyrdd, ond *nid yw ei biomas yn newid*, na'i *gwerth egni* i beth bynnag fydd yn ei fwyta.
12) Rhaid i'r holl *fiomas* y mae'n ei fwyta *gael ei golli o'i chorff* rywfodd neu fe fyddai ei maint yn cynyddu. Mae'r cwbl yn mynd allan yn yr *ymgarthion* a'r *troeth.*
13) Hefyd, wedi iddi gyrraedd ei llawn dwf, bydd yr holl *egni* a dreulir ganddi yn cael ei ddefnyddio i'w *chadw'n fyw* ac ni throsglwyddir dim ohono i lawr y gadwyn fwyd.
14) Bydd *peth egni* hefyd yn cael ei golli o'r gadwyn fwyd yn yr *ymgarthion* – maen nhw'n llosgi pan fyddan nhw'n sych, sy'n profi bod peth egni cemegol ynddynt o hyd.

Cynhyrchu Bwyd 'Effeithlon'

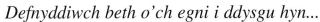

1) Gellir cynhyrchu *llawer mwy o fwyd* (ar gyfer pobl) *ar ddarn o dir o arwynebedd penodol* drwy dyfu *cnydau* na thrwy *bori anifeiliaid.*
2) Mae hynny'n *amlwg*. Rydych yn *dileu lefel droffig ychwanegol*. Cofiwch mai *10%* yn unig o'r hyn y bydd *gwartheg cig eidion yn ei fwyta* a ddaw'n *gig defnyddiol* i bobl ei fwyta.
3) Mewn gwledydd lle mae tir amaethyddol da yn *brin*, gallan nhw fwydo *llawer mwy o bobl* drwy dyfu *cnydau da* na thrwy *bori gwartheg neu ddefaid* am eu *cig neu laeth.*
4) Ond cofiwch y gall bwyta *cnydau* yn unig arwain yn fuan at *ddiffyg maeth* oherwydd diffyg *proteinau* a *mwynau* hanfodol, oni cheir diet digon amrywiol.
5) Cofiwch hefyd fod *peth tir yn anaddas ar gyfer tyfu cnydau*, e.e. *gweundir*. Yn y mannau hynny yn aml anifeiliaid fel *defaid* a *cheirw* yw'r ffordd orau o gael bwyd o'r tir.
6) Mewn gwledydd 'gwareiddiedig', fel ein gwlad ni, gwneir ymdrech i sicrhau y caiff *egni ei drosglwyddo yn fwy effeithlon* o *un lefel droffig i lefel arall*, drwy fagu anifeiliaid fel *moch* a *chywion ieir* mewn amodau caeth lle na allant ond *prin symud* a lle cânt eu cadw'n gynnes gan *wres artiffisial*, er mwyn cadw eu *colledion egni* mor isel â phosib.
   Hynny yw, os cânt eu cadw'n *ddigon llonydd* a *digon cynnes* ni fydd angen eu *bwydo cymaint.*
7) Ond mae angen *tir yn anuniongyrchol* ar anifeiliaid fel cywion ieir a moch sy'n cael eu *magu'n ddwys* a'u cadw mewn sied fach drwy gydol eu hoes. Mae'n rhaid iddynt gael eu *bwydo*, felly mae angen tir i *dyfu* eu bwyd arno.

Defnyddiwch beth o'ch egni i ddysgu hyn...

Mae llawer o wybodaeth ar y dudalen hon - ac mae angen ei dysgu. Felly ewch ati yn y ffordd arferol. *Dysgwch a mwynhewch...* ac *ysgrifennwch.*

Dadelfennu a'r Gylchred Garbon

1) Mae *pethau byw* yn cynnwys *defnyddiau* a gymerant o'r byd o'u cwmpas.
2) Pan fyddan nhw'n *dadelfennu*, mae'n fater o lwch i lwch a lludw i ludw.
3) Hynny yw, mae'r *elfennau y maent yn eu cynnwys* yn dychwelyd i'r *pridd* y daethant ohono yn *wreiddiol.*
4) Yna *defnyddir* yr elfennau hyn *gan blanhigion* i dyfu ac mae'r gylchred yn digwydd drosodd a throsodd.

Bacteria a Ffyngau fydd yn Dadelfennu Defnyddiau

1) Mae pob *sylwedd planhigyn* ac *anifail marw* yn cael ei *ddadelfennu* gan *facteria'r pridd* a *ffyngau.*
2) Mae hyn yn digwydd ym mhobman mewn *natur* a hefyd mewn *tomenni compost* a *gweithfeydd trin carthion.*
3) Felly *ailgylchir* yr holl *elfennau* pwysig:
Carbon, Hydrogen, Ocsigen a *Nitrogen.*
4) Yr *amodau delfrydol* ar gyfer creu *compost* yw:
a) *CYNHESRWYDD*
b) *LLEITHDER*
c) *OCSIGEN (AER)*
ch) *DADELFENYDDION* (h.y. *bacteria* a ffyngau)
d) *SYLWEDD ORGANIG* wedi'i dorri'n *ddarnau bach.*
Dysgwch y *PUMP.*

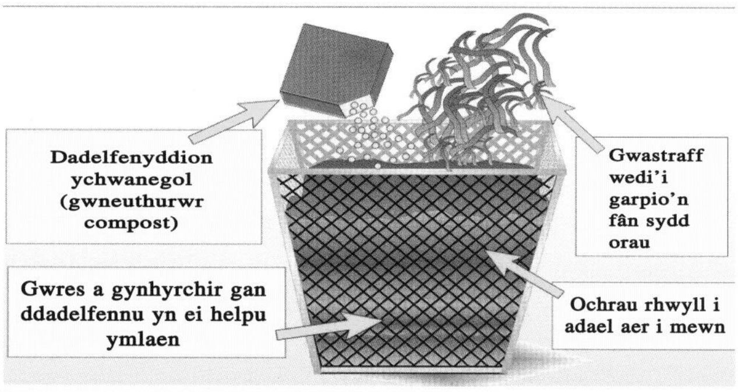
Dadelfenyddion ychwanegol (gwneuthurwr compost)
Gwastraff wedi'i garpio'n fân sydd orau
Gwres a gynhyrchir gan ddadelfennu yn ei helpu ymlaen
Ochrau rhwyll i adael aer i mewn

Mae'r Gylchred Garbon yn Dangos sut y caiff Carbon ei Ailgylchu

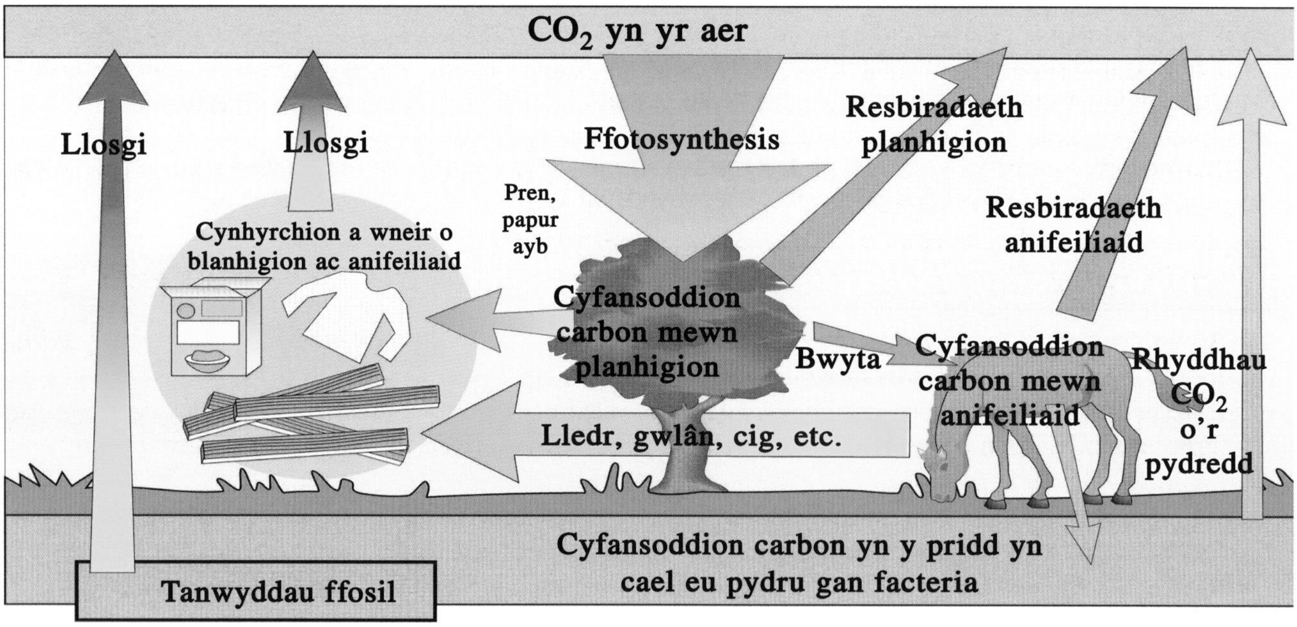
CO2 yn yr aer
Llosgi
Llosgi
Ffotosynthesis
Resbiradaeth planhigion
Pren, papur ayb
Cynhyrchion a wneir o blanhigion ac anifeiliaid
Resbiradaeth anifeiliaid
Cyfansoddion carbon mewn planhigion
Bwyta
Cyfansoddion carbon mewn anifeiliaid
Rhyddhau CO2 o'r pydredd
Lledr, gwlân, cig, etc.
Cyfansoddion carbon yn y pridd yn cael eu pydru gan facteria
Tanwyddau ffosil

Nid yw'r diagram cynddrwg ag y mae'n ymddangos. *DYSGWCH* y pwyntiau pwysig hyn:
1) Dim ond *un saeth* sy'n mynd *I LAWR*. Mae'r cwbl yn cael ei 'bweru' gan *ffotosynthesis.*
2) Mae *resbiradaeth* planhigion ac anifeiliaid yn dychwelyd CO_2 *i'r atmosffer.*
3) Mae *planhigion* yn trawsnewid y carbon mewn *CO_2 o'r aer* yn *frasterau*, *carbohydradau* a *phroteinau.*
4) Gall y rhain fynd *dair ffordd*: *cael eu bwyta*, *pydru* neu gael eu troi'n *gynhyrchion defnyddiol* gan ddyn.
5) Mae *bwyta'n* trosglwyddo peth o'r brasterau, y proteinau a'r carbohydradau yn frasterau, proteinau a charbohydradau newydd *yn yr anifail* sy'n bwyta.
6) Yn y pen draw bydd y cynhyrchion planhigion ac anifeiliaid yn *pydru* neu'n cael eu *llosgi* gyda *CO_2 yn cael ei ryddhau.*

Cylchred arall i'w dysgu...

Dysgwch y pum amod delfrydol ar gyfer gwneud compost. Mae fersiwn arall o'r gylchred garbon yn y Llyfr Adolygu Cemeg y dylech edrych arno, ond mae'r fersiwn hwn yn haws ei ddeall. Dylech ymarfer ei *ysgrifennu o'ch cof. Daliwch ati nes i chi lwyddo.*

Y Gylchred Nitrogen

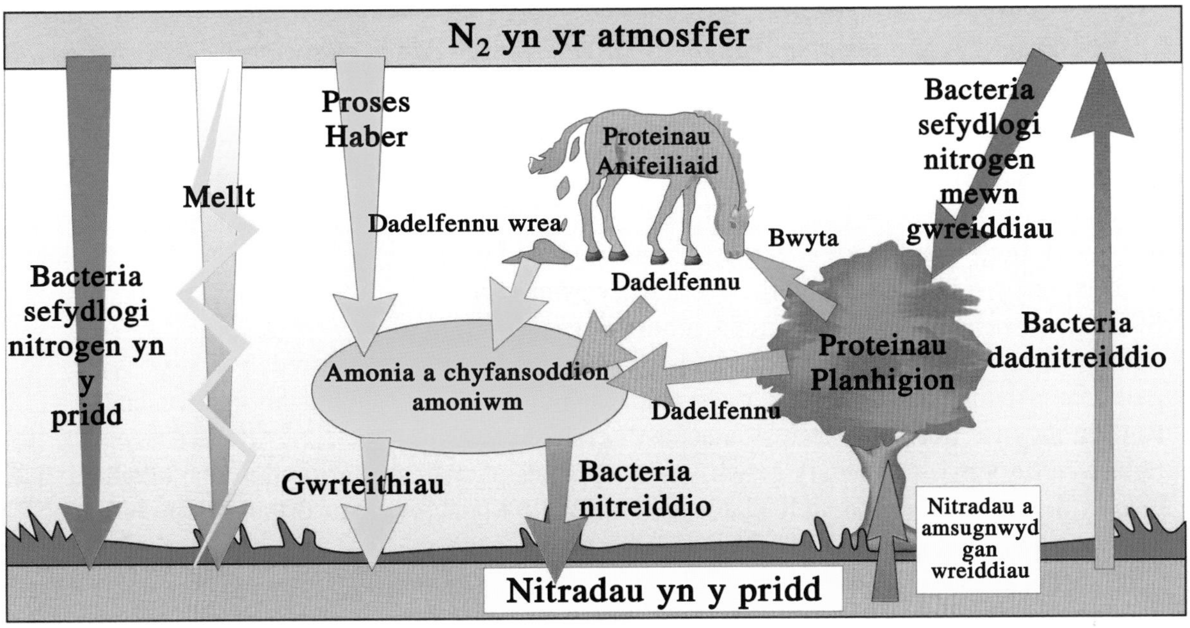

N₂ yn yr atmosffer
Proses Haber
Proteinau Anifeiliaid
Bacteria sefydlogi nitrogen mewn gwreiddiau
Mellt
Dadelfennu wrea
Bwyta
Bacteria sefydlogi nitrogen yn y pridd
Dadelfennu
Proteinau Planhigion
Bacteria dadnitreiddio
Amonia a chyfansoddion amoniwm
Dadelfennu
Gwrteithiau
Bacteria nitreiddio
Nitradau a amsugnwyd gan wreiddiau
Nitradau yn y pridd

1) *Nwy nitrogen*, N_2, yw 78% o'r *atmosffer*.
2) Mae hwn yn *anadweithiol iawn*. Ni ellir ei ddefnyddio'n *uniongyrchol* gan blanhigion nac anifeiliaid.
3) Mae *nitrogen* yn *elfen bwysig* wrth wneud *protein* a *DNA*, felly mae arnom ei angen.
4) Rhaid i nitrogen yn yr aer gael ei droi'n *nitradau, NO_3^-*, neu'n *ïonau amoniwm, NH_4^+*, cyn y gall planhigion ei ddefnyddio. Dim ond *proteinau* a wneir gan blanhigion y gall *anifeiliaid* eu defnyddio.
5) Defnyddir y term *sefydlogi nitrogen* am y broses o roi *N_2 o'r aer* ar *ffurf fwy adweithiol* y *gall planhigion ei defnyddio*.
6) Mae'n digwydd mewn *TAIR PRIF FFORDD*: 1) *Mellt*, 2) *Bacteria sefydlogi nitrogen* mewn gwreiddiau ac yn y pridd, 3) *Cynhyrchu gwrteithiau artiffisial* drwy'r *broses Haber*.
7) Mae *pedwar* math gwahanol o *facteria* sy'n gysylltiedig â'r gylchred nitrogen:
   a) *BACTERIA NITREIDDIO* – yn troi'r *cyfansoddion amoniwm* mewn sylwedd sy'n pydru yn *nitradau defnyddiol*.
   b) *BACTERIA SEFYDLOGI NITROGEN* – yn troi *N_2 atmosfferig* diwerth yn *nitradau* defnyddiol.
   c) *BACTERIA PYDRU* (dadelfenyddion) – yn dadelfennu *proteinau* ac *wrea* yn *amonia* a *chyfansoddion amoniwm*.
   ch) *BACTERIA DADNITREIDDIO* – yn troi *nitradau* yn ôl yn *nwy N_2*. Dyw hyn ddim o unrhyw fudd.
8) Mae rhai *bacteria sefydlogi nitrogen* yn byw yn y *pridd*. Mae eraill yn byw mewn *perthynas gydymddibynnol* â rhai planhigion, sef *codlysiau (legumes)*, drwy fyw mewn *cnepynnau (nodules)* yn eu *gwreiddiau* – mae'r bacteria'n cael *bwyd* gan y planhigyn ac mae'r planhigyn yn cael *cyfansoddion nitrogen* gan y bacteria – i'w gwneud yn *broteinau*.
9) Bydd *unrhyw wastraff organig*, h.y. planhigion sy'n pydru neu anifeiliaid meirw neu ymgarthion anifeiliaid, yn cynnwys *cyfansoddion nitrogen defnyddiol* (proteinau). Felly, byddan nhw'n *wrtaith da* o'u dychwelyd i'r *pridd*.
10) Mae *planhigion codlysol* (codlysiau) fel *meillion* yn ddefnyddiol mewn *cynlluniau cylchroi cnydau* lle *gadewir y cae am flwyddyn* i dyfu *meillion* ac yna mae'r cwbl yn cael ei *aredig yn ôl i'r pridd*. Bydd hynny'n ychwanegu llawer o *nitradau* at y pridd pan fydd y planhigion yn *pydru*.
11) Mae *mellt* yn ychwanegu nitradau at y pridd drwy *hollti N_2* yn *atomau* nitrogen sy'n adweithio gyda'r *ocsigen* yn yr aer i ffurfio *ocsidau nitrogen*. Yna mae'r rhain yn *hydoddi mewn glaw* ac yn disgyn i'r llawr lle maen nhw'n cyfuno â phethau eraill i ffurfio *nitradau*.

Mwy o waith i dreiddio i'r cof...

Cylchred arall eto. Ewch ati i ddysgu hon hefyd. Yna byddwch yn medru troi'r holl gylchredau yn llwyddiant yn yr Arholiad.

Crynodeb Adolygu ar gyfer Adran 5

Mae llawer i'w ddysgu yn Adran 5. Dylech ymarfer ysgrifennu'r hyn y medrwch ei gofio ynglŷn â phob pwnc ac yna gweld pa bethau a anghofiwyd gennych. Bydd y cwestiynau isod yn rhoi syniad go dda i chi o'r hyn y dylech ei wybod. Mae angen i chi ymarfer ac ymarfer eu hateb – nes y gallwch wneud hynny'n ddidrafferth.

1) Beth yw'r pedwar peth sylfaenol sy'n penderfynu maint poblogaeth rhywogaeth?
2) Braslunïwch graff o boblogaethau ysglyfaeth ac ysglyfaethwr ac eglurwch y siapiau.
3) Rhestrwch saith o nodweddion goroesi yr arth wen a'r camel.
4) Nodwch bump o nodweddion goroesi y llew a'r gwningen.
5) Beth yw tair prif ffynhonnell llygredd atmosfferig?
6) Beth yw union effeithiau amgylcheddol pob un o'r tair ffynhonnell llygredd?
7) Beth mae'r llythrennau CFC yn ei gynrychioli? O ble y daw CFCau? Pa ddrwg a wnânt?
8) Pa ddau nwy yw'r prif ffactorau sy'n achosi'r effaith tŷ gwydr?
9) Eglurwch sut y mae'r effaith tŷ gwydr yn digwydd. Pa ganlyniadau arswydus allai ddeillio o hyn?
10) Beth sy'n achosi'r cynnydd yn lefelau'r naill a'r llall o'r ddau nwy trafferthus? Beth yw'r ateb?
11) Pa nwyon sy'n achosi glaw asid? O ble y daw'r nwyon hyn?
12) Beth yw tair effaith niweidiol glaw asid? Eglurwch sut yn union y caiff pysgod eu lladd.
13) Rhowch dair ffordd y gellid lleihau glaw asid.
14) Beth sy'n digwydd i boblogaeth y byd? Beth sy'n bennaf gyfrifol am y duedd hon?
15) Beth y gellir ei ddweud am y gyfradd genedigaethau a'r gyfradd marwolaethau mewn gwledydd sy'n datblygu?
16) Pa broblemau y mae poblogaeth sy'n cynyddu'n gyflym yn eu creu i wlad?
17) Pa effaith y mae mwy a mwy o bobl yn ei chael ar yr amgylchedd?
18) Beth yw mantais fawr dulliau modern o ffermio? Beth yw'r anfanteision?
19) Beth sy'n ymddangos fel y ffordd synhwyrol erbyn hyn, efallai?
20) Rhestrwch y pedair problem sy'n deillio o ddatgoedwigo mewn gwledydd trofannol. Pam y mae hyn yn digwydd?
21) Pam y defnyddir plaleiddiaid cemegol? Beth yw anfanteision gwneud hyn?
22) Sut y mae plaleiddiaid yn mynd i mewn i'r gadwyn fwyd? Beth digwyddodd gyda DDT yn yr 1960au?
23) Beth sy'n digwydd pan roddir gormod o wrtaith nitradau ar gaeau? Rhowch fanylion llawn.
24) Pa derm a ddefnyddir am y broblem hon? Sut y gellir ei osgoi?
25) Pam y mae ffermio organig yn cynrychioli ecosystem reoledig yn wahanol i ddulliau modern o ffermio?
26) Disgrifiwch fanylion ffermydd pysgod eogiaid yn yr Alban.
27) Disgrifiwch fanylion tai gwydr masnachol fel ecosystemau rheoledig.
28) Disgrifiwch fanylion rheolaeth fiolegol ar blâu mewn tai gwydr. Lluniwch y graff.
29) Beth yw cadwyni bwyd a gweoedd bwydydd? Rhowch ddwy enghraifft o'r naill a'r llall.
30) Ysgrifennwch yr 11 term technegol ar gyfer gweoedd bwydydd (tud. 86) a diffiniwch bob un.
31) Beth yw'r dull sylfaenol o ateb cwestiynau ynglŷn â thyllau mewn gweoedd bwydydd?
32) Beth yw pyramidiau niferoedd? Pam y cewch yn gyffredinol byramid niferoedd?
33) Pam y mae pyramidiau niferoedd weithiau'n mynd o'i le? Pa byramidiau sy'n gywir bob amser?
34) O ble y daw'r egni mewn cadwyn fwyd yn wreiddiol? Beth sy'n digwydd i'r egni?
35) Faint o egni a biomas sy'n mynd o un lefel droffig i'r lefel nesaf?
36) Ble mae'r gweddill yn mynd? Beth yw goblygiadau hyn ar gyfer dulliau ffermio lle mae bwyd yn brin?
37) Sut y defnyddir y syniad hwn i dorri costau wrth fagu moch a chywion ieir yn y wlad hon? Ydy hynny'n dda?
38) Pa ddwy organeb sy'n gyfrifol am bydru sylwedd organig?
39) Beth yw'r pum amod delfrydol ar gyfer gwneud compost? Lluniwch wneuthurwr compost.
40) Eglurwch y Gylchred Garbon. Lluniwch gymaint ohoni o'ch cof ag y medrwch
41) Eglurwch y Gylchred Nitrogen. Lluniwch gymaint ohoni o'ch cof ag y medrwch.
42) Beth y mae'r pedwar math o facteria yn y Gylchred Nitrogen yn ei wneud?

Mynegai

Mynegai

Mynegai

Mynegai